JANIN ULLMANN

FEMALE FINANCE

Dein Geld. Dein Leben. Deine Regeln.

DER FINANZGUIDE FÜR FRAUEN

DISCLAIMER

Die in diesem Buch enthaltenen Informationen wurden mit größter Sorgfalt recherchiert und aufbereitet. Sie dienen ausschließlich allgemeinen Informationszwecken und stellen keine Finanz-, Anlage-, Steuer- oder Rechtsberatung dar. Insbesondere handelt es sich nicht um eine Aufforderung zum Kauf oder Verkauf von Finanzprodukten oder um eine individuelle Anlageempfehlung.

Finanzentscheidungen sollten stets auf Grundlage der persönlichen Situation, Ziele und Risikobereitschaft getroffen werden. Bei konkreten Fragen wird empfohlen, sich an qualifizierte Fachleute wie Steuerberater*innen, Rechtsanwält*innen oder unabhängige Finanzberater*innen zu wenden.

Für die Vollständigkeit, Aktualität und Richtigkeit der Inhalte wird keine Haftung übernommen.

INHALT

Wenn du Thomas heißt oder schon mal Bundesverkehrsminister warst oder keine Angst vor Altersarmut hast – ist das wahrscheinlich kein Buch für dich.

Für alle anderen natürlich schon!

KAPITEL 1

LASST UNS ÜBER GELD SPRECHEN!

Ich bin im Plattenbau aufgewachsen. Zusammen mit meiner Mutter und meiner Schwester, auf dem Großen Herrenberg in Erfurt. Um mich herum: grauer Beton, viele Nachbarn und eine Horde Jungs, mit der ich den ganzen Tag auf der Straße gespielt habe. Es war einfach, es war laut – und es war genau das Leben, das ich mochte.

Doch dann traf ich Leni. Ich war 14, wir gingen seit Kurzem in dieselbe Klasse, und eines Tages lud sie mich zu sich nach Hause ein. „Pyjama-Party", sagte sie. Der Weg: 15 Minuten von mir zu ihr zu Fuß. Nicht weit. Dachte ich.

An dem Tag bin ich in eine Straße eingebogen, in der ich vorher noch nie war. Keine Plattenbauten mehr, stattdessen: Bäume am Straßenrand, weiße Fassaden, Vorgärten. Die Sonne schien (tut sie in solchen Erinnerungen ja immer), eine Tür ging auf, und da stand sie: Leni, winkend. Wenige Sekunden später befand ich mich zum ersten Mal in meinem Leben in einem Einfamilienhaus. Sie zeigte mir stolz die Küche, das riesige Wohnzimmer.

Aber mein Blick klebte an etwas anderem: der Treppe. Eine Treppe *im* Haus. Sie führte zu einer oberen Etage. *Ihrer* Etage. Mit eigenem Kinderzimmer und eigenem Bad. Wow!

In dem Moment begriff ich, 15 Minuten können verdammt weit weg sein. Eine „ganz andere Welt weit weg". Mir wurde schlagartig klar: Diese Freundin ist reich. Zumindest aus meiner Plattenbau-Perspektive.

Das bin ich, mit sieben Jahren, wie ich den Trabi wasche, den uns unser Opa geschenkt hat. Hinter mir links, oberhalb der geschlossenen Markise, haben wir gewohnt.

Ich fand es nie schlimm, im Plattenbau aufzuwachsen. In den 90ern, in unserem Viertel, war das sogar irgendwie cool. Aber bis zu diesem Nachmittag bei Leni hatte ich mir nie Gedanken darüber gemacht, was unser Wohnort über unsere Finanzen aussagte. Ich wusste nur, was meine Mutter immer sagte: „Wir müssen jeden Groschen dreimal umdrehen."
Wenn ich heute darauf zurückblicke, bin ich tief beeindruckt. Meine Mutter war alleinerziehend, und trotzdem hat sie immer versucht, uns alles zu ermöglichen. Sie hat uns nie spüren lassen, dass wir uns nicht alles leisten konnten. Für sie war das bestimmt oft ein Kraftakt, aber sie hat uns davor beschützt. Dafür bin ich ihr bis heute unendlich dankbar.
Trotzdem spürte man die Realität in den kleinen Dingen. Ich konnte beim Einkaufen nicht einfach die Schokolade in den Wagen werfen, auf die ich Lust hatte. Für so was war nicht immer Geld da. In meiner Familie wurde darüber nicht groß geredet.

Was mir aber sehr wohl bewusst war: Wenn ich Geld haben möchte, muss ich dafür arbeiten. Und so stand ich mit 14, kurz nach der Einfamilienhaus-Erkenntnis, als „Villeroy & Boch"-Styroportasse verkleidet in der Fußgängerzone von Erfurt. Ich habe Promotion gemacht. Und klar: Genau in diesem Moment lief mein Schwarm aus der Schule an mir vorbei. Ich wollte im Erdboden versinken und habe unter meiner Styroporhülle gebetet, dass er mich nicht erkennt, während ich weiter Flyer verteilte. Nun ja, er hat mir kurz *„Hallo"* gesagt, ist weitergelaufen, und ich hab mich danach nie wieder getraut, ihn anzuschauen.

Mit 15 Jahren habe ich einen Job als Kellnerin angefangen, gemeinsam mit einer Freundin. Unser Ziel war es, uns mit dem verdienten Geld unseren ersten eigenen Urlaub zu finanzieren: Gran Canaria. Unsere Kellnerinnen-Uniformen mussten wir selbst kaufen, die Schichten dauerten elf Stunden, und wir mussten dafür zum ersten Mal auf höheren Schuhen laufen.
Wir hatten uns genau ausgerechnet, wie viel Geld wir für diesen Urlaub brauchen würden. In der Sekunde, als wir die Summe zusammenhatten, kündigten wir. Natürlich war das kein Luxusurlaub, eher so Urlaub auf Sparflamme. Aber weißt du was? Es war *mein* Urlaub. Und das Gefühl, das Geld dafür selbst verdient zu haben, war unbezahlbar. Es hat mir gezeigt: Ich kann das! Und wenn ich das kann, dann kann ich noch viel mehr.

Heute führe ich ein anderes Leben. Ich bin immer noch sparsam. Aber ich kann im Supermarkt kaufen, worauf ich Appetit habe, und wohne schön. Ich habe mich also verändert, mich weiterentwickelt. Doch einige Prägungen und Glaubenssätze in finanziellen Fragen stecken immer noch tief in mir drin.

Während ich das hier schreibe, denke ich oft: *Verdammt, hätte es so ein Buch doch nur schon gegeben, als ich 20 war.* Denn so richtig beschäftige ich mich mit dem Thema „Frauen und Finanzen“ erst seit der Coronapandemie. Plötzlich saß ich wochenlang in meiner Wohnung, alle Jobs abgesagt. Um mich herum sah ich, wie meine Freundinnen ins Straucheln gerieten. Überall übernahmen die Mamas das Homeschooling, reduzierten ihre Stunden, steckten zurück. Es fühlte sich an, als hätte uns die Pandemie direkt zurück in die 50er-Jahre katapultiert.

Ich wurde wütend – und fing an zu recherchieren. Ich habe mich mit dem Begriff „Altersarmut“ näher auseinandergesetzt und erschreckende Zahlen gefunden: Laut Statistischem Bundesamt galten 2024 in Deutschland 21,4 % der Rentnerinnen über 65 Jahren als armutsgefährdet (Männer über 65: 17 %).[1] Die Gründe? Genau das, was ich gerade bei meinen Freundinnen sah: Care-Arbeit, Teilzeit, schlechtere Bezahlung. Ich wollte lernen, wie ich es besser machen kann. Ich suchte nach Podcasts. Was ich fand? Fast immer zwei Männer, die sich über Geld unterhielten – und zwar so, dass ich nichts verstanden habe.

Da dämmerte es mir: **Wir Frauen reden anders über Geld.** Wir denken anders über Geld. Wir haben eine andere Lebensrealität. Aus dieser Wut – und dieser Hoffnung – gründete ich, gemeinsam mit OMR (Online Marketing Rockstars) den Podcast „Female Finance“.

Was als kleines Projekt geplant war, explodierte förmlich. Zehntausende Frauen hörten zu, schrieben mir auf Instagram, verhandelten plötzlich ihre Gehälter und kauften ihre ersten Aktien. Ich platzte fast vor Stolz. Mir wurde klar: Wir Frauen wollen unbedingt über Geld reden. **Wir brauchen nur die richtige Sprache.**

Und damit entstand die Idee zu diesem Buch.

Ich weiß, Geld ist nicht alles. Gesundheit, Liebe, Familie – das ist der wahre Reichtum. Aber seien wir ehrlich: Ohne Geld wird es verdammt schwierig, das Leben zu führen, das wir uns wünschen.

Deswegen freue ich mich sehr, dass du dich für mein Buch entschieden hast. Lass uns daraus UNSER Buch machen!

1.1 MACHT GELD GLÜCKLICH(ER)?

Hand aufs Herz: Macht Geld dich glücklich? Oder anders gefragt: Würde *mehr* Geld dich *noch* glücklicher machen? Gibt es für dich diese eine „magische Zahl“ auf dem Konto, bei der du sagst: „Jetzt bin ich safe, jetzt bin ich frei“? Und wäre das eher ein riesiger Lottogewinn oder doch lieber das konstante satte Monatsgehalt?

Vielleicht hast du schon mal von der berühmten **Glücks-Grenze** gehört. Die Nobelpreisträger Daniel Kahneman und Angus Deaton fanden 2010 heraus, dass ab einem Jahreseinkommen von etwa 75.000 Dollar Schluss ist mit dem Glücksanstieg.[2] Übertragen auf Deutschland wären das, Stand Februar 2026, etwa 63.500 Euro Jahreseinkommen (und heute inflationsbereinigt natürlich noch mal ein gutes Stück mehr). Mehr Geld bringt dann angeblich nichts mehr für das tägliche Wohlbefinden.

Die Studie wurde sehr viel zitiert. Wie wäre es bei dir? Wärst du mit 65.000 Euro Jahreseinkommen komplett glücklich? Oder meinst du, dass mehr Geld dich noch glücklicher machen würde?

Ich habe hier ein kleines Experiment für dich.

Was glaubst du, ab welchem Jahreseinkommen Geld *nicht* mehr glücklicher macht?

Kreuze deine Antwort hier an:

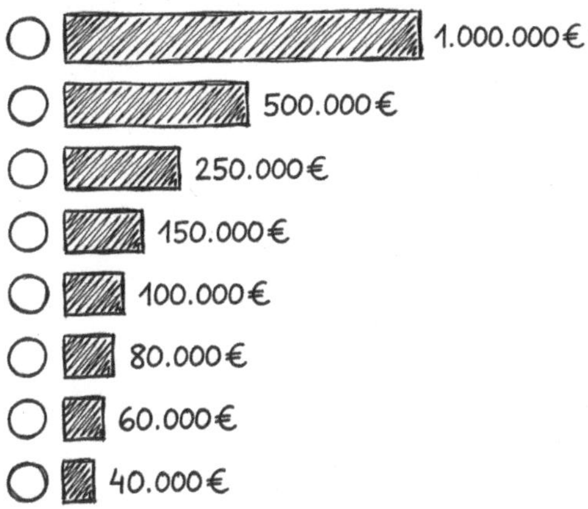

Spoiler-Alarm: Die Wissenschaft hat ein Update bekommen!

Neuere Daten (unter anderem von Matthew Killingsworth) zeigen ein anderes Bild: Die Kurve flacht zwar irgendwann etwas ab, aber sie hört nicht auf zu steigen.[3] Das Glücksempfinden wächst also *doch* mit höherem Einkommen weiter. Warum? Nicht, weil wir uns alle Jachten kaufen wollen. Sondern weil Geld uns **Kontrolle** über unser Leben gibt. Wer Geld hat, hat weniger existenzielle Sorgen, kann Probleme oft schneller lösen (Stichwort: kaputte Waschmaschine) und ist freier in seinen Entscheidungen.

Ganz ehrlich: Ich kann's verstehen. Mich macht mehr Geld auch glücklicher. Nicht wegen des Geldes an sich, sondern wegen dem, was es mir ermöglicht: Ich fühle mich sicherer, unabhängiger, selbstbestimmter. Ich bin meine eigene Altersvorsorge, mein eigenes Sicherheitsnetz. Und genau deshalb nehme ich meine Finanzen selbst in die Hand. Und du kannst das auch!

Doch bevor wir tiefer einsteigen, lass uns mal kurz checken, was „Geld" für dich eigentlich emotional bedeutet. Denn oft jagen wir einer Zahl hinterher, meinen aber eigentlich ein Gefühl.

✓ WORKBOOK: DEIN WERTE-CHECK

Was würdest du dir mit mehr Geld eigentlich wirklich „kaufen"? Hake alles ab, was auf dich zutrifft. Sei ehrlich, hier schaut dir keiner über die Schulter!

- ◯ **Freiheit & Zeit**
  (Weniger arbeiten müssen, mehr Zeit für Hobbys/Familie haben)
- ◯ **Sicherheit & Schlaf**
  (Keine Bauchschmerzen, wenn eine Rechnung ins Haus flattert)
- ◯ **Unabhängigkeit**
  (Nie finanziell von Partner*in oder Chef*in abhängig sein)
- ◯ **Großzügigkeit**
  (Meinen Liebsten etwas schenken oder spenden können)
- ◯ **Status & Anerkennung**
  (Zeigen, was ich geleistet habe – yes, das ist auch okay!)
- ◯ **Genuss & Komfort**
  (Schöne Reisen, gutes Essen, eine tolle Wohnung)

Egal, wo du Haken gemacht hast, du bist nun schon einen Schritt weiter. Denn in diesem Buch wollen wir herausfinden, wie du in Bezug auf Geld tickst, welche Prägungen du aus deiner Kindheit mitschleppst und wie du dein Geld für genau die Werte nutzen kannst, die dir wichtig sind.
Dafür machen wir Übungen, reflektieren die Situation, und ich habe auch „Step by Step"-Anleitungen für dich.
Dies hier soll kein reines Sachbuch sein, sondern eine Mischung aus Wissen, Workbook und Journal. Ich möchte, dass wir ins TUN kommen. Du kannst dir Notizen machen, unterstreichen, was du besonders spannend findest und hier reinschreiben.

Wir machen dieses Buch zu unserem Buch!

Als Warm-up hab ich direkt eine kleine Aufgabe für dich. Trau dich!

MONEY CHALLENGE

Geld ist oft immer noch ein Tabuthema. Das ändern wir jetzt.

Deine Aufgabe:

Stelle diese Woche einer guten Freundin oder einem Freund folgende Frage: *„Sag mal, macht dein Gehalt dich eigentlich glücklich?"*

Achte mal darauf, was passiert. Wird es unangenehm? Lacht ihr? Kommt ihr ins Philosophieren? Notiere dir hier kurz deine Erkenntnisse aus dem Gespräch:

Ich könnte mir vorstellen, dass euer Gespräch über Geld nicht ganz einfach war. Das liegt daran, dass wir in der Regel wenig über unsere Finanzen sprechen. Warum das so ist, erfährst du direkt im nächsten Abschnitt.

1.2 WARUM IST GELD IMMER NOCH EIN TABUTHEMA?

Kennst du das? Du sitzt beim Familienessen, und über alles wird geredet: Oma Ernas Hüft-OP, das Wetter, Politik. Kein Thema ist tabu. Aber nun komm mal mit einer Frage wie dieser um die Ecke: „Sag mal, Onkel Werner, was verdienst du eigentlich genau?“ In der Regel wird deiner Frage betretenes Schweigen folgen. Besteck klappert. Jemand hustet. Eine Antwort bekommst du nicht. Meine Familie ist da keine Ausnahme. Wir haben nicht über Geld gesprochen. Woher auch? Meine Mutter hatte von ihren Eltern nie gelernt, wie man investiert.
Aber das Problem liegt tiefer: Geld ist in Deutschland ein echtes Geheimnis. Wir behandeln unseren Kontostand wie etwas Intimes, was nur uns etwas angeht.

Der Kulturschock: „How much do you make?"

Auf meinen USA-Reisen ist mir oft Folgendes passiert: Ich stehe im Café oder sitze im Taxi, mache Small Talk, erzähle von meinem Job, und zack, kommt die Frage: *„How much do you make?“* Als Deutsche zuckt man da erst mal zusammen. Wie bitte? Das fragt man doch nicht! Doch dort ist es normal. Wenn du mehr verdienst: „Cool, good for you!“ Wenn du weniger verdienst: „Keine Sorge, das schaffst du auch noch!“

Bei uns fehlt dieser Austausch. Und das hat fatale Folgen:

- → Wir wissen nicht, was ein „faires“ Gehalt für unseren Job ist.
- → Wir tappen im Dunkeln, weil uns der Vergleich fehlt.

Dieses Schweigen haben wir quasi geerbt. Es steckt tief in unserer kulturellen DNA.

Martin Luthers „Schaffe, schaffe"

Es klingt verrückt, aber das geht Jahrhunderte zurück. Vielleicht kennst du den Begriff „protestantische Arbeitsethik“. Vereinfacht gesagt: Fleiß, Disziplin und Verzicht galten seit Martin Luther als Eintrittskarte in den Himmel. Besonders in Mittel- und Norddeutschland spüren wir das bis heute. Die Devise: Arbeite hart, leg was zur Seite, aber prahle bloß nicht damit! Reichtum öffentlich zu zeigen gilt schnell als anrüchig.

Die „German Angst"

Dazu kommt unsere jüngere Geschichte. Unsere Großeltern und Urgroßeltern haben zwei Weltkriege, Hyperinflation und Währungsreformen erlebt. Geld konnte innerhalb kürzester Zeit seinen Wert verlieren. Während der Kriege motivierten die Parteien durch Programme und Propaganda zum Sparen, auch um die Kriege zu finanzieren. Während der NS-Zeit profitierten Teile der Gesellschaft auf schreckliche Weise von Enteignung und Gewalt. Nach dem Krieg herrschten Mangel, Scham und Schweigen. Über Geld sprach man nicht, entweder weil man keins hatte oder weil man nicht sagen wollte, woher es kam. Das Ergebnis ist eine tiefsitzende Angst, vor Geldverlust, oft als **„German Angst"** beschrieben. Diese Prägung wurde über Generationen weitergegeben.

Politik und das „sichere" Sparbuch

Die Politik der Nachkriegszeit hat genau dort angesetzt. Das Ziel war Sicherheit. Also: Bausparvertrag, Lebensversicherung, Riester-Rente. Investieren oder Geldvermehrung an der Börse? Das wurde schnell als „zocken" oder „gierig" abgestempelt.

Und dann kam **Olaf Scholz.** Als er noch Finanzminister war (bevor er Kanzler wurde), haute er einen Satz raus, der mich echt fassungslos machte:

> *„Ich lege mein Geld nur auf einem Sparbuch, also sogar auf dem Girokonto an, und da kriege ich, wie bei allen anderen, keine Zinsen. Ich mache das, was einem kein Anlageberater empfiehlt."*[4]

Ein Finanzminister, der stolz darauf ist, sein Geld nicht zu vermehren? Puh! Das sendet meiner Meinung nach ein fatales Signal. Fairerweise muss man sagen, dass er in späteren Interviews gesagt hat, er wünsche sich, „dass mehr Bürgerinnen und Bürger ihr Geld in Aktien investieren, wenn sie etwas zur Seite legen können. Nicht unbedingt in einzelne Unternehmen, aber in gut organisierte Fonds, für die man nicht allzu hohe Gebühren zahlen muss."[5]

Worte haben Macht: „Schuld" vs. „Verdienen"

Es ist auch unsere Sprache, die uns kleinhält. Hast du mal genau hingehört?

1. **Schulden:** Darin steckt das Wort „Schuld". Als hättest du etwas verbrochen. Dabei ist ein Kredit für ein Haus oder das BAföG für das Studium oft eine Investition, kein Verbrechen!
2. **Verdienen:** Das suggeriert, dass wir genau das bekommen, was wir „verdienen" – also wert sind. Wer wenig hat, hat es also nicht anders verdient? Quatsch!

Diese Sprache ist gefährlich. Sie gibt uns das Gefühl, dass Armut oder Reichtum allein an uns liegen. Dabei vergessen wir oft das System dahinter. Kinder aus wohlhabenden Familien lernen oft am Abendbrottisch, wie man mit Geld umgeht (Finanzbildung). Kinder aus ärmeren Familien lernen das oft nicht. Nicht, weil die Eltern nicht wollen, sondern weil das Wissen nicht da ist oder im Vordergrund steht, täglich über die Runden zu kommen. So vererbt sich das Schweigen.

FUN FACT: WARUM EIGENTLICH EIN SCHWEIN?

Hast du dich mal gefragt, warum wir unser Geld ausgerechnet in ein „Sparschwein" stecken? Eine Geschichte dazu geht so: Im englischen Mittelalter bewahrte man Geld in Töpfen aus günstigem Ton namens „pygg" auf. Als die Sprache sich entwickelte, wurde aus dem Ton „pygg" phonetisch das Tier „pig". Töpfer fingen an, die Gefäße als Scherz in Schweineform zu formen, und das Symbol für Glück und Sparen war geboren! Generell galt das Schwein im Mittelalter als Symbol für Glück und Wohlstand. Eine Familie, die ein Schwein besaß, konnte sich glücklich schätzen. Bald wurden Schweine mit Wohlstand assoziiert, was sie zu perfekten Symbolen für Geld machte.

Früher vergruben wir Deutschen unser Geld übrigens oft, um es vor Dieben zu schützen. Heute vergraben wir es eher emotional: Wir verstecken es vor den Augen anderer.

„Darüber darf ich nicht reden"

Auch im Job wird uns das Schweigen antrainiert. Viele haben Klauseln im Arbeitsvertrag, die verbieten, mit Kolleg*innen über das Gehalt zu sprechen. Solche Klauseln sind vor Gericht oft gar nicht haltbar! Unternehmen nutzen diese Unsicherheit, denn wer nicht weiß, was der andere verdient, fordert auch nicht mehr.
Und auch die Sprache in den Briefen von Behörden ist oft so kompliziert, dass wir Angst bekommen, Fehler zu machen. Wir fühlen uns klein und unwissend. Also schweigen wir lieber, statt Fragen zu stellen.

> **Aber damit ist jetzt Schluss. Wenn wir nicht über Geld reden, ändert sich nichts. Gerade für uns Frauen ist das kritisch. Wir müssen verstehen, dass Geld keine Privatsache ist, sondern ein Werkzeug für ein selbstbestimmtes Leben.**

MONEY CHALLENGE

Wir brechen das Tabu. Jetzt. Sofort. Es muss ja nicht gleich der Kontoauszug auf Instagram sein. Wir fangen klein an.

Deine Aufgabe:
Sprich diese Woche mit **einer Person** aus deinem Umfeld (Freund*in, Partner*in, Kolleg*in) über **eine konkrete Zahl.** Das kann sein:

- „Was zahlst du eigentlich genau für Miete/Strom?"
- „Wie viel gibst du im Monat für Lebensmittel aus?"
- „Wie viel sparst du aktuell pro Monat?"

Beobachte dich dabei: Fühlt es sich komisch an? Pocht dein Herz? Und wie reagiert dein Gegenüber?

Meine Erkenntnis aus dem Gespräch:

1.3 FRAUEN REDEN ANDERS ÜBER GELD (UND DAS HAT GRÜNDE)

Geld war verdammt lange Männersache. Halte dich fest: Bis zum Jahr **1962** durften Frauen kein eigenes Bankkonto eröffnen, ohne dass ihr Ehemann sein „Okay" dazu gab. Und bis 1958 durfte ein Mann seiner Frau sogar verbieten zu arbeiten, wenn er meinte, sie vernachlässige ihre „häuslichen Pflichten". Das ist nicht das Mittelalter, das ist die Zeit, in der unsere Mütter oder Großmütter jung waren!

Wir Frauen sind also historisch gesehen „Late to the Party!", wenn es um Finanzen geht. Während Männer seit Jahrhunderten Netzwerke und Vermögen aufbauen, standen wir finanziell im Abseits. Wir waren die „Verwalterinnen" des Haushaltsgeldes, aber selten die „Investorinnen".

ZEITSTRAHL: UNSER WEG ZUR FREIHEIT

Schau mal, wie kurz wir eigentlich erst „frei" sind:

1958	Das Gleichberechtigungsgesetz tritt in Kraft (Männer haben aber immer noch das letzte Wort).
1962	Frauen dürfen endlich ein eigenes Bankkonto eröffnen.
1977	Frauen dürfen arbeiten gehen, ohne die Erlaubnis ihres Mannes einzuholen (!).
Heute	Wir nehmen unsere Finanzen selbst in die Hand!

Geld bedeutet Macht und Kontrolle. Wer das Geld hat, trifft Entscheidungen. Lange Zeit wurde uns eingeredet, Geld sei nichts für uns. Und was passiert, wenn man unsicher ist? Man schweigt. Frauen sprachen wenig über Geld, Männer noch weniger. Ein perfekter Nährboden, damit alles so ungerecht bleibt, wie es ist.

Aber heute ändern wir die Spielregeln. **Wenn wir Frauen über Geld sprechen und unsere Finanzen selbst managen, gewinnen wir Macht und Selbstbestimmung zurück.** Das bedeutet nicht, dass Männer außen vor bleiben sollten, im Gegenteil:

> **Gleichstellung funktioniert am besten, wenn Männer als unsere Verbündeten agieren und wir gemeinsam für faire Chancen kämpfen.**

Die Realität heute ist komplexer als früher, wir brauchen keinen alleinigen finanziellen Versorger mehr – aber emotionale Fürsorge und partnerschaftliche Unterstützung sind weiterhin wichtig. Gleichzeitig ist finanzielle Unabhängigkeit für uns Frauen ein Sicherheitsnetz und unser zentraler Baustein für Selbstbestimmung.

Doch ein Blick auf die Zahlen zeigt: Wir haben noch einen weiten Weg vor uns. Und der beginnt mit einer ziemlich fiesen Treppe.

DIE GAP-TREPPE: DER DOMINOEFFEKT

Warum ist es so wichtig, dass wir *jetzt* anfangen? Weil eine Lücke zur nächsten führt. Stell dir das wie eine Treppe vor, die abwärts geht.

STUFE 1: Der Gender-Pay-Gap (die Einkommenslücke)
Hier geht es los. Frauen verdienen in Deutschland im Schnitt immer noch deutlich weniger als Männer (2025 rund 16 % unbereinigt).[6] Das sind **über 4 Euro pro Stunde weniger!**

STUFE 2: Der Gender-Lifetime-Earning-Gap (die Lebenslücke)
Wenn du jeden Monat weniger verdienst, summiert sich das über ein ganzes Arbeitsleben gewaltig. Aktuell verdienen Frauen im Laufe ihres Lebens etwa **45 % weniger** als Männer.[7] Wer weniger verdient, kann weniger zur Seite legen.

STUFE 3: Der Gender-Pension-Gap (die Rentenlücke)
Und hier kommt die Quittung: Wer weniger einzahlt, kriegt weniger raus. Die Altersrente von Frauen ist im Schnitt um **23,3 % niedriger** als die von Männern (und ohne Ansprüche aus Hinterbliebenenrenten und -pensionen sind es sogar **35,2 %**).[8] Das ist der Grund, warum Altersarmut in Deutschland weiblich ist.

STUFE 4: Der Gender-Wealth-Gap (die Vermögenslücke)
Das Ergebnis der Treppe: Frauen besitzen weniger Vermögen (Immobilien, Aktien, Rücklagen). Weil Vermögen oft pro Haushalt gemessen wird, sind die Zahlen schwammig, aber die Logik ist klar: ohne hohes Einkommen kein Vermögensaufbau.

DEINE 16 %-RECHNUNG
Lass uns das mal kurz schmerzhaft konkret machen. Angenommen, dein Kollege verdient für die gleiche Arbeit 3.000 Euro Brutto im Monat. Statistisch gesehen wären es bei dir 16 % weniger, also 2.520 Euro. Das bedeutet: 480 Euro fehlen dir jeden Monat. Auf ein Jahr gerechnet sind das 5.760 Euro.
Was würdest du mit dem Geld machen? Mehr investieren? Dir Unterstützung bei der Kinderbetreuung holen? Oder endlich den Urlaub buchen, den du dir sonst nicht gönnst?

BULLSHIT-BINGO: FINANZMYTHEN

Damit wir neu starten können, müssen wir alte Mythen aus unseren Köpfen räumen. Welche dieser Sätze hast du schon mal gehört oder selbst gedacht? **Streiche sie fett durch!** Wir brauchen sie nicht mehr.

„Über Geld spricht man nicht."	„Zahlen waren noch nie mein Ding."	„Geld verdirbt den Charakter."
„Mein Partner regelt das schon."	„Investieren ist nur was für Reiche."	„Das ist mir alles zu kompliziert."
„Bescheidenheit ist eine Zier."	„Ich brauche nicht viel."	„Geld macht nicht glücklich."

Mein Fazit: Im Privaten finden wir es längst sexy, wenn Partner*innen sich auf Augenhöhe begegnen. Jetzt müssen wir nur noch dafür sorgen, dass das auch auf unseren Kontostand zutrifft. Frauen sollen finanziell genauso erfolgreich sein wie Männer – und zwar ohne Gaps.

Bist du bereit, die Lücke zu schließen?

1.4 WAS ÄNDERT SICH, WENN WIR OFFEN ÜBER GELD SPRECHEN?

Es gibt diesen einen Satz, der sich in mein Hirn gebrannt hat: **„Mach dich nie von einem Mann abhängig."** Danke, Mutti!
Als Kind dachte ich noch „Jaja, lass mich in Ruhe ...", aber heute weiß ich: Das war vielleicht der wichtigste Rat meines Lebens. Ich habe nichts dagegen, wenn mein Partner mehr verdient als ich. Aber wirklich auf Augenhöhe bin ich in einer Beziehung nur, wenn ich weiß: Ich *könnte* mein Leben jederzeit allein finanzieren. Egal ob Dinner, Kino oder Miete.

Was passiert eigentlich, wenn wir das Schweigen brechen? Ganz einfach: Alles ändert sich. Für mich bedeutet finanzielle Unabhängigkeit vor allem eins: **Die Freiheit, Nein zu sagen.** Ich kenne meine Zahlen. Ich weiß, was meine Arbeit wert ist. Und das Wichtigste: Ich habe ein Polster. Das bedeutet, ich kann Jobs kündigen, die mir nicht guttun. Und ich kann Beziehungen verlassen, die mich unglücklich machen, ohne Angst haben zu müssen, vor dem finanziellen Ruin zu stehen.

Dein Polster für harte Zeiten

Ich nenne das gerne meinen **Freedom-Account** (manche sagen auch Notgroschen dazu). Es ist das Geld, das dir deine Selbstbestimmung gibt.

✔ WORKBOOK: DEIN FREEDOM-ACCOUNT

Wofür würde dir ein gut gefülltes Konto die Freiheit geben? Wozu könntest du endlich Nein (oder Ja) sagen?

- ◯ **Nein zu einem Job, der mich nervt**
  (Kündigung ohne Panik)
- ◯ **Ja zum Verlassen einer toxischen Beziehung**
  (Eigene Wohnung? Kein Problem!)
- ◯ **Ja zu einer Auszeit**
  (Sabbatical, Weltreise)
- ◯ **Nein zu schlechten Aufträgen**
  (mehr Zeit für Herzensprojekte)
- ◯ ______________________

Durch meine Recherchen für meinen Podcast „Female Finance“ bin ich tief in das Thema **Altersarmut** eingetaucht. Für mich war es ein absoluter Weckruf, zu sehen, wie viele Frauen im Alter jeden Cent zweimal umdrehen müssen. Ich sorge heute vor, weil ich auch mit 75 noch selbstbestimmt leben will.

Kolleg*innen-Talk: Jeannine, Torsten und das Geld

Wie schwer es ist, über Geld zu reden, weiß ich selbst. Aber ich habe gelernt: Routine hilft! Mit meiner sehr geschätzten Kollegin **Jeannine Michaelsen** und mit einem der für mich besten deutschen Comedians, **Torsten Sträter,** habe ich mich mal ganz offen ausgetauscht: „Sag mal, was verdienst du eigentlich heute?" Wir hatten an unterschiedlichen, gemeinsamen Projekten gearbeitet, und als wir feststellten, dass die Gage identisch war, hat sich das sofort fair und gut angefühlt. Und es hat auch für Klarheit gesorgt.

Wenn ich unsicher bin, was ich für einen Job verlangen kann, frage ich inzwischen offensiv Kolleg*innen. Und weißt du was? Die meisten helfen gerne! Sie geben Tipps, nennen Zahlen und supporten. Wir müssen nur über unseren Schatten springen.

Mein Wunsch für die Zukunft: Weil ich mich inzwischen den Mund aufzumachen traue, kenne ich den Wert meiner Arbeit. Und genauso muss es im Privaten funktionieren. Eigentlich müssten wir das schon in der Schule lernen. Stell dir vor, wir hätten ein Schulfach „Finanzen" gehabt! In der 5. Klasse lernen, wie ein Konto funktioniert, später wie man investiert und wie unser Steuersystem läuft. Stattdessen mussten wir die Nebenflüsse des Amazonas auswendig lernen. Nichts gegen den Rio Xingu und den Rio Putumayo, aber in welchen Kanälen unsere monatlichen Gebühren bei der Bank versickern, wissen wir nicht. Bis sich das Bildungssystem ändert, müssen wir uns eben selbst helfen. Indem wir reden. Laut, offen und ohne Scham.

1.5 „DOCH! DOCH! SORRY! DOCH!": DER WERT VON FINANZBILDUNG

Eine Situation aus einer Talk-Sendung ist mir besonders im Kopf geblieben: Die großartige **Verena Pausder** (inspirierende Unternehmerin und eine echte Macherin, die mir übrigens auch ihren Top-Money-Tipp für euch verraten hat – ihr findet ihn im Kapitel über das Investieren) hat 2024 im YouTube-Format „Startup-Verband" den damaligen CDU-Chef und heutigen Bundeskanzler **Friedrich Merz** interviewt. Merz fragt sie da, wie viele ihrer Kinder denn ein Kapitalkonto hätten. Verenas Antwort: „Gut, die sind alle unter 18 Jahre, die haben alle vier eins. Aber es kann ja nicht die Frage eines Elternhauses sein."

Und dann kam Merz' Reaktion: **„Doch! Doch! Sorry! Doch!"** In der ZDF-Satire-Sendung „Heute-Show"[9] wurde diese Sequenz direkt aufgegriffen, und Moderator **Oliver Welke** wiederholte Merz' „Doch! Doch! Sorry! Doch!" mit der Ergänzung: „Und wenn deine Eltern nicht genug Geld haben oder keine Ahnung von Aktien, dann such dir halt neue Eltern, du Loser." Natürlich ist es toll, wenn Eltern die Möglichkeit haben, schon frühzeitig für ihre Kinder anzulegen, doch:

> **Finanzbildung darf kein Privileg sein, das nur Kindern von besser verdienenden Eltern vorbehalten ist. Die Politik darf die Verantwortung nicht einfach abgeben.**

Unternehmen in die Pflicht nehmen!

Aber es liegt nicht nur an den Eltern oder der Schule. Auch die Wirtschaft muss endlich aufwachen. Wir leben immer noch in einer Welt, in der oft wir Frauen beweisen müssen, dass wir ungerecht bezahlt werden. Eigentlich müsste es umgekehrt sein:

> **Unternehmen müssten beweisen, dass sie fair bezahlen.**

Wer unfair bezahlt, darf damit nicht mehr durchkommen. Wir brauchen Transparenz. Niemand muss jedes einzelne Gehalt offenlegen, aber Gehaltsbänder (Durchschnittswerte) sollten klar sein. Natürlich verdient jemand mehr, der seit zehn Jahren gute Arbeit leistet. Ausblick: Besserung ist in Sicht! Ab Juni 2026 greift eine neue EU-Richtlinie. Dann werden Gehaltsspannen in Stellenanzeigen endlich Pflicht. Unternehmen müssen dann schon im Bewerbungsprozess Gehaltsspannen nennen und offenlegen, nach welchen Kriterien sie bezahlen. Das macht verdeckte Ungleichbehandlung endlich schwieriger.

> **Aber bewertet werden sollte nach Leistung und nicht danach, ob man einen Penis hat oder nicht.**

Mir kann niemand erzählen, dass in deutschen Vorständen fast ausschließlich Männer sitzen, weil sie alle so unfassbar viel kompetenter sind als Frauen. Die Wissenschaft hat dafür übrigens einen Namen: **der Thomas-Kreislauf.**

1.6 DER „THOMAS-KREISLAUF": WIR WOLLEN MEHR CHEFINNEN!

Bis 2019 gab es in Vorständen deutscher Börsenunternehmen mehr Menschen, die Thomas heißen, als Frauen.

Die deutsch-schwedische AllBright Stiftung hat 2017 eine Studie durchgeführt.[10] Es ging um die Vorstände von Unternehmen, die an der Frankfurter Börse gelistet sind. Und was kam heraus?

Menschen stellen am liebsten Menschen ein, die ihnen ähnlich sind. Thomas 1 (Chef) sucht einen Nachfolger. Er sieht Thomas 2 (sieht ähnlich aus, gleicher Hintergrund, gleicher Habitus). Er findet ihn sympathisch und kompetent. Und so stellt ein Thomas den nächsten Thomas ein, bis alles voller Thomasse ist. Leider kein Witz. Und verdammt schlecht für die Vielfalt. Und uns Frauen.

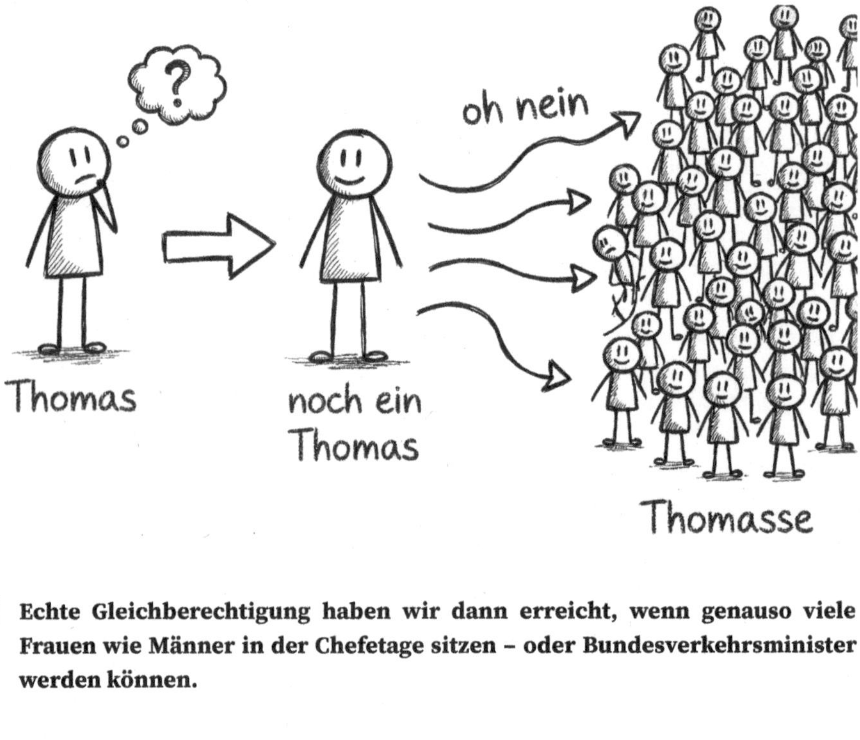

Echte Gleichberechtigung haben wir dann erreicht, wenn genauso viele Frauen wie Männer in der Chefetage sitzen – oder Bundesverkehrsminister werden können.

KAPITEL 2

DEIN MONEY MINDSET FÜR DICH UND DEINE ZUKUNFT

Meine Kindheit prägt mich bis heute. Wir hatten früher nicht viel Geld. Das hat Spuren hinterlassen. Wenn ich mir heute etwas Größeres kaufe – sagen wir, einen wirklich schönen Mantel –, dann rattert es sofort in meinem Kopf. Ich rechne dann automatisch durch, wie viel ich verdienen muss, damit das ausgegebene Geld wieder reinkommt. Glaubenssätze wie „Ich darf kein Geld verschwenden, sonst habe ich irgendwann nichts mehr" oder „Geld ist zum Sparen da, nicht zum Ausgeben" treffen also definitiv auf mich zu. Das ist mein **Money Mindset.** Es sind die Brillen, durch die wir die Welt sehen.

Wenn du jetzt einmal über dich nachdenkst: Gibt es drei Glaubenssätze in Bezug auf Geld, die dir direkt einfallen? Die den Umgang deiner Familie mit Geld beschreiben oder dich bei deiner Jobwahl beeinflusst haben? (Vielleicht: „Geld verdirbt den Charakter", „Ich kann nicht mit Zahlen", „Über Geld spricht man nicht".) Schreib sie gerne hier auf:

2.1 FEARLESS WOMAN: WARUM DU MEHR WEISST, ALS DU GLAUBST

„Mindset" klingt immer so nach Instagram-Kalenderspruch. Aber dahinter steckt knallharte Wissenschaft. Es gibt da eine superspannende Studie der Universität Mannheim („Fearless Woman" von Professorin Tabea Bucher-Koenen und ihrem Team aus dem Jahr 2021).[11] Die Forscherinnen haben sich gefragt: **Warum investieren in Deutschland eigentlich so viel weniger Frauen in Aktien als Männer?** Liegt es am Wissen? Schließlich gibt es heute unzählige Podcasts, YouTube-Kanäle und Blogs, die Börsenwissen kostenlos erklären. Die Wissenschaftlerinnen wollten es genau wissen. Und was sie herausgefunden haben, ist ein echter Augenöffner.

Erkenntnis 1: Frauen wissen oft mehr, als sie sich zutrauen.
In der Studie zeigte sich zwar immer noch ein gewisser Wissensunterschied zwischen den Geschlechtern, aber ein riesiger Teil dieses Unterschieds basierte schlicht auf Unsicherheit. Der Clou im Experiment war nämlich: Sobald in den Fragebögen die Antwortmöglichkeit *„Weiß ich nicht"* auftauchte, kreuzten Frauen diese überdurchschnittlich oft an. Ließ man diese Option jedoch weg und „zwang" die Teilnehmerinnen, sich für eine Antwort zu entscheiden, kam heraus: **Frauen wissen oft genauso viel wie Männer.**

Das bedeutet im Klartext:

→ Frauen haben das Wissen oft schon, aber sie zweifeln an sich.
→ Selbst wenn sie die richtige Antwort kennen, trauen sie sich nicht, sie laut zu sagen.

Erkenntnis 2:
Weniger Selbstvertrauen = geringere Wahrscheinlichkeit zu investieren
Der zweite zentrale Punkt der Studie: Fehlendes Vertrauen ins eigene Wissen hat einen direkten Einfluss darauf, ob Frauen tatsächlich an der Börse investieren. Frauen, die in der Studie vermeintlich schlecht abschnitten, investierten seltener, selbst wenn sie objektiv gar nicht weniger wussten.

Das heißt: Wir Frauen haben das Wissen, wir trauen es uns nur nicht zu! Wir stehen auf der Bremse. Die Forscherinnen sprechen vom **„Finanziellen Selbstbewusstsein"**. Der Begriff beschreibt das Zusammenspiel aus Wissen, Selbstvertrauen und der Fähigkeit, finanzielle Entscheidungen zu treffen.

Erkenntnis 3: Das überträgt sich auf unseren Alltag.
Wenn ich mir nicht zutraue, Finanzen umfassender zu verstehen, werde ich gar nicht erst anfangen, mich damit zu beschäftigen. Ich höre keinen Podcast dazu, lese kein Buch und bleibe lieber beim Girokonto, aus Angst, Fehler zu machen.

Es liegt also nicht am mangelnden Wissen. Es liegt am Mut.

Die Studie wurde inzwischen übrigens wiederholt – mit denselben Ergebnissen. Für mich ist das der Beweis: Wir müssen an unserem Selbstbewusstsein arbeiten. Erst wenn wir erkennen, wo wir stehen, können wir etwas ändern.

”

TOP-MONEY-TIPP VON CARMUSHKA

„Geld muss raus, damit es zurückkommt. Es hat seine Gründe, warum ich kein Buch über Finanzen, sondern übers Manifestieren geschrieben habe. Liebe Realist*innen, bitte stark sein: Ich habe mir als Studentin bewusst vorgemacht, dass die Beträge, die ich für Strom und Co. zahle, früher oder später doppelt und dreifach zurückkommen. Mein Motto: Je mehr ich einzahle, desto mehr schickt mir das Universum zurück. Allerdings funktionierte das nicht ausschließlich durch mein neues Mindset, sondern durch die Taten, die aus meiner neuen, positiven Haltung gegenüber Geld folgten. Ich hatte keine Angst mehr vor Rechnungen, und Geld war nicht länger mein Feind. Diese Grundeinstellung hat es mir überhaupt ermöglicht, über Fonds, passives Einkommen und langfristige Investments nachzudenken."

Carmushka alias Carmen Mercedes Kroll ist Unternehmerin, Gründerin der Modemarke „Oh April", eine der wichtigsten deutschen Content-Creatorinnen und Autorin von „Mein Kopf, ein Universum" und den Kinderbüchern der „Mein Knopf, ein Universum"-Reihe.

WORKBOOK: FINANZIELLES SELBSTBEWUSSTSEIN

Bewerte dich mal ganz ehrlich auf einer Skala von 1 (Hilfe, Panik!) bis 5 (Alles im Griff!).

Aussage	**1**	**2**	**3**	**4**	**5**
Ich fühle mich zuständig für meine Finanzen.	○	○	○	○	○
Ich kenne meine Einnahmen & Ausgaben.	○	○	○	○	○
Ich traue mir zu, gute Entscheidungen zu treffen.	○	○	○	○	○
Ich kann ohne Scham über Geld sprechen.	○	○	○	○	○
Ich fühle mich handlungsfähig.	○	○	○	○	○

Reflexion: Was bräuchtest du, um bei einer Frage von einer 2 auf eine 4 zu kommen? (Mehr Wissen? Einen Sparringspartner? Einfach mal machen?)

2.2 „GELD IST ZUM SPAREN DA“: UNSERE GLAUBENSSÄTZE ZUM THEMA GELD

Inzwischen weiß ich, dass ich Glaubenssätze habe wie „Geld ist zum Sparen da, nicht zum Ausgeben“ und was diese Glaubenssätze für Auswirkungen haben können.

Ich weiß aber auch, dass ich positive Glaubenssätze zum Thema Geld habe, beispielsweise: „Ich weiß, wie viel meine Arbeit finanziell wert ist.“ Dieser Satz hilft mir total, wenn ich mein Honorar verhandle oder ein Angebot bekomme, das unter meinem Wert liegt – und ich es ablehne.

Manchmal denke ich, dass diese Glaubenssätze wie unterschiedliche Brillen sind, durch die ich auf mein Leben schaue. Manchmal habe ich diese Brille der Sparsamkeit auf und manchmal meine Honorarbrille, die mich ganz easy einordnen lässt, welches Honorar gut und was zu wenig ist.

Aber woher kommen diese Zweifel eigentlich? Warum denke ich „Geld ist zum Sparen da“, während andere vielleicht „Geld muss fließen“ denken? Schauen wir uns mal an, was in unserem Kopf passiert.
Stell dir dein Gehirn wie einen extrem effizienten Manager vor. Du triffst jeden Tag bis zu **35.000 Entscheidungen,** wobei die meisten davon kleine, unbewusste Mikroentscheidungen sind: Kaffee oder Tee? Weiße oder graue Socken? Würde unser Gehirn jede dieser Fragen im „Vorstandszimmer“ (unserem präfrontalen Cortex) diskutieren, hätten wir mittags einen Systemabsturz. Deshalb nutzt unser Gehirn einen genialen Trick: **den Energiesparmodus (Autopilot).** Die Wissenschaft nennt das „Heuristiken“, also Faustregeln für schnelle Urteile.

→ *„Das ist teuer, also muss es gut sein.“*
→ *„5.000 Euro Gehalt? Das schaffen nur die anderen.“*

Diese Abkürzungen sind quasi unsere „Glaubenssätze“ oder Gewohnheiten. Das ist super beim Zähneputzen (da willst du nicht jeden Morgen neu überlegen, wie das geht). Aber beim Geld ist dieser Autopilot oft gefährlich.

Und es gibt emotionale Marker, wenn Erfahrungen als Gefühle in unserem Körper gespeichert sind und uns dabei helfen, schnell Entscheidungen zu treffen. Das ist vor allem in Gefahrensituationen hilfreich, wenn wir angesichts eines herannahenden Autos zusammenzucken und ganz schnell einen Schritt weg von der Straße zurück auf den Bordstein machen. Diese Emotionen helfen, weil wir nicht rational Vor- und Nachteile durchanalysieren müssen, sondern unsere Gefühle uns sagen, was richtig oder falsch ist.

Dazu kommt noch ein anderer Effekt, den die Psychologie **Bestätigungs-Bias** nennt. Das funktioniert so: Dein Gehirn will recht behalten. Wenn du tief im Inneren glaubst: *„Ich bin schlecht mit Geld"*, beleuchtet dein Gehirn wie ein Scheinwerfer genau die Momente, in denen du sinnlos Geld ausgegeben hast. Deine Erfolge? Werden ausgeblendet. Wir sammeln quasi Beweise für unsere eigene Unsicherheit. Verrückt, oder?

Wer denkt: „Investieren ist riskant", wird vor allem Artikel über Börsencrashs wahrnehmen, statt die langfristigen Chancen zu sehen. Und wer sich sagt: „Ich werde nie viel verdienen", übergeht vielleicht Jobangebote oder Weiterbildungen, die genau das Gegenteil ermöglichen würden. So verstärken sich unsere Glaubenssätze immer wieder selbst, weil wir Beweise sammeln, die sie bestätigen, und alles andere ausblenden.

Gehirn-Hack: Der Bias-Buster

Wir tricksen dein Gehirn jetzt aus. Erinnere dich an eine Situation in deinem Leben, in der du eine gute finanzielle Entscheidung getroffen hast. (Egal wie klein! Ein Schnäppchen gemacht? Etwas gespart? Verhandelt?)

Meine Erfolgsstory:

2.3 SO WIRKEN FINANZIELLE GLAUBENSSÄTZE

Wie oft hast du dich schon *bedankt,* wenn dir jemand Geld gegeben hat, für das du hart gearbeitet hast? Vielleicht kennst du diesen Moment: Deine zukünftige Chefin bietet dir ein Gehalt an oder ein Kunde akzeptiert dein Angebot. Und statt sachlich zu prüfen, ob die Summe wirklich fair ist, denkst du als Erstes: *„Puh, Gott sei Dank wollen sie mich überhaupt. Ich sollte dankbar sein."*

Hier schnappt eine Falle zu, die viele von uns Frauen von klein auf kennenlernen: das **„Good Girl"-Syndrom.** Wir wurden oft dazu erzogen, lieb, angepasst und vor allem *bescheiden* zu sein. Uns wurde beigebracht, dass es unhöflich ist, über Geld zu sprechen oder – Gott bewahre – *mehr* zu wollen.

Das Problem ist nur: **Du kannst deine Miete nicht mit Bescheidenheit bezahlen.**

Wenn wir im Job sind, verwechseln wir oft *Dankbarkeit* mit *Professionalität.*

→ Der männliche Kollege denkt: „Ich liefere gute Arbeit, also steht mir gutes Geld zu. Das ist ein Tauschgeschäft."
→ Wir denken oft: „Hoffentlich finden sie mich gut genug. Ich will nicht unverschämt wirken."

Dein Selbstwert bestimmt deinen Preis

Es gibt diesen Spruch: *„Dein Kontostand definiert nicht deinen Selbstwert."* Das stimmt absolut! Du bist wertvoll, egal wie viel Geld du hast. Nur: **Dein Selbstwert definiert oft deinen Kontostand.**

Wenn du tief in dir glaubst, dass du „nicht gut genug" bist oder dass deine Arbeit „ja eigentlich ganz leicht war" (und deshalb nichts kosten darf), dann wirst du das ausstrahlen. Du wirst kleiner in Gehaltsverhandlungen gehen. Du wirst Angebote akzeptieren, die unter deinem Wert liegen. Du wirst Rabatte geben, nach denen niemand gefragt hat.

Ich habe das selbst erlebt: Man macht sich kleiner, um gemocht zu werden. Aber im Business geht es nicht darum, *gemocht* zu werden (das ist schön, aber optional). Es geht darum, *respektiert* und *fair bezahlt* zu werden.

Geld zu fordern hat nichts mit Gier zu tun. Es ist ein Zeichen von Respekt – vor deiner eigenen Lebenszeit, deiner Ausbildung und deiner Energie. Wenn du dich unter Wert verkaufst, sagst du der Welt eigentlich: *„Meine Zeit ist nicht so wichtig."* Und die Welt wird dir glauben. Lass uns aufhören, „brav" zu sein. Fangen wir an, die Geschäftsfrau zu sein, die ihren Marktwert kennt.

WORKBOOK: DEINE GLAUBENSSÄTZE

Drei Übungen zu deinen Glaubenssätzen über Geld und deinem Money Mindset.

1. Gefühls-Check mit dem Geld-Tagebuch

Wenn du dich an der ein oder anderen Stelle wiedererkannt hast, kannst du jetzt einen Gefühls-Check machen zu den Gewohnheiten, Automatismen und Emotionen, die *du* in Bezug auf Geld hast:

→ Notiere deine Ausgaben und Einnahmen für die nächsten 2–4 Wochen. Ergänze nicht nur den Betrag, sondern auch die Emotion dabei („fühlte sich gut/schlecht an", „war aus Frust", „war als Belohnung gedacht").

→ Achte bewusst darauf: Wo im Körper spüre ich etwas? Herzklopfen, Enge, Entspannung etc.?

→ Das Ergebnis: Emotionale Marker werden bewusster, du kannst unterscheiden: Ist das alte Angst oder aktuelle Realität? Und Muster werden sichtbar – wann gebe ich automatisch aus, wann spare ich reflexartig?

Wenn du dank des Tagebuchs, oder auch schon vorher, gemerkt hast, dass du viele „automatische" Ausgaben hast, viele Routinen oder Rituale, ist diese Übung passend für dich:

2. Automatismen aufbrechen

→ Besinne dich auf kleine, alltägliche Gewohnheiten, die Geld kosten (z. B. Coffee to go, die teure Marken-Pasta-Sorte).

→ Stelle sie bewusst infrage: Brauche ich das wirklich? Will ich es, oder ist es Gewohnheit?

→ Das Ergebnis: mehr Klarheit, ob deine Automatismen hilfreich oder hinderlich sind.

”

TOP-MONEY-TIPP VON MRS. BELLA

„Wenn ich abends im Onlineshop scrolle, packe ich oft alles, was mir gefällt, in den Warenkorb. Ich kaufe es allerdings dann nicht direkt, sondern warte 24 Stunden. Meistens will ich es später gar nicht mehr. Das Geld, das man dadurch spart, kann man dann zum Beispiel auf sein Sparkonto packen, für Dinge, die einem wirklich wichtig sind, wie zum Beispiel der nächste Urlaub."

Mrs. Bella ist eine der erfolgreichsten Content-Creatorinnen Deutschlands, Unternehmerin und Autorin.

3. Negative Glaubenssätze erkennen und umwandeln
Wissen ist gut, Machen ist besser. Deswegen gehen wir es jetzt mal an. Glaubenssätze prägen Finanzentscheidungen stärker, als wir vermuten. Ich habe dir eine Liste zusammengestellt. Wo findest du dich wieder?

Wir fangen mit den negativen Glaubenssätzen an, kreuze an:

- ◯ Ich darf mein Geld nicht ausgeben.
- ◯ Ich werde nie genug verdienen.
- ◯ Geld verursacht Sorgen, Streit, Angst.
- ◯ Ich bin schlecht im Umgang mit Geld.
- ◯ Über Geld spricht man nicht.

- ◯ Viel Geld zu haben ist egoistisch.
- ◯ Schulden sind ein Zeichen von Schwäche.
- ◯ Investieren ist nur was für Reiche.
- ◯ Wenn ich Geld ausgebe, verliere ich Sicherheit.
- ◯ Ich habe es nicht verdient, wohlhabend zu sein.
- ◯ Finanzielle Freiheit ist für mich unerreichbar.
- ◯ Geld muss man sich hart erarbeiten.
- ◯ Ich darf nicht mehr haben als meine Familie oder Freunde.

Meine eigenen negativen Glaubenssätze:

____

____

____

Und nun positive Glaubenssätze:

- ◯ Ich darf Geld ausgeben und bin trotzdem sicher.
- ◯ Investieren kann auch ich lernen.
- ◯ Ich weiß noch nicht, wie das Investieren an der Börse geht, aber ich lerne es Schritt für Schritt.
- ◯ Geld ist ein Werkzeug, das mir Möglichkeiten eröffnet.
- ◯ Ich darf finanziell erfolgreich sein.
- ◯ Mein Einkommen kann wachsen.
- ◯ Geld zu haben bedeutet Sicherheit und Freiheit.
- ◯ Ich kann verantwortungsvoll mit Geld umgehen.

- ◯ Ich darf Geld verdienen mit dem, was ich liebe.
- ◯ Wohlstand passt zu mir.
- ◯ Ich habe es verdient, finanziell entspannt zu leben.
- ◯ Geld ermöglicht es mir, Gutes zu tun.
- ◯ Ich habe es verdient, wohlhabend zu sein.
- ◯ Ich darf Freude am Ausgeben haben.
- ◯ Mein Wert ist nicht durch Geld begrenzt, aber Geld darf mich unterstützen.
- ◯ Ich kann kluge finanzielle Entscheidungen treffen.
- ◯ Ich kann Wohlstand aufbauen und gleichzeitig großzügig sein.
- ◯ Mit Geld gestalte ich mein Leben selbstbestimmt.

Meine eigenen positiven Glaubenssätze:

____

____

____

Wenn dich einige deiner negativen Glaubenssätze stören, dann lösch sie. Okay, das geht nicht von heute auf morgen. Ein Glaubenssatz, den du seit deiner Kindheit hast, verschwindet nicht durch einmal drüber nachdenken, aber mit etwas Zeit kann sich viel verändern. Für jeden negativen Glaubenssatz gibt es auch ein positives Pendant. Das ist nur für jede von uns individuell verschieden. Wenn mein negativer Glaubenssatz „Ich werde nie viel Geld verdienen" ist, dann kann eine positive Umkehr für mich lauten: „Ich lerne gerade, wie ich mein Einkommen steigern kann." Für dich wiederum kann gelten: „Ich habe meine Karriere selbst in der Hand und mache für meinen nächsten Karriereschritt eine Weiterbildung."

ÜBUNG: NEGATIVE GLAUBENSSÄTZE UMKEHREN

- → Nimm einen negativen Glaubenssatz („Ich bin schlecht im Umgang mit Geld").
- → Formuliere drei alternative positive Glaubenssätze („Ich lerne Schritt für Schritt, besser mit Geld umzugehen", „Ich entwickle finanzielle Sicherheit" etc.).
- → Mach dir bewusst, welche dieser positiven Varianten wirklich zu dir passt.
- → Schreibe die finale Version noch mal hier auf und speichere sie dir in dein Handy, damit du sie langsam verinnerlichst:

2.4 FINANZIELLE BEDÜRFNISSE: WAS IST DEIN „WARUM"?

Weißt du eigentlich, was du willst? Für uns Frauen ist das oft gar nicht so leicht zu beantworten. Wir haben gelernt, uns um die Bedürfnisse anderer zu kümmern. Aber jetzt geht es mal nur um dich.

Warum kümmerst du dich um deine Finanzen? Meistens stecken drei große Antriebe dahinter. Schau mal, wo du dich wiederfindest:

1. Sicherheit (der ruhige Schlaf)
Sicherheit ist kein trockenes Bankprodukt. Sicherheit ist ein *Gefühl*. Es ist der Moment, in dem du den Briefkasten aufmachst und keinen Herzsprung bekommst, weil du weißt: Egal, welche Rechnung da drin ist, ich kriege das hin. Es ist das Wissen: Wenn die Waschmaschine kaputtgeht oder das Auto streikt, bricht meine Welt nicht zusammen, weil ich einen Notgroschen habe. Sicherheit gibt dir Ruhe im Kopf.

2. Freiheit & Unabhängigkeit (die Superkraft)
Für uns Frauen ist das vielleicht der wichtigste Punkt: Wir wollen nie wieder Bittstellerin sein.

→ Nicht bei dem*der Partner*in.
→ Nicht bei dem*der Chef*in.
→ Und nicht beim Staat.

Geld bedeutet hier: Selbstbestimmung. Wenn du eigene Rücklagen hast und fürs Alter vorsorgst, kannst du ungesunde Beziehungen verlassen. Du kannst einen Job kündigen, der dich unglücklich macht. Du kannst „Nein" sagen. Also um es ganz charmant zu sagen: dein „Fuck-you-Money". Oder auch: die Freiheit, dein Leben selbst zu gestalten.

☺ **3. Lifestyle, Selbstverwirklichung & Sinn (der Spaßfaktor)**
Geld darf Spaß machen! Wir dürfen das Leben genießen. Vielleicht willst du reisen, schick essen gehen oder dir endlich diese teuren Sneaker kaufen. Das ist völlig okay. Oder du nutzt Geld, um zu wachsen: die Fotografinnen-Ausbildung, die Weltreise, das neue Business. Und das Schönste: Wenn wir genug haben, können wir etwas zurückgeben. Wir können spenden, die Familie unterstützen oder Projekte fördern, die uns am Herzen liegen. Dann wird aus Geld plötzlich **Sinn.**

Anekdote: Die zwei Seiten der Uhr

Kennst du die Story über **Thomas Gottschalks Uhr?**

Bill und Tom Kaulitz haben in ihrem Podcast **„Kaulitz Hills"** mal erzählt, dass **Thomas Gottschalk** wohl seine teure Uhr umdreht, je nachdem, wo er gerade ist. Die eine Seite, die einer ganz normalen Uhr, zeige er, wenn er im deutschen Fernsehen zu sehen sei. Und die andere, mit Diamanten besetzte Seite, zeige er, wenn er privat unterwegs sei. Das beschreibt unser deutsches Verhältnis zu Geld ziemlich perfekt, oder?

Reflexion: Der Gottschalk-Effekt

Stell dir vor, du kaufst dir von deinem selbst verdienten Geld etwas richtig Teures (eine Tasche, ein Auto, Schmuck). Würdest du es stolz zeigen, oder würdest du es eher verstecken oder sogar kleinreden („War im Sale")?

WORKBOOK: DEIN BEDÜRFNIS-CHECK

Damit deine finanziellen Bedürfnisse nicht nur Theorie bleiben, lass uns das mal für dich visualisieren.

Dein Bedürfnis-Kuchen

Jeder Mensch tickt anders. Manche brauchen 80 % Sicherheit, um glücklich zu sein. Andere brauchen 50 % Spaß und Abenteuer. Wie ist deine Mischung? Teile den Kreis intuitiv in drei Stücke auf:

- → **Sicherheit** (Rücklagen, Vorsorge)
- → **Freiheit** (Unabhängigkeit, Job-Wechsel-Option)
- → **Spaß/Sinn** (Reisen, Hobbys, Spenden)

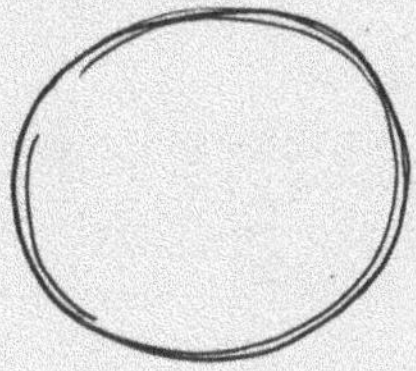

WORKBOOK: FINDE DEIN „WARUM"

Wenn du jetzt denkst: Klingt alles gut, aber was passt wirklich zu mir? Gute Frage! Lass es uns herausfinden. Schnapp dir einen Stift, schalte den Kopf kurz aus und hör auf deinen Bauch. Hier sind zwei Übungen, die Klarheit schaffen.

Übung 1: Der Werte-Check
Liste deine fünf wichtigsten Werte im Leben auf. Und dann der entscheidende Schritt: Überlege, wofür du konkret Geld ausgibst, um diesen Wert zu leben.

Ein Beispiel von mir: *Unabhängigkeit* und *Freiheit* sind einige meiner Top-Werte. Was heißt das für mein Geld? Ich liebe es, auch mal allein zu verreisen. Einfach in einer anderen Stadt sein, essen gehen, bummeln, die Seele baumeln lassen. Ohne Kompromisse. Deshalb lege ich immer wieder Geld genau dafür zur Seite. Mein „Freiheits-Geld".

Jetzt du! *(Falls du Inspiration brauchst: Gesundheit, Familie, Abenteuer, Sicherheit, Gerechtigkeit, Status, Ruhe, Kreativität, Bildung, Genuss ...)*

Hier drei Beispiele:

1. **Wert: Gesundheit** Finanziell heißt das: Ich kaufe Bio-Lebensmittel (teurer), leiste mir ein Fitnessstudio-Abo oder gebe Geld für Vorsorgeuntersuchungen aus.
2. **Wert: Sicherheit** Finanziell heißt das: Ich habe genügend Geld als Notgroschen auf dem Tagesgeldkonto und gute Versicherungen. Ich gebe Geld eher nicht für Luxus aus, sondern spare es.
3. **Wert: Bildung/Wachstum** Finanziell heißt das: Ich kaufe Bücher, buche Online-Kurse oder Coachings.

Meine Top-5-Werte & was sie mich kosten:

1. Wert: ______________________________
Wofür gebe ich dabei Geld aus (oder spare es)? __________________________

2. Wert: ______________________________
Wofür gebe ich dabei Geld aus (oder spare es)? __________________________

3. Wert: ______________________
Wofür gebe ich dabei Geld aus (oder spare es)? ______________________

4. Wert: ______________________
Wofür gebe ich dabei Geld aus (oder spare es)? ______________________

5. Wert: ______________________
Wofür gebe ich dabei Geld aus (oder spare es)? ______________________

Übung 2: Dein idealer Tag

Lösen wir mal kurz alle Bremsen. Stell dir vor, Geld spielt *keine* Rolle mehr. Wie sieht dein idealer Tag (oder eine perfekte Woche) aus? Arbeitest du noch? Wo wohnst du? Mit wem verbringst du deine Zeit? Schreib es so detailliert wie möglich auf – vom ersten Kaffee bis zum Schlafengehen.

Der Clou dabei: Schau dir genau an, womit du deine Tage füllen würdest. Oft kosten die Dinge, die uns *wirklich* glücklich machen (Zeit mit Freunden, im Garten buddeln, Lesen, Sport), gar kein Vermögen. Das ist dein echter innerer Kompass.

Dein Money Mindset: Das Fazit

Bei all dem gibt es kein „Richtig“ oder „Falsch“. Jeder Mensch ist anders. Manche brauchen Sicherheit wie die Luft zum Atmen, andere brauchen das Abenteuer. Beides ist okay.

Und Money Mindset heißt eben nicht nur, wie viel Geld eine Person auf dem Konto hat, sondern: **Dein Geld soll deinen Bedürfnissen dienen.**

Bist du bereit für den nächsten Schritt? Jetzt, wo du deine Bedürfnisse kennst, können wir uns dem „Ist-Zustand“ widmen. Wir schauen uns an, ob dein Tank voll genug ist, um diese Ziele zu erreichen. **Auf geht's zur Analyse deiner finanziellen Situation!**

2.5 JANINS „STEP BY STEP"-METHODE

Kennst du das Gefühl, wenn ein Berg an Aufgaben vor dir liegt und du am liebsten sofort wieder umdrehen willst? Wenn mich Aufgaben oder Fragen überfordern, sage ich mir immer: Einen Schritt nach dem anderen. Der Trick ist: Nicht die ganze Treppe sehen. Sondern nur auf die nächste Stufe schauen, die direkt vor deinen Füßen liegt.

Genau diese Methode nutzen wir jetzt, um uns mit deinen finanziellen Bedürfnissen und deinem Money Mindset auseinanderzusetzen.

Auf einen Blick: Dein Fahrplan für das nächste Kapitel

STEP 1: Der Realitäts-Check

Wir gucken uns dein Konto an – oder besser: alle Konten (Giro, Tagesgeld, Kreditkarte). Logge dich überall ein. Wir wollen die nackte Wahrheit sehen: Wie viel Geld ist wirklich da? Oder bist du vielleicht im Minus? Falls du Schulden hast, schauen wir uns das genau an und werden auch zwischen „guten" und „schlechten" Schulden (sinnvolle Investitionen vs. unnötiger Konsum) unterscheiden.

STEP 2: Der Kassensturz (Die Basis)

Danach schauen wir, wohin dein Geld eigentlich fließt. Wir werden Ausgaben tracken und einen Budgetplan aufstellen. Das ist dein Fundament, um später überhaupt einen Finanzplan machen zu können.

STEP 3: Das „Warum" (Deine Bedürfnisse)

Wir finden heraus, was Geld für dich bedeutet. Sicherheit? Unabhängigkeit? Selbstverwirklichung? Willst du dir Komfort kaufen oder anderen Gutes tun? Oder ist es eine Mischung aus allem?

STEP 4: Die Strategie (Die Umsetzung)

Wie setzen wir dein Geld jetzt ein, um diese Bedürfnisse zu erfüllen? Musst du sparen? Musst du investieren? Brauchst du einen Kredit? Das ist manchmal schwer zu entscheiden. Aber genau dafür gebe ich dir im Folgenden das Wissen und die Methoden an die Hand. Wir finden das passende Werkzeug für dich.

Die System-Frage: Warum es für uns Frauen (noch) anders ist

Wenn dir das alles echt viel vorkommt: Ich verstehe dich. Es liegt nämlich nicht *nur* an unserem Mindset oder unserer Geschichte. Es gibt da draußen immer noch Strukturen, die uns Steine in den Weg legen. Bestes Beispiel: steuerrechtliche Verfahren wie das **Ehegattensplitting.** Das lockt uns zwar mit steuerlichen Vorteilen, kann uns Frauen aber massiv davon abhalten, beruflich voll durchzustarten und genauso viel zu verdienen wie Männer. Denn das Ehegattensplitting lohnt sich besonders dann, wenn zwei Menschen in einer Partnerschaft möglichst ungleich verdienen. Dadurch werden besonders wir Frauen schnell in die Rolle der Geringverdienerin gedrängt, mit finanzieller Abhängigkeit und Care-Arbeit. Das nervt, ist ungerecht und muss sich ändern.

Im März 2026 hat Vizekanzler und Finanzminister **Lars Klingbeil** die Debatte neu angestoßen, ob das Ehegattensplitting noch zeitgemäß ist. Hoffen wir, dass die Koalition hier schnell eine für alle gerechtere Lösung findet.

Aber: Wir warten nicht auf die Politik. Wir legen schon mal los. Denn gleichzeitig passiert etwas Großartiges: Die **„Female Finance"-Bewegung** wird immer größer. Es gibt mittlerweile so viele Expertinnen, Journalistinnen und Netzwerke, die Finanzwissen teilen. So viel wie in den letzten Jahren wurde wohl noch nie über „Frauen und Geld" gesprochen. Wir sind nicht mehr allein mit dem Thema. Und weil wir heute via Smartphone investieren können, ohne auf Bankberater angewiesen zu sein, sind wir die erste Generation, für die wirklich alle Türen geöffnet sind.

Die Zeit ist auf unserer Seite. Wir sind auf dem richtigen Weg. Trotzdem: Bis zur echten Gleichbehandlung wird es noch dauern. Aber wir warten nicht! Wir haben jetzt schon die Power, unsere Finanzen selbst in die Hand zu nehmen und nach unseren Regeln zu gestalten. Nutzen wir sie!

KAPITEL 3

DEINE FINANZEN: WO STEHST DU GERADE?

Die häufigste Frage, die mir gestellt wird, lautet: *„Wie fange ich am besten mit dem Investieren an?"* Meine Antwort ist immer eine Gegenfrage, und die tut manchmal ein bisschen weh: **„Kennst du deine Einnahmen und Ausgaben wirklich? Hast du einen Budgetplan?"** Denn hier liegt der Schlüssel: Dein Budget ist das Fundament deiner Finanzen. Wir müssen uns jetzt also einmal Schritt für Schritt durch deine Finanzen arbeiten. Klingt nach Arbeit? Ist es auch. Aber keine Panik: Ich habe das wieder in meine bewährte **„Step by Step"-Methode** runtergebrochen.

Das ist unser Ziel in diesem Kapitel: Wir legen die Karten auf den Tisch. Am Ende weißt du genau:

→ Was kommt rein? (Einnahmen)
→ Was geht fix raus? (Miete, Rente, Versicherungen)
→ Was verpufft im Alltag? (Das berühmte „Loch" im Portemonnaie)
→ Was bleibt für deine Träume? (Sparrate & Investitionen)

✔ CHECKLISTE: „DEIN KASSENSTURZ-KIT"

Damit niemand aufsteht und abbricht, weil etwas fehlt:

- ○ Laptop/Handy (fürs Online-Banking)
- ○ Die letzten 3 Gehaltsabrechnungen
- ○ Textmarker/Stift
- ○ Nervennahrung (Schokolade, Tee)

3.1 EINKOMMEN RICHTIG VERSTEHEN

Dein Einkommen ist der größte Hebel für finanzielle Unabhängigkeit. Es entscheidet darüber, ob du dir die größere Wohnung leisten kannst, wie schnell dein Vermögen wächst und welchen Lifestyle du lebst. Dem Thema Gehalt habe ich ein eigenes Kapitel gewidmet, weil ich ganz ausführlich auf Gehaltsverhandlungen eingehen möchte – eines meiner Lieblingsthemen. Dabei erkläre ich dir auch alle Abzüge, durch die sich dein Brutto- von deinem Nettogehalt unterscheidet.
Wir schauen uns jetzt ganz genau an, was monatlich wirklich reinkommt.

Angestellt vs. selbstständig: der Reality-Check

Team Angestellt: Bei dir ist die Übersicht meistens klar. Du bekommst 12 Gehälter. Vielleicht gibt es noch ein 13. Monatsgehalt, Urlaubsgeld oder Boni. **Mein Tipp:** Rechne alle diese Extras zusammen, um dein echtes **Jahreseinkommen** zu kennen. Teile es dann durch 12. So weißt du, was du *durchschnittlich* pro Monat zur Verfügung hast.

Team Selbstständig: Hier ist es komplizierter: Mal Champagner, mal Leitungswasser. In einem Monat kommt viel rein, im nächsten warten Kunden ewig mit der Zahlung. Um trotzdem kalkulieren zu können, habe ich einen **persönlichen Hack,** den ich seit Jahren nutze: Ich spiele meine eigene Chefin. Ich zahle mir monatlich ein **Fixgehalt** von meinem Geschäfts- auf mein Privatkonto aus. Egal, wie viel Umsatz ich mache. Wenn es gut läuft, bleibt der Überschuss als Puffer auf dem Geschäftskonto. Ansonsten zehre ich vom Puffer, aber mein privates „Gehalt" bleibt stabil. Später im Jahr gönne ich mir dann – je nach Kassenlage – mein eigenes „Weihnachtsgeld". Das nimmt enorm viel Stress raus!

Und natürlich gehören auch weitere Einnahmen zu dieser Übersicht dazu, beispielsweise das Kindergeld, Elterngeld, Unterhaltszahlungen, Mieteinnahmen, Trinkgelder, Überstunden oder Boni.

WORKBOOK: DER EINNAHMEN-SCANNER

Jetzt wird's konkret. Was fließt bei dir rein? Vergiss nichts. Auch das Kindergeld oder andere regelmäßige Einnahmen gehören dazu.

Deine monatlichen Einnahmen (netto)

Art der Einnahme	Betrag (in €)
Hauptjob (Gehalt / Entnahme)	____________ €
Nebenjob/Minijob	____________ €
Boni/Sonderzahlungen (ø pro Monat)	____________ €
Kindergeld/Elterngeld	____________ €
Unterhalt	____________ €
Mieteinnahmen	____________ €
Kapitalerträge (Zinsen / Dividenden)	____________ €
Sonstiges (Trinkgeld, Flohmarkt, Geschenke)	____________ €
GESAMTEINNAHMEN (pro Monat):	____________ €

PRO-TIPP: DER 12-MONATS-TRICK

Für alle mit unregelmäßigem Einkommen (Freelancer und Boni-Empfängerinnen): Verlass dich nie auf den „besten Monat". Nimm deine Gesamteinnahmen des letzten Jahres und teile sie durch 12.

Beispiel: Du hast im Dezember 5.000 € verdient, im Januar aber nur 1.000 €? Dein Budget sollte sich nicht an den 5.000 € orientieren, sondern am Durchschnitt (3.000 €). So verhinderst du, dass du im Dezember das Geld ausgibst und im Januar Panik bekommst.

Guck dir noch mal die Zahl bei „Gesamteinnahmen" an. Was macht diese Summen mit dir? Wie fühlt sich dein Einkommen an? Zufriedenheit („Doch mehr als gedacht!"), Frust („Dafür arbeite ich so hart?"), Motivation („Da geht noch was!")? Schreib deine Gedanken hier ungefiltert auf. Ist es gerade genug zum Leben? Genug zum Träumen? Oder zu knapp?

3.2 VERMÖGEN SICHTBAR MACHEN

Wir machen jetzt den großen Kassensturz. Die Leitfrage dahinter ist simpel, aber mächtig: **Was gehört dir, und welchen Wert hat es heute?** Um einen vollständigen Überblick zu haben, lohnt es sich auch, alle finanziellen Mittel einmal aufzulisten. Vom Girokonto bis zu Rentenansprüchen.

PRO-TIPP: DER ELTERN-ANRUF

Bevor du loslegst: Ruf mal deine Eltern oder Großeltern an. Oft haben Verwandte früher Ausbildungsversicherungen, Lebensversicherungen oder Bausparverträge auf den Namen der Kinder/Enkel oder mit ihnen als Begünstigte abgeschlossen, die irgendwo in einem Ordner schlummern. Frag konkret nach: „Gibt es irgendwelche Verträge auf meinen Namen, von denen ich nichts weiß?"

WORKBOOK: DEINE VERMÖGENSBILANZ

Geh die vier folgenden Kategorien durch. Achtung bei Sachwerten, wie beispielsweise Auto oder Schmuck. Hier tappt man leicht in die „Sentimentalitäts-Falle". Dein Auto ist nicht das wert, was du vor fünf Jahren bezahlt hast. Hier ist deine Liste zum Ausfüllen:

1. Liquides Geld (sofort verfügbar)
Das ist dein „schnelles" Geld für den Alltag und Notfälle.

Posten	Aktueller Betrag (in €)
Girokonto (aktueller Stand)	____________ €
Tagesgeldkonto (Notgroschen)	____________ €
Bargeld (Portemonnaie & Spardose zu Hause)	____________ €
PayPal-Guthaben	____________ €
Sonstiges	____________ €
ZWISCHENSUMME 1:	____________ €

2. Investiertes Geld (arbeitendes Geld)
Geld, das angelegt ist, um sich zu vermehren.

Posten	Aktueller Kurswert (in €)
Aktien/ETFs/Fonds (Depotwert heute)	____________ €
Kryptowährungen	____________ €
Bausparverträge (Guthaben)	____________ €
Lebensversicherungen (Aktueller Rückkaufwert)	____________ €
ZWISCHENSUMME 2:	____________ €

3. Sachwerte (feste Werte)
Dinge, die du verkaufen könntest.

Posten	Realistischer Verkaufswert (heute!)
Immobilien (Geschätzter Marktwert)	____________ €
Auto/Motorrad (Realwert, nicht Neupreis)	____________ €
Schmuck/Kunst/Wertgegenstände	____________ €
Mietkaution (deiner jetzigen Wohnung)	____________ €
ZWISCHENSUMME 3:	____________ €

4. Die Zukunft (nicht greifbar, aber wertvoll)
Ansprüche, die du später hast.

Posten	Prognose / Wert (in €)
Rentenansprüche (gesetzlich – siehe Rentenbescheid)	____________ €
Betriebliche Altersvorsorge	____________ €
Sicheres Erbe (falls absehbar/kommuniziert)	____________ €
Firmenanteile	____________ €
ZWISCHENSUMME 4:	____________ €

Reflexion: Dein Vermögensgefühl

Rechne (außer Kategorie 4) mal alles zusammen. Das ist dein Bruttovermögen. Was macht es mit dir, diese Summe schwarz auf weiß zu sehen?

→ **Überraschung?** („Huch, da ist ja doch was zusammengekommen!")
→ **Enttäuschung?** („Ich dachte, es wäre mehr.")
→ **Motivation?** („Okay, das ist mein Startpunkt. Von hier aus geht es hoch.")

Schreib deine Gedanken hier auf. Löst die Zahl Wünsche oder Ängste aus?

(Hinweis: Falls du beim Zusammenrechnen merkst, dass du nicht nur Vermögen, sondern auch Schulden hast – keine Sorge! Dazu habe ich ein eigenes Kapitel geschrieben. Wie du damit umgehst, findest du auf Seite 67).

3.3 AUSGABEN ANALYSIEREN: WO FLIESST DAS GELD HIN?

Jetzt kennen wir dein Einkommen und dein Vermögen. Wir klären die Frage aller Fragen: **Wohin verschwindet dein Geld eigentlich jeden Monat?** Das ist die absolute Grundlage. Nur wenn du weißt, wo das Geld hingeht, kannst du später entscheiden, ob es dort auch *bleiben* soll. Wir unterscheiden dabei zwei Kategorien:

1. **Die Fixkosten** Das ist alles, was jeden Monat gleichbleibt und per Dauerauftrag oder Abbuchung abgeht. Beispiele: Miete, Strom, Versicherungen, Netflix-Abo, Handyvertrag, Gym.
   Vorteil: Sie sind leicht zu planen.

2. **Die variablen Kosten** Hier wird es spannend. Diese Kosten schwanken von Monat zu Monat.
   Beispiele: Supermarkt, Restaurantbesuche, Shopping, Tanken, Geschenke, Urlaub.
   Gefahr: Hier entstehen oft die berühmten „Löcher", weil man den Überblick verliert.

Deine Aufgabe: Tracking (die Wahrheit liegt auf dem Konto)

Da die variablen Kosten so schwanken, reicht es nicht, nur einen Monat anzuschauen. Du hast zwei Möglichkeiten:

1. **Die Zukunfts-Methode:** Du trackst ab heute für die nächsten 3 Monate alle deine Ausgaben und schreibst sie auf (App oder Notizbuch).
2. **Die Detektiv-Methode (Mein Favorit!):** Du loggst dich ins Online-Banking ein und gehst die *letzten* 3 Monate durch. Das geht schneller und ist schonungslos ehrlich. *(Tipp: Viele Banking-Apps haben mittlerweile eine „Finanzmanager"-Funktion, die das automatisch kategorisiert. Schau mal nach!)*

WORKBOOK: DER AUSGABEN-CHECK

Nimm dir deine Kontoauszüge (oder die App) vor und sortiere deine Ausgaben in diese Kategorien. Wenn du es lieber analog magst, kannst du diese Liste als Vorlage für deine Excel-Tabelle oder dein Notizbuch nutzen.

1. Die Fixkosten (monatlich gleich oder planbar)

Kategorie	Deine Posten (Beispiele)	Ø Betrag pro Monat
Wohnen	Miete/Kredit, Nebenkosten, Strom, Internet, GEZ	________ €
Versicherungen	Haftpflicht, Hausrat, BU, Krankenkasse (falls privat/selbstst.)	________ €
Mobilität (fix)	Kfz-Steuer, Leasingrate, ÖPNV-Abo, BahnCard	________ €
Abos & Verträge	Handy, Spotify/Netflix, Fitnessstudio, Vereine, Cloud	________ €

2. Variable Grundkosten (Lebensführung)

Kategorie	Deine Posten (Beispiele)	Ø Betrag pro Monat
Alltag	Lebensmittel, Drogerie, Apotheke	________ €
Mobilität (variabel)	Tanken, Einzeltickets, Uber/Taxi	________ €
Familie	Kinderbetreuung, Schulessen, Windeln	________ €

3. Freizeit & Lifestyle (der Spaßfaktor)

Kategorie	Deine Posten (Beispiele)	Ø Betrag pro Monat
Genuss	Restaurants, Cafés, Lieferdienste	____________ €
Freizeit	Kino, Konzerte, Bücher, Hobbys	____________ €
Shopping	Kleidung, Schuhe, Deko, Beauty	____________ €
Reisen	Urlaub, Wochenendtrips (siehe Pro-Tipp unten!)	____________ €

4. Sparen & Investieren (Zahlungen an dich selbst)

Kategorie	Deine Posten (Beispiele)	Ø Betrag pro Monat
Rücklagen	Notgroschen, Sparkonto, Tagesgeld	____________ €
Investments	ETF-Sparplan, Aktien, Krypto, Riester	____________ €

PRO-TIPP: DIE JAHRESFALLE

Schau auch noch mal nach, ob einige Versicherungen oder Abos nur quartalsweise oder jährlich abgebucht werden. Diese Ausgaben musst du auf die Monate herunterrechnen. Das Gleiche gilt für Urlaube und andere Sonderausgaben, die nicht jeden Monat anfallen: Wie viel kosten dich deine Urlaube im Jahr? Was sind die monatlichen Summen dafür?

Wenn du diese Kosten vergisst, sprengen sie dir plötzlich das Konto. Die Formel: Nimm die Jahressumme und teile sie durch 12.

Beispiel: Dein Urlaub kostet ca. 1.200 € im Jahr? 1.200 € ÷ 12 Monate = 100 €, die du monatlich in deinem Budget unter „Reisen" einkalkulieren musst.

Wenn du deine Ausgaben für drei Monate getrackt hast, teilst du entsprechend durch drei. Wenn du in einem Monat 100 Euro und in zwei Monaten je 150 Euro fürs Essengehen ausgegeben hast, kommst du insgesamt auf 400 Euro und kannst einen Durchschnittswert von etwa 130 Euro angeben. Das kommt in die finale Tabelle: Was sind deine Fixkosten, was sind deine variablen Kosten? Und welche Summe kommt raus, wenn du alles zusammenrechnest?

WORKBOOK: DER 3-MONATS-CHECK

Ausgaben können stark schwanken. In dem einen Monat warst du vielleicht öfter draußen essen, im Kino oder hast einen Miniurlaub gemacht. Im nächsten Monat warst du eher zu Hause und hast es dir auf der Couch gemütlich gemacht. Um ein besseres Gefühl für deine monatlichen Einnahmen und vor allem Ausgaben zu bekommen, trage hier die Summen der letzten drei Monate (oder z. B. Januar bis März) ein. Dadurch bekommst du einen Überblick über die Schwankungen und kannst dir eine Durchschnittssumme errechnen, die du zur Verfügung hast.

Zeitraum	Summe Fixkosten	Summe variable Kosten	**FINALE GESAMTSUMME**
Monat 1	____________ €	____________ €	____________ €
Monat 2	____________ €	____________ €	____________ €
Monat 3	____________ €	____________ €	____________ €
Ø Durchschnitt (bleibt meist gleich, Summe ÷ 3)			____________ €

Reflexion: Dein Ausgaben-Gefühl

Unterscheiden sich deine monatlichen Ausgaben stark? Woher kommen die Ausreißer? Und ganz wichtig: Gibt es Ausgaben, die dich beim Aufschreiben geärgert haben? (Die „Abo-Leichen" oder der fünfte Coffee to go?)

3.4 AUSGABEN REFLEKTIEREN: ZWISCHEN REALITÄT UND VERDRÄNGUNG

Vielleicht fragst du dich gerade: *„Und was bringt mir das am Ende?"* Die Antwort ist einfach: Wissen ist Macht. Zum einen wirst du während des Trackings mit Sicherheit Ausgaben finden, die du einsparen kannst. Weil du beispielsweise siehst, dass sich in einigen Monaten ein Deutschlandticket viel mehr lohnt als einzelne Tageskarten für die Öffis. Oder du realisierst, dass du in manchen Monaten viel zu viel Geld für den Lunch draußen ausgibst oder zu oft abends daheim Essen bestellst. Solange du nur ein diffuses Gefühl hast („Ich glaube, ich gebe zu viel für Essen aus"), kannst du nichts ändern. Aber wenn du schwarz auf weiß siehst: *„Ups, ich habe letzten Monat 400 Euro beim Lieferdienst gelassen",* dann passiert etwas in deinem Kopf. Plötzlich erkennst du Muster.

Das Ziel ist nicht, dass du dir alles verbietest. **Das Ziel ist, dass du es bewusst entscheidest.** Du weißt dann konkret: Eigentlich kann ich mir das gar nicht leisten, oder ich *will* es mir nicht leisten, weil mir mein Sparziel wichtiger ist.

Die zwei Arten von „Konto leer"

Das Tracking ist die Grundlage für dein Budget (dazu kommen wir im nächsten Kapitel). Denn entscheidend ist das Verhältnis zwischen Einnahmen und Ausgaben. Hast du am Monatsende etwas übrig? Bist du manchmal im Minus? Oder kommst du bei null raus? Hier müssen wir genau hinschauen, denn **null ist nicht gleich null.**
Es gibt zwei Situationen, die auf dem Girokonto gleich aussehen (Kontostand: 0,00 €), aber für deine Zukunft einen himmelweiten Unterschied machen: Wenn du jeden Monat bei null rauskommst, aber monatlich Geld für den Notgroschen und deine Altersvorsorge investierst, bist du in einer anderen finanziellen Situation, als wenn du bei null rauskommst, aber kein Geld sparst oder investierst.

Hier noch mal im Überblick:

Szenario A: Die „echte" Null (Stillstand)
Gehalt kommt rein.
Miete & Konsum werden bezahlt.
Das Geld fließt an andere (Vermieter, Supermarkt, Netflix).
Ergebnis: Konto leer. Hier hast du keine Rücklagen gebildet. Das Geld ist weg.

Szenario B: Die „strategische" Null (Wachstum)
Gehalt kommt rein.
Sparrate & Investments gehen sofort ab
Miete & Konsum werden bezahlt.
Ergebnis: Konto leer (Girokonto). Hier bildest du Rücklagen und Vermögen!

Dein Startpunkt (und warum er okay ist)

Bevor wir weitermachen, liegen mir zwei Dinge noch ganz besonders am Herzen:

Erstens: Deine eigenen Ausgaben genau zu kennen, ist vielleicht der wichtigste Schritt überhaupt. Warum? Weil du damit das Fundament für alle deine Pläne legst. Ich weiß noch genau, wie es sich angefühlt hat, als ich meinen ersten „Kassensturz" gemacht habe: irgendwie erwachsen. Es war ein richtig gutes Gefühl, Verantwortung zu übernehmen und schwarz auf weiß zu sehen, wo ich etwas verändern kann. Und keine Sorge: Niemand erwartet, dass du das von Tag 1 an perfekt beherrschst. Wir üben das hier zusammen.

Zweitens: Wenn du bisher noch kein Geld gespart oder investiert hast, ist das nicht „schlecht", und es ist vor allem nicht allein „deine Schuld". Wir starten alle mit ganz unterschiedlichen Voraussetzungen. Wir haben andere Vergangenheiten, verdienen unterschiedlich viel und genießen andere Privilegien. Das Thema Finanzen ist viel zu komplex, als dass man aufgrund der Ausgaben über einen Menschen urteilen sollte.

Vielmehr sind es jetzt erst einmal Zahlen, die deine Situation beschreiben. Dein Startpunkt, von dem aus wir jetzt loslegen.

MONEY CHALLENGE

Wie weit kommst du mit 50 Euro?

Lust auf ein kleines Experiment? Wir schärfen jetzt mal deine Sinne für deine täglichen Ausgaben. Im Alltag zücken wir oft automatisch die Karte oder das Handy, und das Geld ist weg, ohne dass wir es richtig merken.

Deshalb drehen wir den Spieß jetzt um. Wir machen es wieder „echt". Was denkst du, wie lange reichen 50 Euro Bargeld?

Gib hier deinen Tipp ab:

Ich schätze, die 50 Euro reichen bis ______________ (Wochentag/Datum)

Die Challenge: Heb zu Beginn der Woche 50 Euro ab und bezahle alle deine täglichen Ausgaben (Drogerie, Essen, Coffee to go) nur noch von diesem Bargeld. Wie lang reicht das Geld? Nur einen Tag? Eine ganze Woche? Wie fühlt es sich an, bar zu bezahlen, Scheine zu haben, Kleingeld zurückzubekommen? Tut es vielleicht sogar ein bisschen „weh", den Schein wegzugeben? Worauf hast du vielleicht verzichtet, weil du gesehen hast, dass der Schein kleiner wurde?

Diese Übung kann helfen, achtsamer mit Geld umzugehen und auch die kleinen Ausgaben wahrzunehmen und wertzuschätzen.

Schreib deine Erfahrungen hier auf:

____

____

____

3.5 MEIN BUDGETPLAN: WOFÜR MÖCHTE ICH MEIN GELD AUSGEBEN?

Ich will mir nichts verbieten. Ich will nur einen Plan haben, damit ich nicht nur heute, sondern auch in Zukunft gut leben kann. Statt mich am Monatsende zu fragen: „Huch, wo ist die ganze Kohle hin?"

Dazu passt dieser Gedanke der erfolgreichen Unternehmerin und für mich sehr inspirierenden Frau Ann-Katrin Schmitz perfekt (u. a. Co-Gründerin von Noles, CEO von Baby got Business). Auch sie hat mir ihren Top-Money-Tipp für euch geschickt:

TOP-MONEY-TIPP VON ANN-KATRIN SCHMITZ

„Ich kann nur jedem empfehlen, kein Geld auszugeben oder zu verplanen, das man nicht besitzt. Ich musste mir in meinem Leben noch nie Geld leihen – außer im Studium, denn ich glaube, das beste Investment, das man tätigen kann, ist: in die eigene Bildung zu investieren. Ansonsten habe ich in all meinen vier Firmen noch nie Liquiditätsprobleme gehabt, weil ich eher konservativ mit Geld plane und gute Rücklagen gebildet habe. So konnte ich immer pünktlich meine Steuern und Steuernachzahlungen begleichen. Das habe ich schon von meinen Eltern gelernt: Geld, das man nicht hat, niemals verplanen."

Ann-Katrin Schmitz ist eine der führenden deutschen Expertinnen für Social-Media- und Influencer-Marketing. Außerdem ist sie Host des fantastischen Podcasts „Baby got Business".

Die Theorie: Das 50:30:20-Modell

Eines der bekanntesten Modelle, um dein Nettoeinkommen aufzuteilen, ist die 50:30:20-Regel.

50 % für Fixkosten (Miete, Strom, Verträge)
30 % für variable Kosten (Freizeit, Essen, Shopping)
20 % für Sparen & Investieren (Notgroschen, Anlagen)

Lass uns das mal konkret durchspielen. Wir nehmen ein Beispiel-Gehalt von 3.500 Euro brutto. Das sind (je nach Steuerklasse) **ca. 2.382 Euro netto.**

So sähe das im Modell aus:

50 % Fixkosten:	1.191 €
30 % Variable Kosten:	715 €
20 % Sparen:	476 €

Der Realitäts-Check: Warum Modelle Grenzen haben

Klingt in der Theorie super, oder? Aber hier kommt die Realität: In Städten wie Hamburg, München oder Berlin lachst du wahrscheinlich über die Idee, eine Wohnung für unter 1.200 Euro zu finden, geschweige denn, davon auch noch Strom und Internet zu bezahlen. Gerade wenn man allein lebt, schluckt die Miete oft schon die Hälfte des Einkommens.

Deshalb finde ich es inzwischen oft realistischer, das Modell anzupassen: 60:30:10. Also: 60 % für die Fixkosten einzuplanen und die Sparrate auf 10 % zu setzen, damit du noch Luft zum Atmen hast.

Im Beispiel sähe das so aus:

60 % Fixkosten:	1.430 € (Schon realistischer für eine Großstadt-Miete)
30 % Variable Kosten:	715 €
10 % Sparen:	238 €

Mach es zu DEINEM Modell

Machen wir uns nichts vor: Die Gehaltsstrukturen sind oft unfair. Natürlich sollten Pfleger*innen genauso viel verdienen wie Unternehmensberater*innen. Aber solange die Welt nicht gerechter wird, müssen wir lernen, aus *deinem* Gehalt das Beste rauszuholen.

Egal, ob du 20 %, 10 % oder erst mal nur 5 % sparst: **Wichtig ist, dass du dich nicht kaputtsparst.** Wenn du dich im Alltag so sehr einschränken musst, dass es wehtut, wirst du vermutlich abbrechen. Finanzplanung soll dein Leben *besser* machen, nicht zur Zwangsjacke werden.

WORKBOOK: DEIN BUDGET-CHECK

Rechne deine Situation jetzt einmal durch. Welches Modell passt zu dir? Oder brauchst du einen ganz eigenen Mix (z. B. 55:40:5)?

Dein aktuelles Bruttogehalt: ________________ **€**

Dein aktuelles Nettogehalt: ________________ **€**

	Modell A **50:30:20**	**Modell B** **60:30:10**	**Dein Plan** **___ : ___ : ___**
Fixkosten	**50 % = _____ €**	**60 % = _____ €**	**__% = _____ €**
Variable Kosten	**30 % = _____ €**	**30 % = _____ €**	**__% = _____ €**
Sparen, Investieren	**20 % = _____ €**	**10 % = _____ €**	**__% = _____ €**

Bedenke bei deinen Kalkulationen, dass du an investiertes Geld nicht mal eben so einfach herankommst. Geld, das wir an die Börse schicken, macht dort quasi einen Marathon und keinen Sprint. Das ist sogar eine der wichtigsten Grundlagen des Investierens.

Die goldene Regel lautet: Investiere nur das Geld, auf das du in den nächsten 10 bis 15 Jahren verzichten kannst. Das heißt: Du brauchst dieses Geld nicht, um deine Miete zu zahlen oder den Wocheneinkauf zu erledigen. Es darf also in Ruhe arbeiten, ohne dass du es für eine kaputte Waschmaschine wieder abziehen musst.

An späterer Stelle gehe ich darauf ausführlicher ein, dann überlegen wir gemeinsam, welche finanziellen Ziele du mit welchen Finanzprodukten erreichen kannst.

Lifestyle-Inflation

Kennst du das? Du schaust auf dein Konto und fragst dich: „Wie habe ich das früher eigentlich gemacht?" Damals, zum Berufsstart oder im Studium, hast du viel weniger verdient und trotzdem überlebt. Heute verdienst du deutlich mehr, aber am Ende des Monats herrscht trotzdem Ebbe in der Kasse.

Willkommen in der **Lifestyle-Inflation.**

Das Prinzip ist tückisch: Dein Gehalt macht einen Sprung nach oben, aber deine Ausgaben klettern heimlich, still und leise direkt hinterher.

Erinner dich mal zurück: Früher war die WG-Party mit Dosenbier das Highlight und Nudeln mit Pesto das Standardgericht. Heute „gönnst" du dir die größere Wohnung, das schicke Dinner im Restaurant oder das teurere Business-Outfit. Der Luxus von gestern ist heute dein normaler Standard geworden.

Das ist völlig menschlich! Aber es macht sich eben auch beim Vermögensaufbau bemerkbar. Und genau hier ist dein Budget-Plan (siehe Seite 58!) dein bester Freund. Er macht dir bewusst, wo das Geld eigentlich hinfließt.

3.6 UMSETZBARE SPARTIPPS

Übers Sparen zu schreiben, finde ich gar nicht so leicht. Weil ich selbst in einer Situation aufgewachsen bin, in der wir einfach nicht viel hätten sparen können. Es gibt Menschen, die, wenn sie etwas übers Sparen lesen, nur müde lächeln können oder die vielleicht auch wütend oder traurig werden. Und darum will ich hier nicht einfach Tipps geben, ohne zu wissen, was das mit meinen Leser*innen macht.

Deshalb ist mir eines ganz wichtig: Es gibt Lebensphasen, in denen man nicht sparen kann. Punkt. Da geht jeder Euro für den Alltag raus, um zu überleben. Und falls du es trotzdem schaffst, auch nur 5 Euro wegzulegen: Feier dich dafür! Kleinvieh macht auch Mist.

Die große Instagram-Falle

An alle, die sich fragen, ob sie mehr sparen sollten, aber bei denen irgendwie nichts übrig bleibt: Wir müssen über den **„Vergleichsdruck“** reden.

Weißt du noch, damals? Als ich ganz jung bei **VIVA** moderiert habe, waren Stars unerreichbare Wesen auf einem anderen Planeten. Wir haben **„MTV Cribs“** geguckt, die 20 Bentleys im Fuhrpark vor den Villen mit riesigen Pools und Heimkinos bestaunt. Aber wir haben uns nie damit verglichen. Das war Hollywood, nicht unser Leben.

Heute ist das anders. Die Stars auf Instagram sind gefühlt unsere „Freunde“. Wir frühstücken mit ihnen, gehen mit ihnen zum Arzt und wissen, welche Wandfarbe hinter dem Sofa sie eigentlich lieber gehabt hätten. Und zack, tappen wir in die Falle: „Wenn die das hat, brauche ich das auch.“ Das Restaurant, das Outfit, den Lifestyle.

Ich bin auch nicht frei von diesen Vergleichen, aber wenn ich etwas auf Social Media sehe und denke, dass ich das auch brauche, frage ich mich immer: Brauche ich das wirklich, oder will ich es nur, weil ich es ständig gezeigt bekomme?

Durch meinen Job weiß ich auch: Nicht jeder auf Social Media verdient das Geld selbst, das er ausgibt. Nicht wenige haben Eltern im Hintergrund, die dieses Leben finanzieren. Gegen ein dickes Erbe oder familiäre Unterstützung lässt sich schwer ansparen. Und natürlich sähe unser aller Leben anders aus, wenn unsere Eltern reich wären!

Lass uns das Thema „Sparen“ mal kurz entstauben. Es geht hier nicht darum, dass du dir jeden Cappuccino verbietest. Es geht um smarte Hacks, die dein Leben leichter machen. Denn: Jeder Euro zählt. Aber Spaß macht es nur, wenn du weißt, wofür.

Hier sind meine drei goldenen Regeln für den Alltag:

1. Überblick statt Verzicht: Der erste Schritt ist nicht, den Gürtel enger zu schnallen, sondern zu verstehen, wohin das Geld überhaupt fließt.
Das Ziel: Wir tauschen Schuldgefühle („Ich gebe zu viel aus“) gegen den vollen Durchblick („Ach, da geht das Geld hin!“).

2. Verändere deine Fixkosten: Sparen heißt nicht nur: weniger „Coffee to go“. Es kann auch heißen: Verträge prüfen, den Stromanbieter wechseln, über Mietnebenkosten sprechen oder gucken, ob du jedes einzelne Abo wirklich brauchst. Genauso wertvoll kann es sein, sich über staatliche Unterstützungsleistungen zu informieren (z. B. Wohngeld oder Kinderzuschlag). Diese strukturellen Hebel können richtig viel helfen.

3. Erlaube dir Pausen: Manche Phasen im Leben sind einfach finanziell anstrengend (Trennung, Jobwechsel, Krankheit) – und das ist kein persönliches Versagen. Du darfst auch mal *nichts* sparen. Wichtig ist nur, dass du die Verbindung zu deinem Geld nicht verlierst. Vielleicht ist dein Erfolg in dieser Zeit einfach, keine *neuen* Schulden zu machen oder Rechnungen pünktlich zu bezahlen.

Der Mindset-Shift: Team Tasche oder Team Aktie?

Seitdem ich angefangen habe zu investieren, hat sich mein Blick auf Shopping komplett verändert. Ich stehe oft vor einem Regal und denke: „Moment mal. Sollte ich jetzt wirklich die teure Tasche oder die neuen Schuhe oder Technik kaufen – oder lieber die Aktie der Firma?“ Denn viele Unternehmen, deren Produkte wir lieben (und für die wir viel Geld ausgeben), sind an der Börse. Und während sich Schuhe ablaufen, legt ja vielleicht meine Aktie an Wert zu? Klingt nach einem guten Deal, oder?

In den nächsten Kapiteln gehen wir darauf ganz ausführlich ein, und ich erkläre dir Step by Step, wie die Börse und Aktien funktionieren.

3.7 GUTE SCHULDEN, SCHLECHTE SCHULDEN, KLARNA-SCHULDEN

Kredit für die Eigentumswohnung oder Ratenzahlung für den Mädels-Trip nach Ibiza? Wenn die Bank (oder ein Bezahldienst) dir Geld leiht, tut sie das nicht aus Nächstenliebe. Das ist ihr Geschäftsmodell. Und das kostet dich Zinsen.
Deshalb unterscheiden wir zwischen „guten“ und „schlechten“ Schulden.

Die „guten" Schulden (Investition)

„Gute“ Schulden sind die, die dir helfen, einen langfristigen Nutzen zu finanzieren. Die Faustregel ist simpel: **„Gute“ Schulden machen dich langfristig reicher oder schlauer.** Sie fließen in Dinge, die im Wert steigen oder dein Einkommen pushen. Das klassische Beispiel sind natürlich Immobilien, aber auch ein Studienkredit oder ein Darlehen für eine Weiterbildung können gute Schulden sein. Denn beides wird sich positiv auf dein Einkommen und dein Vermögen auswirken.

Während meiner VIVA-Zeit habe ich parallel zur Moderation ein redaktionelles Praktikum beim Sender gemacht. Dafür wurde ich sehr oft schräg angeguckt und habe Sätze gehört wie: „Du bist doch Moderatorin, warum machst du jetzt zusätzlich noch Praktikantinnen-Arbeit?" Für mich war klar, das ist ein Investment in meine Karriere. Ich wollte nicht nur das „Gesicht" sein, ich wollte genau verstehen, wie eine Sendung aufgebaut ist, wie die Abläufe hinter der Kamera funktionieren und wie die Redaktion arbeitet. Und so habe ich in einer Woche als Moderatorin im Studio bei unserer Live-Show „Interaktiv" Stars wie Beyoncé und Britney Spears interviewt und in der nächsten Woche als Praktikantin am Zuschauer-Telefon gesessen und Anrufe angenommen. Mir war total egal, was andere darüber denken.

Ein paar Jahre später habe ich das Ganze wiederholt. Sogar noch intensiver. Ich habe neben dem Moderieren zusätzlich ein Programm-Volontariat beim Norddeutschen Rundfunk absolviert. Dafür habe ich eineinhalb Jahre lang tagsüber die Schulbank gedrückt, und wenn es zeitlich möglich war, abends Shows und Events moderiert. Ich habe in der Zeit auf viele gut bezahlte Aufträge verzichtet, aber mir war meine Qualifikation wichtig. Dafür bin ich damals sogar zusammen mit meinen Mit-Volontärinnen für sechs Monate in eine WG gezogen – in ein 8 m^2 kleines Zimmer in Hannover. Obwohl ich zu der Zeit schon viele Jahre mit meinem damaligen Partner zusammen in Hamburg gewohnt habe. Die meistgestellte Frage damals: „Warum tust du dir diesen Rückschritt an?" Aber für mich war das kein Rückschritt. **Ich habe in mich selbst investiert.**

Vielleicht stehst du auch an so einem Punkt. Vielleicht willst du dich umorientieren, auch noch mal die Schulbank drücken oder ein eigenes Business starten. Ich sage dir: **Es ist nie zu spät.** Sei stolz darauf, dass du dich weiterentwickelst und nicht stehen bleibst. Du bist dein wichtigstes Asset.

Die „schlechten" Schulden (Konsum)

Das sind die Endgegner für deinen Vermögensaufbau. Sie finanzieren dir kurzfristigen Spaß oder Dinge, die morgen schon weniger wert sind als heute. Egal ob der teure Dispokredit auf dem Girokonto oder die bequeme Ratenzahlung beim Online-Shopping: Das ist Gift für dein Konto. Du zahlst drauf für Dinge, die an Wert verlieren. Solche Konsumschulden entstehen oft beim Kauf von Alltagsprodukten wie einem Fernseher. Viele Shops bieten mittlerweile an, Einkäufe auf Raten zu finanzieren, oder Banken erlauben es, das eigene Konto zu überziehen, indem sie einen Dispokredit als flexiblen Kreditrahmen einräumen. Diese Raten und Kredite gehen aber in der Regel mit (teils beträchtlichen) Zinsen einher, und so kostet auch hier das geliehene Geld am Ende viel mehr, als es der eigentliche Betrag verheißt. Und selbst wenn es eine Null-Prozent-Finanzierung gibt, gilt für mich: Wenn ich den Fernseher nicht gleich komplett bezahlen kann, kann ich ihn mir leider nicht leisten.

Weil wir allerdings nicht in einer Schwarz-Weiß-Welt leben, gibt es auch bei Schulden einen Graubereich. Ist der Kredit für ein Auto ein gutes Investment oder Konsum? Wenn du das Auto brauchst, um zu deiner Arbeitsstelle zu kommen oder deinen Job auszuüben, würde ich es als gute Schulden einordnen, wenn die Summe verhältnismäßig bleibt. Brauchst du eigentlich kein Auto für deinen Alltag, dann sind es ganz klar Konsumschulden.

Internet-Trend: Klarna-Schulden

Hast du schon mal von #klarnaschulden gehört? Es ist verrückt: Finanzsorgen werden zum Internet-Trend. Das Perfide daran ist, dass sich unter diesem Hashtag auf Social Media Videos verbreiten, in denen mit den Schulden geprahlt wird. Wie mit einer Trophäe. Ein Highscore, bei dem man nur verlieren kann. Dabei realisieren viele gar nicht, was das für ihre Zukunft bedeutet. Die Anbieter sind ja auch schlau: Kredite heißen heute nicht mehr „Schulden machen", sondern „Buy Now, Pay Later". Das klingt nach Lifestyle, harmlos und bequem. Und so häufen gerade junge Menschen durch Apps wie Klarna oder PayPal immer mehr Verbindlichkeiten an. Sogar das Statistische Bundesamt schlägt Alarm, weil Verschuldung bei Online-Händlern gerade bei jungen Leuten massiv zunimmt.

Der Grund ist simpel (und traurig): Niemand bringt uns in der Schule bei, wie Geld wirklich funktioniert. Wir werden ins kalte Wasser geworfen.

So viele junge Menschen sind verschuldet

Alter der Menschen mit Schulden bei Online- und Versandhändlern 2024

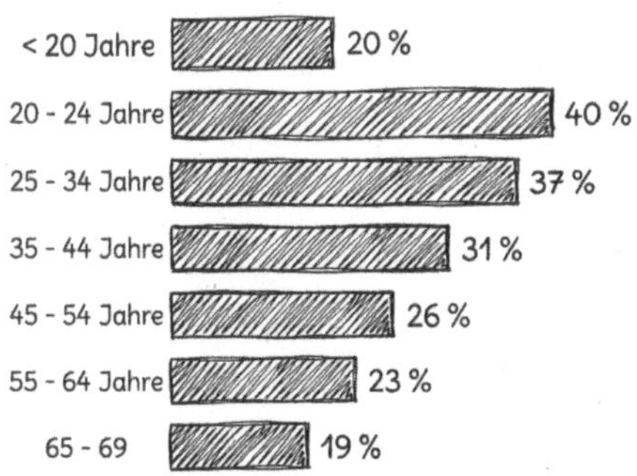

Quelle: Destatis, 17. November 2025 [12]

Warum tun wir uns das an?

Wieso machen Menschen Schulden, die ihnen schlaflose Nächte bereiten werden? Es ist ein gefährlicher Mix:

1. **Fehlende Finanzbildung:** Wir wissen es nicht besser.
2. **Statusdenken:** Wir wollen dazugehören.
3. **Dopamin:** Konsum funktioniert als schnelle Belohnung.

Und ist die Schulden-Zahl erst mal auf dem Konto, lässt sie sich digital wunderbar wegwischen und verdrängen. Zumindest so lange, bis der Briefkasten überquillt. Der emotionale Druck und die Scham sorgen dann oft dafür, dass wir uns erst recht keine Hilfe suchen.

Wenn du also vor der Frage stehst, ob du Schulden aufnehmen willst, oder wenn du bereits welche hast, können die folgenden Reflexionsfragen erste Hilfe im Umgang damit sein:

1. Bestandsaufnahme: Welche Schulden habe ich genau – und in welche Kategorie (gut/schlecht) fallen sie?

2. Zukunfts-Check: Sind diese Schulden ein Investment in meine Zukunft (Bildung/Wertsteigerung), oder verpuffen sie im Konsum?

3. Gefühls-Check: Wie fühle ich mich wirklich bei dem Gedanken an meine offenen Rechnungen? (Angst, Verdrängung, Gleichgültigkeit?)

4. Die größte Last: Welche konkrete Schuld belastet mich am meisten – und warum? (Ist es der Betrag oder der Gläubiger?)

Mein Tipp: Wenn du merkst, dass dir die Schulden über den Kopf wachsen: **Sprich darüber.** Vertrau dich einer Freundin an oder geh zu einer Schuldnerberatung. Das ist kein Scheitern, das ist der erste Schritt zurück in die Freiheit.

3.8 ERSTE HILFE FÜR DEN UMGANG MIT SCHULDEN

Falls du selbst (oder eine Freundin) gerade struggelst, findest du hier Tipps für den Umgang damit:

! Die Red Flags: Warnsignale für Überschuldung

Achte auf diese Alarmzeichen. Wenn dir davon etwas bekannt vorkommt, ist es Zeit zu handeln:

- → Du musst neue Kredite aufnehmen (oder den Dispo nutzen), um die Raten für alte Kredite zu bezahlen.
- → Du hast keinen Überblick über die Gesamtschulden.
- → Du traust dich nicht mehr, Post zu öffnen, weil Mahnungen drin sein könnten.
- → Kontoauszüge schaust du dir lieber gar nicht erst an.
- → Du kannst Miete oder Strom nicht bezahlen, weil kein Geld da ist.

Dein Notfallplan: Der Weg raus

Wenn du merkst: „Okay, das betrifft mich", dann atmen wir jetzt erst einmal tief durch. Panik hilft niemandem. Stattdessen schalten wir in den Strategie-Modus. Ab jetzt gelten diese drei Regeln:

1. Alles auf die Eins (Priorisierung)
Schuldenabbau ist ab heute dein finanzielles Ziel Nr. 1. Das bedeutet: Alles andere muss warten. Wir pausieren Sparpläne, wir streichen unnötigen Konsum. Jeder Euro, der übrig ist, fließt in die Tilgung. Denn Schulden kosten Zinsen – und die fressen dein Vermögen auf.

2. Strategie statt Panik
Vermeide Impulshandlungen. Setz dich hin und verschaffe dir einen Überblick.
Prüfe eine Umschuldung: Hast du teure Dispo-Schulden? Prüfe bei deiner Hausbank, ob du sie in einen günstigeren Ratenkredit umschichten kannst.
Sondertilgung: Hast du Kredite, die du früher zurückzahlen darfst? Nutze diese Option für jeden Extra-Euro (z. B. Weihnachtsgeld).

3. Hol dir Profis ins Team
Es ist kein Zeichen von Schwäche, sich Hilfe zu holen – im Gegenteil. Es ist professionell. Beratungsstellen helfen dir, Ordnung zu schaffen und mit Gläubiger*innen zu verhandeln. Gute Anlaufstellen sind:

→ **Diakonie, Caritas, Rotes Kreuz**
→ **Regionale oder städtische Schuldnerberatungen**

> **Wichtiger Warnhinweis:** Nimm dich vor „Schulden-Haien" in Acht! **Eine seriöse Schuldnerberatung (bei den oben genannten Trägern) ist in der Regel kostenlos oder sehr günstig.** Prüfe also immer direkt zu Beginn, ob die Beratung etwas kostet. Wenn jemand vorab viel Geld verlangt: Lauf weg!

3.9 VERSICHERUNGEN: WELCHE DU WIRKLICH BRAUCHST

Finanzplanung heißt nicht nur, Geld zu vermehren, sondern auch, den „Worst Case" abzusichern. Ich weiß, Versicherungen sind so ziemlich das unsexyste Thema der Welt (zumindest für mich). Aber sie sind dein Sicherheitsnetz, wenn es im Leben mal kracht. Je nach Lebenssituation kann der Bedarf sich hier unterscheiden, aber ein paar Versicherungen sollten wir alle haben:

1. Die Basis: Sozialversicherung

In die **Sozialversicherung** zahlen wir als sozialversicherungspflichtig Beschäftigte in Deutschland automatisch ein. Als Angestellte*r fließen jeden Monat automatisch rund **20 % deines Bruttogehalts** in die Renten-, Kranken-, Pflege-, und Arbeitslosenversicherung. Die Arbeitgeber*innen ergänzen diese Zahlungen um weitere rund 20 % deines Bruttogehalts. Dieses System basiert auf dem **Solidaritätsprinzip.** Für Beamt*innen und viele Selbstständige gelten andere Regelungen.

2. Krankenversicherung: privat oder gesetzlich?

Die **Kranken- und Pflegeversicherung** ist Teil der Sozialversicherungspflicht in Deutschland. Aber ab einem bestimmten Einkommen (oder als Selbstständige*r/Beamte*r) hast du die Wahl: gesetzlich (GKV) oder privat (PKV)?

Privat (PKV): Klingt erst mal nach VIP-Status. Schnelle Termine, Chefarzt, schicke Zimmer. Aber Vorsicht: Die Entscheidung ist manchmal ein **One-Way-Ticket.** Ein

Wechsel zurück in die Gesetzliche ist später extrem schwierig bis unmöglich. Zum einen musst du finanziell unter einer bestimmten Einkommenssumme (Jahresarbeitsentgeltgrenze) liegen. Und zum anderen kannst du ab 55 Jahren kaum noch wechseln. Dadurch soll unsolidarisches Verhalten verhindert werden. So kann jemand, der in jungen Jahren die günstigeren Beiträge in der privaten Krankenkasse zahlt, später, im Alter, wenn hier die Beiträge steigen, nicht einfach ins andere System zurückwechseln.
Ein weiterer wichtiger Punkt: Du musst jedes Kind einzeln versichern. Krankenkassen nehmen auch nicht jede*n auf, sondern schauen sich das Alter und die Gesundheits-Historie ganz genau an. Der Beitrag bei privaten Krankenkassen richtet sich nach Tarif und Gesundheitszustand.

Gesetzlich (GKV): Hier sind Kinder und Ehepartner*innen (ohne Einkommen) kostenlos in der Familienversicherung mit drin. Die Beiträge richten sich nach deinem Einkommen. Das heißt: Wer viel verdient, zahlt auch viel. Außerdem hast du hier oft eine begrenzte Auswahl an Ärzt*innen und keinen Anspruch auf Chefärzt*innen-Behandlung oder Einzelzimmer.

Ich finde die Frage nach privater oder gesetzlicher Krankenkasse nicht leicht zu beantworten, weil einerseits natürlich eine gute und schnelle Behandlung einen hohen Wert hat, gleichzeitig aber die Tarife in der privaten Krankenkasse unberechenbarer sind. Das ist also eine individuelle Entscheidung. Hier gibt es nicht *den* richtigen Rat.

PRO-TIPP: KRANKENKASSEN-VERGLEICH

Wusstest du, dass sich auch bei der gesetzlichen Kasse ein Vergleich lohnt? Es gibt mittlerweile tolle Portale, die dir die Unterschiede zeigen. Zwar sind die medizinischen Grundleistungen überall gleich, aber bei den „Extras“ (wie professionelle Zahnreinigung, Reiseimpfungen oder Zuschüsse für Sportkurse) und beim Zusatzbeitrag gibt es echte Unterschiede. Ein kurzer Check im Internet kann sich also richtig lohnen, um eine Kasse zu finden, die besser zu deinem Leben und deinem Geldbeutel passt.

Weitere Versicherungen: Was brauchst du wirklich?

Neben der Sozialversicherung gibt es Policen, um die du dich selbst kümmern musst. Aber Vorsicht: Wir Deutschen sind Weltmeister*innen im „Überversichern“. Lass uns also sortieren: Was ist ein echtes Must-have und was kannst du dir sparen?

Eine private Haftpflichtversicherung

Das ist ab dem Erwachsenenalter keine Frage von „sinnvoll“, sondern absolute Pflicht. Sie schützt dich vor hohen Kosten, wenn du anderen versehentlich einen Schaden zufügst.

Das können Sach- oder Vermögensschäden, aber auch Personenschäden bei Unfällen sein.

Berufsunfähigkeitsversicherung (dein Einkommensschutz)

Jede*r Vierte in Deutschland wird im Laufe seines*ihres Lebens berufsunfähig.[13] Diese Zahl steigt eher noch. Denn gerade psychische Erkrankungen wie Burn-out nehmen zu, viele Menschen erkranken aber auch an Krebs. Berufsunfähig zu sein heißt nicht, gar nicht mehr arbeiten zu können, sondern „nur“, den Job für mindestens sechs Monate zu 50 % nicht mehr erfüllen zu können. Dann springt die Versicherung ein. **Mein Tipp:** Kümmer dich so früh wie möglich darum! Je jünger und gesünder du bist, desto einfacher bekommst du einen Vertrag. Du kannst oft mit kleineren Summen starten (z. B. als Studentin) und diese später anpassen, wenn du mehr verdienst oder Familie hast.

Hausratversicherung

Sie schützt deine Möbel, Kleidung und Technik vor Feuer, Wasser, Einbruch, Vandalismus oder Sturm und ist ebenfalls sinnvoll. Nicht nur, wenn du teure Einrichtungsgegenstände besitzt. Denn gerade notwendige Neuanschaffungen läppern sich schnell.

KFZ-Haftpflicht (Pflicht!)

Sobald du ein Auto besitzt, ist sie gesetzlich vorgeschrieben. Macht ja auch Sinn: Autounfälle verursachen Schäden, die privat kaum zu bezahlen wären.

Auslandsreisekrankenversicherung

Wenn du regelmäßig reist, ist sie sinnvoll. Sie kostet fast nichts (oft nur 10–15 Euro im Jahr), rettet dich aber, wenn du im Urlaub krank wirst. Wichtig: Sie zahlt den medizinischen Rücktransport nach Hause – deine normale Krankenkasse macht das meistens nicht.

Der Rest: kritisch prüfen!
Grundsätzlich gilt: Versichere nur Risiken, die dich finanziell ruinieren würden. Wenn du also die Brille, Handy, und Co. versichert hast, überprüfe mal, ob das Geld sinnvoll ausgegeben ist. Manchmal ändert sich auch einfach die Lebenssituation, und wir vergessen, alte Verträge auszumisten.

Übrigens: Auch unsere gesetzliche Rente ist eine Versicherung. In sie zahlen alle festangestellten Arbeitnehmer*innen automatisch ein. Sie soll uns im Alter eine Basis-Absicherung bieten (auch wenn wir privat vorsorgen sollten).

Lebensversicherung ist nicht gleich Lebensversicherung

Hier müssen wir ganz genau hinschauen, denn oft werden Äpfel mit Birnen verwechselt. Es gibt Produkte, die ähnlich heißen, aber völlig unterschiedlich funktionieren. Und der Unterschied entscheidet darüber, ob du Geld verbrennst oder deine Familie schützt.

1. Die Lebensversicherung

Lange galt sie als der Klassiker der Altersvorsorge. Der Deal dahinter: Du zahlst ein, bist versichert, und am Ende bekommst du Geld raus (Sparen + Schutz). Was praktisch klingt, ist heute oft kein guter Deal. Das Problem: Versicherung und Investment werden vermischt. Das verursacht oft hohe Kosten und bringt mickrige Zinsen. Deshalb gilt meine goldene Faustregel: Trenne Versicherung und Geldanlage! Du fährst meistens besser, wenn du dein Geld selbst anlegst (z. B. in ETFs, dazu kommen wir noch!) und das Risiko separat versicherst.

PRO-TIPP: HAST DU NOCH EINEN GANZ ALTEN VERTRAG (Z. B. VOR 2005 ABGESCHLOSSEN)?

Nicht voreilig kündigen! Die haben oft noch sehr hohe garantierte Zinsen, von denen wir heute nur träumen können. Lass das von der Verbraucherzentrale prüfen, bevor du unterschreibst.

2. Die Risikolebensversicherung

Das ist etwas ganz anderes. Hier wird *nichts* gespart. Sie springt nur ein, wenn der „Worst Case“ eintritt: Wenn die versicherte Person stirbt. Dann bekommen die Hinterbliebenen eine festgelegte Summe ausgezahlt.

Für wen ist das wichtig? Das ist existenziell für Familien oder Paare, bei denen eine Person die andere finanziert oder ihr gemeinsam einen Immobilienkredit abbezahlt. Stell dir vor: Eine Person stirbt, und das Haupteinkommen fällt weg. Wer zahlt die Raten fürs Haus? Wer versorgt die Kinder? Genau dafür ist diese Versicherung da.

„Aber dann ist das Geld ja weg?“ Ja. Wenn dir nichts passiert und du gesund bleibst (was wir hoffen!), bekommst du am Ende nichts zurück. Aber ärgere dich nicht darüber: Du hast dir damit jahrelang einen ruhigen Schlaf erkauft. Es ist wie bei einer Feuerversicherung für dein Haus: Du hoffst ja auch nicht, dass es brennt, nur damit sich die Versicherung „gelohnt“ hat, oder?

WORKBOOK: DEIN GROSSER VERSICHERUNGS-CHECK-UP

Jetzt wird aufgeräumt! Nimm dir deine Ordner (oder logge dich in deine Apps ein) und sei ganz ehrlich zu dir selbst. Diese Fragen helfen dir, Wichtiges von Unnötigem zu trennen.

1. Bestandsaufnahme: Welche Versicherungen habe ich aktuell überhaupt? (Schreib einfach alles untereinander auf, vom Handy bis zur Rente)

---

2. Welche davon sind absolute **„Must-haves"** (Existenzschutz), und welche sind „Nice-to-have"?

---

3. Der Verständnis-Check: Bei welchen Verträgen weiß ich eigentlich gar nicht genau, was sie leisten (und habe nur unterschrieben, um Ruhe zu haben)?

---

4. Angst vs. Sicherheit: Welche Versicherung gibt mir echte Sicherheit, und welche war nur ein teurer „Beruhigungskauf"?

---

5. Realitäts-Check: Welche Police passt gar nicht mehr zu meiner aktuellen Lebenssituation (z. B. alte Verträge aus der Ausbildung, doppelte Versicherungen durch Zusammenzug mit Partner*in)?

KAPITEL 4

GEHALTSVERHANDLUNGEN: MEIN 2.000-DM-FEHLER

Mein erstes richtiges Monatsgehalt habe ich beim Musikfernsehen verdient. Ich kam frisch aus der Schule, war gerade mal 18 und wurde bei VIVA als Moderatorin entdeckt – der Traum! Verhandeln? Ich wusste damals nicht mal, dass man das darf. Ich war jung, naiv und völlig beeindruckt von dieser neuen, bunten Welt. Und natürlich von dem Geld, das ich im Vergleich zu meinem Kellner-Job plötzlich verdient habe. Ich dachte: „Wow, ich bin reich!"

Der Olli-Moment

Als ich meine erste Abrechnung bekam, schnappte sich mein Kollege **Oliver Pocher** im Büro einfach meinen Lohnzettel. Ich zuckte innerlich zusammen. In meiner Erziehung war Geld etwas Privates, Intimes. Es fühlte sich an, als würde er in meinem Tagebuch lesen. Olli schaute auf die Zahl, nickte und sagte trocken: „Ah, okay, du verdienst ja fast genauso viel wie ich, dann muss ich wohl mal nachverhandeln!" In dem Moment wurde mir klar: Ich muss mich ab sofort mit meinem Gehalt auseinandersetzen.

Und gleichzeitig dachte ich: „Puh, alles okay. Wir liegen gleichauf." **Spoiler: Lagen wir nicht.**

Die bittere Wahrheit (25 Jahre später)

Während der Recherchen zu diesem Buch habe ich wieder an diesen Moment gedacht und mich gefragt, welche Zahl wohl auf *seinem* Lohnzettel stand. Vor ein paar Tagen habe ich Olli geschrieben und ihn gefragt: „Sag mal, weißt du noch, was wir damals verdient haben?" Und dann kam der bittere Realitäts-Check:

Mein Gehalt: 3.000 DM
Ollis Gehalt: 5.000 DM

Ursprünglich hatten sie ihm 4.000 DM geboten, aber sein Management hatte das für ihn knallhart nach oben verhandelt.
Er hatte also **2.000 DM mehr. Jeden Monat. Für den gleichen Job.**

Was ich daraus gelernt habe

25 Jahre später habe ich mich also noch mal so richtig über mein damaliges Unwissen geärgert. Nicht über Olli (er hat mir übrigens erlaubt, das hier zu erzählen), sondern über meine fehlenden Verhandlungs-Skills. Das war mein persönlicher **Gender-Pay-Gap:** gleiche Arbeit, ungleiche Bezahlung – einfach nur, weil ich damals, mit 18 Jahren, nicht wusste, dass ein erstes Angebot immer nur ein *Vorschlag* ist, keine unverrückbare Tatsache.

Damit dir das nicht passiert, drehen wir den Spieß jetzt um. Willkommen in der wunderbaren Welt der Gehaltsverhandlung!

4.1 FRAUEN VERHANDELN SELTENER – UND ZAHLEN LANGFRISTIG DAFÜR DEN PREIS

Studien belegen, dass Frauen ihr Einstiegsgehalt seltener verhandeln als Männer. Und damit legen sie – unbewusst – den Grundstein für den Gender-Pay-Gap: Denn wer mit einem niedrigeren Gehalt einsteigt, wird es schwer haben, diese Lücke später aufzuholen. Über ein Berufsleben hinweg macht es einen enormen Unterschied, ob man von Anfang an ein paar Tausend Euro mehr oder weniger verdient.

Wer niedrig einsteigt, baut sein Einkommen oft ein Leben lang darauf auf, denn eine künftige Gehaltserhöhung (die oft prozentual berechnet wird) orientiert sich an dieser niedrigen Basis. Währenddessen setzen andere (oft Männer) die Messlatte gleich zu Beginn hoch an und bauen diesen Vorsprung entspannt aus.

Sollten wir also einfach öfter „Hier!“ rufen?

Schön wär's, wenn das reichen würde. Die Wahrheit ist leider etwas komplexer. Neuere Zahlen zeigen nämlich, dass Frauen in vielen Branchen mittlerweile öfter verhandeln als früher und trotzdem häufiger scheitern und am Ende weniger verdienen als ihre männlichen Kollegen. Nur „mehr fordern“ allein reicht also nicht, wir müssen auch verstehen, wie wir die Spielregeln zu unseren Gunsten nutzen.[14]

MONEY CHALLENGE

Diese Woche trainieren wir zwei Superkräfte, die du für jede Gehaltsverhandlung brauchst: Deinen **Wert anerkennen** und den **Mut, nach dem „Mehr" zu fragen.**

1. Das „Kompliment-Aushalten"

Frauen sind Weltmeisterinnen darin, Lob sofort kleinzureden. *(„Ach, das war doch nichts!", „Ich hatte Glück.")* Damit machst du dich unsichtbar!

Deine Aufgabe: Wenn dir diese Woche jemand ein Kompliment macht (egal ob im Job für ein Projekt oder privat), sagst du ausschließlich: **„Danke, das freut mich!"** Kein „Aber", kein „War nicht so wild". Steh zu deinem Erfolg. Punkt.

2. Der „Upgrade-Check"

Wir üben das Verhandeln dort, wo es um Service und Extras geht. Deine Mission: Frage in drei Situationen nach einer Alternative oder einem Upgrade, das nicht direkt auf der Karte steht oder offensichtlich ist.

→ **Beim Friseur/Kosmetik:** „Können wir heute statt der Standardkur die Intensivpflege machen, ohne dass es extra kostet?"
→ **Im Restaurant/Hotel:** „Haben Sie vielleicht einen Tisch am Fenster frei, auch wenn ich nicht reserviert habe?", oder: „Gibt es heute ein Upgrade für mein Zimmer?"
→ **Im Kundenservice:** „Ich bin schon so lange treue Kundin – können wir bei der Gebühr/beim Abo noch was am Preis machen?"

Das Ziel: Du lernst, dass fragen nichts kostet. Das Schlimmste, was passieren kann, ist ein freundliches „Leider nein". Aber das Beste? Du gewöhnst dich daran, dass du es wert bist, nach dem Bestmöglichen zu fragen.

Mein Weg: Profis oder Psychologie?

Die gute Nachricht: Verhandeln ist kein angeborenes Talent, es ist ein Handwerk. Und man kann es lernen. Ich habe aus meinem 2.000-DM-Fehler gelernt. Schon kurz nach meinem Start als Moderatorin habe ich mir eine Agentin gesucht. In meiner Branche ist das normal: Das Management akquiriert Jobs, verhandelt die Gagen und Verträge. **Der Preis?** 20 % meiner Einnahmen gehen an mein Management. Das ist viel Geld. Einige Kolleg*innen sparen sich das. Aber für mich ist es ein sinnvolles Investment in meine mentale Gesundheit: Ich muss nicht mehr selbst feilschen und mich „verkaufen", das machen Profis für mich.

Der „Alter Ego"-Hack (mein Geheimtipp!)

Vor einigen Jahren wollte ich es dann aber doch wissen: Wie weit komme ich alleine? Um meine Unsicherheit zu überlisten, habe ich einen kleinen Trick angewandt, und den kannst du (zumindest im Kopf) nachmachen:

Ich habe ein Alter Ego erfunden. Mit eigener Mailadresse. Unter dem Namen einer Freundin (natürlich mit ihrer Erlaubnis!). Meine Kund*innen dachten, sie schreiben mit meinem Management, dabei saß ich selbst am Rechner.

Und der Effekt war krass: Plötzlich habe ich mutiger verhandelt. Ich war nicht mehr „die nette Janin", die dankbar für den Job war. Ich war „die Managerin", die das Beste für ihre Klientin rausholen musste. Ich habe höhere Summen angesetzt. Ich war klarer, direkter und habe mich bei einem „Nein" nicht persönlich angegriffen gefühlt.

Mein wichtigstes Learning aus dieser Zeit: Setze früh einen Anker! Wer die erste Zahl im Raum nennt, führt die Verhandlung.

WORKBOOK: ERSCHAFFE DEINE INNERE MANAGERIN

Du kannst im Büro vielleicht keine Fake-Mailadresse nutzen, aber du kannst den Mindset-Trick anwenden.

Stell dir vor dem nächsten Gespräch vor, du verhandelst nicht für dich, sondern **für deine beste Freundin.** Du weißt, was sie leistet, wie hart sie arbeitet und wie gut sie ist. Würdest du für sie ein niedriges Gehalt akzeptieren? Nein! Du würdest für sie kämpfen.

Übung:

1. Was ist deine realistische Wunschsumme? ____________________ €
2. Was würde deine „innere Managerin" als ersten Anker fordern? ____________________ €
   (Tipp: Schlag 10–15 % drauf!)

Geh mit der Einstellung in den Raum: „Ich bin hier, um den fairen Marktwert für meine Leistung zu holen." Nicht mehr und auf gar keinen Fall weniger.

4.2 DEIN FAHRPLAN: IN 6 SCHRITTEN ZUM WUNSCHGEHALT

Bereit? Wir gehen das jetzt ganz systematisch an. Kein Bauchgefühl mehr, sondern Strategie.

Step 1: Kenne deinen Wert und sammle Fakten

Bevor du eine Zahl nennst, musst du wissen, was realistisch ist. Wir raten nicht, wir bereiten uns vor. Denn nur wer seinen Marktwert kennt, kann ihn auch selbstbewusst einfordern.

1. Die Online-Recherche

Stellenportale (wie Stepstone, Kununu oder LinkedIn) sind heute eine gute Quelle. Viele zeigen mittlerweile Gehaltsspannen an. **Mein Tipp:** Achte auf die Details!

→ **Jobtitel:** Such nach verschiedenen Bezeichnungen für deinen Job. Manchmal wird eine „Manager*in" besser bezahlt als eine „Referent*in", obwohl die Aufgaben gleich sind. Finde heraus, welches „Label" am Markt am besten bezahlt wird, und nutze diesen Begriff (und die dazugehörigen Gehaltsvergleiche) in deiner Argumentation.

→ **Standort:** Das ist entscheidend. Ein Gehalt in Hamburg oder München sieht ganz anders aus als in Dortmund oder Erfurt.

2. Das Netzwerk nutzen (trau dich!)

Nichts ist wertvoller als echte Erfahrungswerte aus der Branche. Und ja, dieser Schritt kostet Überwindung: **Frag andere Menschen!** Überleg mal: Wen kennst du, der einen ähnlichen Job macht? Du musst dabei nicht plump fragen: „Was verdienst du?", sondern eleganter: *„Was ist deiner Erfahrung nach eine marktübliche Spanne für eine Position mit meiner Verantwortung?"* Frag gerne auch ältere Kolleg*innen oder (ganz wichtig!) männliche Bekannte. Ihr Wissen hilft dir, deinen eigenen Wert besser einzuschätzen.

3. Der Reality-Check (brutto vs. netto)

Bevor wir mehr fordern, müssen wir verstehen, was wir haben. Schau dir deinen Gehaltszettel an. Es ist frustrierend, aber wahr: Von beispielsweise 3.500 € Brutto bleiben (in Steuerklasse 1: ledig, geschieden, getrennt, verwitwet) nach Sozialabgaben und Steuern oft nur ca. 2.380 € auf dem Konto. Weil Deutschland ein **„progressives" Steuersystem** hat, steigt mit zunehmendem Einkommen auch der Steuersatz. Das erklärt, warum von einer 200-Euro-Gehaltserhöhung oft enttäuschend wenig auf dem Konto ankommt. Bevor du ins Gespräch um eine Gehaltserhöhung gehst, ist der **Brutto-Netto-Rechner** im Internet dein bester Freund. Spiele die Szenarien durch: Wie viel bleibt von 200, 300 oder 500 Euro mehr wirklich übrig? Nutze dieses Wissen als **starkes Argument** im Gespräch! Statt nur eine Brutto-Zahl zu nennen, kannst du dem*der Chef*in aufzeigen: *„Damit ich am Ende des Monats wirklich eine spürbare Veränderung von X Euro auf dem Konto habe, müssten wir beim Brutto über die Summe Y sprechen."* Das zeigt, dass du wirtschaftlich denkst.

4. Der Blick ins Unternehmen
Arbeitest du in einem großen Unternehmen?

→ **Intranet:** Oft sind Gehaltsbänder oder Tarifgruppen transparent einsehbar. Such danach!

→ **Das Gesetz:** Seit 2017 gibt es das **Entgelttransparenzgesetz.** In Betrieben mit mehr als 200 Beschäftigten hast du das Recht zu erfahren, was die Vergleichsgruppe des anderen Geschlechts im Durchschnitt (Median) verdient. Zugegeben: Das Gesetz ist aktuell noch etwas bürokratisch, aber es ist ein Recht, das du hast.

Ausblick: Mit der neuen EU-Richtlinie wird es einfacher. Unternehmen müssen künftig zeigen, wie ihre Gehälter zustande kommen und regelmäßig Daten zu Entgeltunterschieden reporten. So ist unfaire Bezahlung viel leichter nachweisbar.

Step 2: Kenne deinen Wert – die Minimum-, Feel-Good- und Dream-Big-Summe

Geh niemals ohne klare Zahlen in ein Gespräch. Sonst lässt du dich runterhandeln, bevor es überhaupt begonnen hat. Ich lege mir vorher immer drei feste Summen zurecht. Sie sind mein Anker, an dem ich mich festhalte, wenn ich nervös werde.

1. Die Minimum-Summe (die Schmerzgrenze)
Das ist die absolute Untergrenze. Hier weiß ich: Das brauche ich als absolutes Minimum. Wenn das Angebot darunter liegt, muss ich bereit sein, „Nein“ zu sagen oder hart nachzuverhandeln (z. B. über freie Tage).

2. Die Feel-Good-Summe (das Ziel)
Das ist die realistische Summe, bei der ich sage: „Ja, damit fühle ich mich fair bezahlt und wertgeschätzt.“ Hier wollen wir idealerweise landen.

3. Die Dream-Big-Summe (der Anker)
Hier greifen wir nach den Sternen! Diese Zahl ist ambitioniert und vielleicht ein kleines bisschen unverschämt (im positiven Sinne!). Es wäre traumhaft, sie zu bekommen, aber ihre wichtigste Funktion ist: **Sie ist dein Eröffnungsgebot.**
Warum? Wenn du mit „Dream Big“ startest, hast du Luft nach unten, um bei „Feel Good“ zu landen.

Beispiel: Du verdienst aktuell **3.500 €.**

→ **Dream Big:** 4.200 € (Damit gehst du ins Rennen!)
→ **Feel Good:** 4.000 € (Hier trefft ihr euch hoffentlich.)
→ **Minimum:** 3.800 € (Darunter machst du es nicht.)

Kurzer Einschub: Natürlich geht es im Leben nicht immer nur ums Geld. Manchmal mache ich Jobs für weniger Gage, weil das Netzwerk oder die Sichtbarkeit unbezahlbar sind. Aber das ist dann eine **bewusste Entscheidung** meinerseits, kein schlechtes Verhandeln. Wenn es aber ums Gehalt geht, gelten diese drei Zahlen.

Step 3: Den Termin anfragen

Ein Gehaltsgespräch führt man nicht zwischen „Tür und Angel" oder mal eben nach dem Meeting. Du willst die volle Aufmerksamkeit für dein Anliegen.

1. Die klare Ansage

Schreib eine kurze Mail oder stell einen Termin ein. Und versteck das Thema nicht! Der Betreff oder die Einleitung sollte klar sein *„Ich möchte gern über meine Weiterentwicklung und mein Gehalt sprechen."*

Überlege dir vorher den Rahmen:

→ **Wie?** Persönlich ist meistens besser als digital (da spürt man die Stimmung besser)
→ **Wie lange?** Setz 30 bis 60 Minuten an
→ **Du hast den Hut auf:** Indem DU den Termin und das Thema setzt, strukturierst du das Gespräch. Das wirkt souverän.

2. Was tun bei einer Absage? (Dranbleiben!)

Es kann passieren, dass du keinen Termin bekommst („Gerade ist es ganz schlecht", „Die wirtschaftliche Lage ..."). Lass dich hier nicht mit einem schwammigen „Später mal" abspeisen. Werde konkret:

„Verstehe. Wann passt es besser? Wollen wir direkt einen Termin in drei Monaten festhalten?"

So holst du dir die Verbindlichkeit zurück und hast einen klaren Termin im Kalender.

Step 4: Sei gut vorbereitet, auch auf Totschlagargumente

Machen wir uns nichts vor: Es wird der Moment kommen, in dem dein Gegenüber abblockt. Das ist völlig normal. Chef*innen machen das oft nicht mal aus Böswilligkeit, sondern weil es ihr Job ist, das Budget zusammenzuhalten. Sogenannte Totschlagargumente haben nur ein Ziel: die Diskussion im Keim zu ersticken. Aber nicht mit dir! Hier ist dein „Spickzettel“, um souverän zu bleiben und den Ball zurückzuspielen.

Totschlagargumente – und wie du kontern kannst:

1. Das Budget-Argument

„Für eine Gehaltserhöhung haben wir in der aktuellen Situation kein Budget.“

Deine Antwort: „Das ist mir bewusst. Aber gerade in der jetzigen Situation sorge ich durch meine Leistung für Entlastung und Umsatz. Durch mein letztes Projekt [Beispiel nennen] habe ich dem Unternehmen einen echten Mehrwert gebracht. Wir konnten einen x-stelligen Umsatz erzielen. Meine Arbeit trägt also dazu bei, die wirtschaftliche Lage zu verbessern – und das rechtfertigt eine Anpassung.“
Signal: Du akzeptierst kein pauschales Nein, sondern argumentierst wirtschaftlich. Du bist keine Kostenstelle, sondern eine Investition.

2. Die Entscheidungs-Falle

„Das kann ich leider nicht entscheiden, da sind mir die Hände gebunden.“

Deine Antwort: „Verstehe. Wer ist denn die richtige Person dafür? Können Sie mich dabei unterstützen, kurzfristig einen Termin mit der entsprechenden Stelle zu bekommen? Ich möchte das Thema gerne lösungsorientiert klären.“
Signal: Du lässt dich nicht abwimmeln, sondern forderst Unterstützung für den nächsten Schritt ein.

3. Die Kollektiv-Keule
„Wenn ich Ihnen jetzt mehr zahle, wollen alle mehr."

Deine Antwort: „Ich verstehe das Dilemma. Aber wir sprechen hier nicht über „alle", sondern über meine individuelle Leistung und meine Entwicklung der letzten Monate. Wenn ich sichtbar zum Erfolg beitrage, sollte das auch honoriert werden. Ich bin überzeugt, dass faire Bezahlung am Ende das ganze Team motiviert."
Signal: Du lässt dich nicht in die Masse drängen. Es geht um DICH und DEINE Leistung.

4. Die Struktur-Bremse
„Wir zahlen hier nach festen Tabellen – da ist einfach nicht mehr drin."

Antwort: „Das respektiere ich. Mir geht es auch nicht darum, das System zu umgehen, sondern darum, dass meine aktuelle Verantwortung darin fair abgebildet wird. Lassen Sie uns gemeinsam prüfen: Erfülle ich vielleicht schon die Voraussetzungen für die nächste Stufe oder eine andere Positionsbezeichnung?"
Signal: Du hast Verständnis für Regeln, suchst aber aktiv nach dem Spielraum innerhalb (oder oberhalb) der Struktur.

5. Das Zeit-Argument
„Sie sind ja noch gar nicht so lange dabei."

Deine Antwort: „Das stimmt – und genau deshalb sitze ich hier. Ich habe in dieser kurzen Zeit bereits [Erfolg X und Y] erreicht. Das zeigt, dass ich Verantwortung schneller übernehme als gedacht. Ich habe bereits mehr geleistet, als man es von meiner reinen Zugehörigkeitsdauer her erwarten würde."
Signal: Du drehst das Argument um: Deine kurze Zeit im Unternehmen wird zum Beweis deiner hohen Effizienz.

DEINE CHECKLISTE – ALLES PARAT?

Bevor du dich auf den Weg zu deinem Gespräch machst, solltest du diese Punkte schriftlich festgehalten haben (gerne auf einem Notizblock, den du mitnimmst):

1. Status quo:

- ◯ Mein aktuelles Gehalt (brutto & netto)

2. Meine „Beweisführung" (die letzten 12 Monate):

- ◯ Welche Projekte habe ich erfolgreich gewuppt?
- ◯ Wo habe ich dem Unternehmen Geld gespart oder eingebracht? (Konkrete Zahlen wirken Wunder!)
- ◯ Welche zusätzliche Verantwortung habe ich übernommen?

3. Der Blick nach vorn:

- ◯ Warum bin ich zukünftig noch wertvoller für die Firma?

4. Meine Zahlen:

- ◯ Minimum: ______________________€
- ◯ Feel Good: ______________________€
- ◯ Dream Big (Meine Startsumme): ______________________€

Step 5: Showtime! – das Gehaltsgespräch

Jetzt zählt's. Hier sind Tipps für den Auftritt:

1. Haltung & Outfit (dein Power-Modus)

Kleider machen Leute – aber vor allem machen sie ein gutes Gefühl.

- **Outfit:** Überlege dir, was du anziehen willst. Wähle Kleidung, in der du dich nicht verkleidet, sondern stark, kompetent und wohlfühlst.
- **Körpersprache:** Setz dich nicht auf die Stuhlkante (das wirkt wie auf dem Sprung oder unterwürfig). Lehn dich entspannt zurück, beide Füße fest auf dem Boden. Das signalisiert: Ich bin hier, um auf Augenhöhe zu verhandeln, nicht um zu bitten.
- **Spickzettel:** Ja, es ist völlig okay, einen kleinen Zettel mit deinen Notizen und Zahlen vor dir liegen zu haben. Das wirkt nicht unsicher, sondern professionell vorbereitet.

2. Der Pitch

Starte nicht mit der Forderung, sondern mit der Leistung. Mache deine Erfolge sichtbar. Nenne konkret, welche Projekte du gewuppt hast und welchen Mehrwert das Unternehmen davon hatte. Baue eine logische Brücke: *„Weil ich X und Y erreicht habe, möchte ich über eine Anpassung meines Gehalts sprechen.“*

3. Der wichtigste Hack: das Schweigen aushalten

Jetzt kommt der Moment, an dem die meisten scheitern. Du nennst deine Zahl (deine „Dream-Big-Summe“!). Und dann? Dann bist du still. Es ist ein psychologisches Phänomen: Wenn wir eine Forderung stellen und das Gegenüber schweigt (weil es nachdenkt), werden wir nervös. Wir fangen an zu brabbeln: *„Äh, also das ist natürlich verhandelbar, ich weiß ja, das Budget …“* Stopp! Rudere nicht zurück. Nenne die Zahl und halte die Stille aus. Zähl innerlich bis zehn. Wer zuerst redet, verliert an Boden. Lass die Zahl wirken.

PRO-TIPP: WENN WIRKLICH KEIN GELD DA IST (PLAN B)

Manchmal sind Chef*innen wirklich die Hände gebunden. Wenn bei der Gehaltssumme absolut nichts zu machen ist, zieh deinen „Joker": **geldwerte Vorteile.** Oft ist ein Benefit netto mehr wert als eine kleine Brutto-Erhöhung. Frag konkret nach:

→ Mehr Urlaubstage (Zeit ist Geld!)
→ Homeoffice-Tage (spart Fahrtkosten & Lebenszeit)
→ Übernahme von Weiterbildungskosten
→ Zuschuss zur Kinderbetreuung
→ Fahrtkostenzuschuss oder Jobrad
→ Zuschuss zum Fitnessstudio

Alles, was deine Fixkosten senkt oder deine Lebensqualität erhöht, ist ein Gewinn.

Step 6: Abschluss und konkretes Follow-up sichern

Das Gespräch ist vorbei, das Herzklopfen legt sich. Aber Achtung: Der Job ist noch nicht ganz erledigt. Egal, wie die Verhandlung ausgegangen ist: Sorg für Verbindlichkeit.

1. Verlass dich niemals auf mündliche Zusagen im Flur

(„Ja, das machen wir dann ab Januar.") Schick direkt nach dem Gespräch eine kurze Zusammenfassung per Mail:

→ *„Vielen Dank für das offene Gespräch heute. Ich habe notiert, dass wir ab dem [Datum] eine Anpassung auf [Summe X] vereinbart haben. Bitte lassen Sie mir die schriftliche Bestätigung für meine Unterlagen zukommen."*

Nur was schwarz auf weiß als Zusatzvereinbarung oder im Arbeitsvertrag steht, landet am Ende auch auf deinem Konto.

2. Was, wenn es ein Nein gab?

Sollte das Gespräch nicht so gelaufen sein wie erhofft: Kopf hoch! Sieh es als wertvolles Feedback. Ein Nein (vor allem ein dauerhaftes) ist eine klare Information darüber, wie das Unternehmen deinen Wert aktuell einschätzt. Nimm das nicht persönlich, sondern strategisch:

- → Wenn hier kein Raum für Wachstum ist, ist das vielleicht der Startschuss, dich woanders umzusehen.
- → Manchmal ist die beste Gehaltserhöhung ein Jobwechsel.

KAPITEL 5

GELD & BEZIEHUNGEN

Bei Geld hört die Freundschaft auf? Hoffentlich nicht! Aber das Sprichwort weist auf einen wichtigen Punkt hin: Geld in Kombination mit emotionaler Nähe ist doppelt kritisch. Wenn wir uns hier streiten, verlieren wir nicht nur Euros, sondern im schlimmsten Fall einen geliebten Menschen.
Aber drehen wir es mal um: Wenn wir offen über Geld reden, kann das unsere Beziehungen extrem vertiefen. Es schafft Vertrauen, wenn ich weiß: „Okay, er oder sie kann sich das teure Restaurant gerade nicht leisten – wir kochen lieber zusammen." Wenn wir finanziell stabil sind, entsteht manchmal auch die Möglichkeit einander zu unterstützen, mit Geld, Zeit oder Sicherheit, und das kann Beziehungen unglaublich stärken.

5.1 WARUM WIR LIEBER MIT FREMDEN ÜBER GELD REDEN

Ist dir schon mal aufgefallen, dass Geldfragen mit Fremden oft viel einfacher zu klären sind? Klar hat die Bankangestellte Einsicht in mein Konto, mit der Immobilienmaklerin verhandle ich über die Höhe der Miete, und wenn mir die Airline nicht meine Kosten erstattet, weil wir Verspätung hatten, hake ich da immer wieder nach. Aber meiner Mama meinen Kontostand zeigen? Der Kollegin sagen, dass sie mir noch 20 Euro schuldet? Oder im Freundeskreis offen darüber sprechen, wie viel jede und jeder zum gemeinsamen Urlaub dazugeben kann? Das ist eben gar nicht so einfach.

Denn hier prallen zwei der wichtigsten Säulen unseres Lebens aufeinander: unser Geld und unsere Beziehungen. Das Problem dabei: Die emotionale Nähe sorgt dafür, dass Grenzen verwischen. Das macht Geld-Konflikte so explosiv. Wie soll denn der Rest des Nachmittags normal verlaufen, wenn ich meiner Freundin vorher sage, dass sie mir schon sehr lange Geld schuldet? Ist das nicht uns beiden total unangenehm? Ich würde so ein Gespräch viel lieber mit einer Person aus meinem Arbeitsleben statt mit jemandem aus meinem Freundeskreis führen. Da sind die emotionale und die finanzielle Ebene klar voneinander getrennt.

Gleichzeitig neigen wir bei emotionaler Nähe auch eher zu Großzügigkeit und achten weniger auf unseren Selbstschutz. Das beste Beispiel dafür ist wohl der Erfolg des „Enkeltricks": Betrüger nutzen den Mechanismus der Emotionalität und zielen auf das Herz, um den Verstand der Großeltern auszuschalten. Und die? Überweisen ungeprüft eine Summe auf ein Konto, das nicht den vermeintlichen Enkelkindern, sondern Betrügern gehört.
Aber seien wir ehrlich, das passiert uns auch ohne Kriminelle: Wahrscheinlich würde jede von uns Freund*innen oder einem Familienmitglied in Not Geld leihen. Und wahrscheinlich auch ein zweites Mal, selbst wenn der Kopf leise warnt: *„Das siehst du nie wieder!"* Wir lassen uns im schlimmsten Fall ausnutzen oder übervorteilen – nicht weil wir naiv sind, sondern weil unsere emotionale Verbundenheit einfach stärker ist als jede kühle Kalkulation.

Geld ist in Beziehungen fast nie nur bedrucktes Papier. Wir wollen helfen, wir wollen Gutes tun, aber oft klebt an dem Geld ein unsichtbares Preisschild: **unsere Erwartung.** Und wehe, diese Erwartung wird nicht erfüllt! Dann ist das Drama vorprogrammiert:

→ Der Sohn kauft von dem geschenkten Geld nicht die „sinnvolle Bildungsreise", sondern eine alte Rostlaube? Entsetzen am Mittagstisch.
→ Oma gibt was zum Familienauto dazu, aber es wird ein „neumodisches" E-Auto? Da hört das Verständnis auf.
→ Oder der Klassiker bei Eltern: Man gibt Taschengeld, um den Umgang mit Geld zu lehren, und muss dann zähneknirschend zusehen, wie es (Zitat meiner Freundinnen) in „billigen Plastikschrott" investiert wird.

Das wirft eine spannende Frage auf: Gehört uns geschenktes oder geliehenes Geld von Freunden oder Familie jemals *wirklich* zu 100 %? Im Hintergrund wirken hier auch wieder zahlreiche alte gesellschaftliche Muster auf uns. Aber das muss nicht so bleiben! Lass uns in den nächsten Kapiteln mal aufräumen und schauen, wie wir unsere eigenen Regeln für Freundschaft und Familie aufstellen können – damit Geld die Beziehungen stärkt, statt sie zu belasten.

REFLEXIONSÜBUNG: GELD & NÄHE

Nimm dir einen Moment Zeit und sei ganz ehrlich zu dir selbst. Hier schaut niemand zu, das ist nur für dich.

1. Die Komfortzone:
Mit wem in meinem Leben spreche ich völlig entspannt über Geld?

Und bei wem habe ich das Gefühl, auf Eierschalen zu laufen?
(Mit wem ist es am schwersten?)

---

2. Die Harmonie-Falle:
In welcher Beziehung oder Situation habe ich das Thema Geld schon einmal bewusst „runtergeschluckt" und geschwiegen, nur um keinen Streit zu provozieren?

---

3. Geben & Nehmen (der Bauchgefühl-Check):
Habe ich schon mal Geld verliehen oder verschenkt, obwohl mein Bauchgefühl laut Nein geschrien hat?

◯ Ja ◯ Nein

Wenn ja: Warum habe ich es trotzdem getan? (Schuldgefühle? Pflichtgefühl?)

Habe ich umgekehrt schon mal Geld (oder ein teures Geschenk) angenommen, obwohl es mir extrem unangenehm war?

◯ Ja ◯ Nein

Was war das unangenehme Gefühl dabei?
(Abhängigkeit? Das Gefühl, dafür etwas schuldig zu sein?)

5.2 GELD IN FREUNDSCHAFTEN: DIE UNSICHTBARE RECHNUNG ZWISCHEN UNS

Wir alle wollen dazugehören. Das ist ein menschliches Urbedürfnis. Aber in Freundeskreisen kann genau das einen enormen **Konsumdruck** erzeugen: Der gemeinsame Urlaub, das schicke Dinner, das richtige Outfit für die Party, Reisen. Beobachte mal, wer schlägt vor, wo man abends essen geht? Die Person, die sich das alles *easy* leisten kann? Und was ist mit denen, die weniger Geld verdienen, schlagen die auch mal vor, was man abends unternehmen kann? Fühlt sich vielleicht gerade jemand ausgeschlossen, weil er*sie nicht mithalten kann?

Das Phänomen „Friendflation"

Dafür gibt es inzwischen sogar einen passenden Begriff: **„Friendflation"** (eine Mischung aus „Friend" und „Inflation"). Er beschreibt den Moment, wenn Freundschaften durch steigende Lebenshaltungskosten und unterschiedliche Budgets unter Druck geraten. Ich finde den Begriff genial, denn er bringt auf den Punkt, wie eng Geld und Nähe miteinander verwoben sind. Wenn wir gemeinsame Erlebnisse nicht mehr bezahlen können, geht es nämlich nicht nur um Euros. Es geht um Zugehörigkeit. Der stille Vergleich („Die können sich das leisten, ich nicht") kann Freundschaften leise verändern oder sogar bröckeln lassen. Oft ohne dass ein einziges böses Wort gefallen ist.
Ich finde es übrigens extrem unfair, dass meistens die Person, die *weniger* Geld hat, den Mund aufmachen muss. Sie muss aus einer Position des Mangels heraus – und vielleicht sogar mit Schamgefühl – sagen: „Leute, das ist mir zu teuer." Das kostet Überwindung. Eigentlich sollten doch die, die mehr haben, sensibel genug sein, um diese Situation gar nicht erst entstehen zu lassen. Aber die Realität sieht oft anders aus.

Wo passiert das öfter als im Freundeskreis? Wir gehen essen, feiern, reisen. Der Elefant im Raum ist dann die Frage: Wie regeln wir das mit dem Geld? Manchmal ist das Gefälle offensichtlich: Die Oberärztin verdient nun mal mehr als die Erzieherin. Kritisch wird es beim Klassiker „Die Rechnung, bitte!".

→ **Szenario:** Jemand ruft fröhlich: „Wir teilen durch alle!"
→ **Das Problem:** Du hattest nur einen Salat und Wasser. Dein Gegenüber hatte Vorspeise, Steak und drei Gläser Wein.
→ **Die Frage:** Bist du jetzt „knauserig" oder eine Spielverderberin, wenn du das nicht mitfinanzieren willst? Oder sollte die Weintrinkerin nicht von selbst merken, dass das unfair ist?

Warum wir schweigen (und warum das falsch ist)
Ich bin heute unglaublich dankbar, dass wir in meinem Freundeskreis offen über Gehälter reden. So können wir rücksichtsvoll miteinander umgehen. Das war nicht immer so. Ich erinnere mich an Momente vor vielen Jahren, in denen eine Person immer mitfeierte, sich aber selten an der Rechnung beteiligte. Wir haben alle geschwiegen. Keiner traute sich zu fragen: *Will* sie nicht zahlen? Oder *kann* sie einfach nicht? Dieses Schweigen hat mehr Distanz geschaffen, als es ein offenes Gespräch je getan hätte.
Oft wischen wir das Thema Geld beiseite mit dem Satz *„Ach, Freundschaft ist mir wichtiger als Geld"*. Aber warum dieser Vergleich? Warum muss ich mich entscheiden? Dahinter steckt wieder eine gesellschaftliche Gewohnheit, die uns einreden will, wir wären „gierig", wenn wir auf unser Geld achten. **Meine Meinung:** Mir ist Geld wichtig. Punkt. Und meine Freunde sind mir auch wichtig. Beides brauche ich, um gesund und glücklich zu sein. Deshalb muss Geld auch in Freundschaften Platz haben, ohne dass wir uns dafür schämen.

Entscheidend ist für mich, dass man ehrlich miteinander ist. Und das bedeutet für mich: transparent sein und aufeinander achten.

Die Lösung: Selbstverantwortung und Achtsamkeit. Niemand kann Gedanken lesen. Deine Freunde können nicht riechen, dass dein Konto gerade im Minus ist.

→ **Für die mit weniger Geld:** Trau dich, ehrlich zu sein. Transparenz ist der einzige Weg, um falschen Erwartungen vorzubeugen.
→ **Für die mit mehr Geld:** Reflektiere dein Privileg! In großen Runden ist es schnell unübersichtlich. Sei du diejenige, die sagt: *„Moment mal, wir teilen nicht stur durch alle. Ich hatte zwei Cocktails mehr und die Vorspeise, ich übernehme einen größeren Teil."*

Das nimmt den Druck und sorgt dafür, dass sich alle wohlfühlen, egal was auf dem Gehaltszettel steht.

5.3 SECHS GELD-SITUATIONEN IM FREUNDESKREIS (UND WIE WIR SIE MEISTERN)

Ich habe mal die Klassiker gesammelt: In diesen sechs Situationen knallt es am häufigsten. Hier sind meine Strategien, wie wir das gut managen können, ohne die Freundschaft zu gefährden. Ganz am Ende des Kapitels habe ich auch noch ein paar Reflexionsfragen aufgeschrieben, die du dir selbst stellen kannst oder die ihr zusammen im Freundeskreis thematisieren könnt.

1. Gemeinsame Unternehmungen

Kaffee, Kino, Konzerte – das läppert sich. Oft schleichen sich teure Gewohnheiten ein.

Die Frage: Entscheiden wir uns *aktiv* dafür, oder machen wir das nur aus Gewohnheit?
Mein Tipp: Gerade wenn Freund*innen in Elternzeit sind oder das Budget knapp ist, biete ich aktiv Alternativen an: *„Lass uns doch lieber einen Spaziergang um die Alster machen und uns zu Hause treffen, statt ins Restaurant zu gehen."* Damit signalisiere ich: Ich sehe deine Situation, und mir geht es um DICH, nicht um den Konsum. Und natürlich lade ich auch gerne mal ein, aber eben bewusst.

2. Der Geschenke-Marathon (Hochzeiten & Babys)
Gefühlt sind die 30er und 40er die teuersten Jahrzehnte: Hochzeiten im Ausland, Junggesellinnenabschiede, Babypartys. In manchen Jahren kostet das so viel wie ein ganzer Urlaub.

Das Problem: Oft wird bei Sammelgeschenken die Summe einfach durch die Anzahl der Köpfe geteilt.
Die Lösung: Flexibilität! Ich finde es toll, wenn wir nicht erwarten, dass alle das Gleiche geben. Wer mehr hat, gibt mehr. Wer weniger hat, beteiligt sich mit einer kleineren Summe. *An alle Bräute und Mamas:* Bitte erwartet nicht, dass eure Gäste für euren großen Tag ihr Konto überziehen müssen.

3. Gemeinsame Reisen (Das 1 %-Modell)
Urlaube bergen ein riesiges Konfliktpotenzial. Wandern oder Wellness? Hostel oder 5-Sterne-Luxus?

Die Inspiration: Ich habe mal von einem Hamburger Unternehmer gelesen, der in seinem Freundeskreis eine spannende Regel hat: Jede und jeder zahlt 1 % des Jahresgehalts in die Urlaubskasse.
So haben alle die gleiche finanzielle Belastung – und die Menschen mit viel Gehalt geben automatisch mehr als die mit weniger Gehalt. Klar funktioniert dieses Modell nicht für alle, aber ich finde es wertschätzend, wie in diesem Beispiel mit unterschiedlichen finanziellen Möglichkeiten umgegangen wird.

Wenn wir verreisen, klären wir *vorher* das Budget. Wir nutzen Apps wie **Splid** oder **Splitwise,** um Ausgaben fair zu teilen (und auch hier kann man gewichten: Wer verdient mehr? Wer hat Kinder dabei?). Und ganz wichtig: Man muss nicht 24/7 aufeinanderhocken. Die eine liegt mit dem Buch am Pool, und die andere geht zur Massage oder shoppen, das ist völlig in Ordnung. Abends essen wir entweder im Restaurant oder machen uns selbst eine Kleinigkeit, sodass die Kosten nicht explodieren.

4. Sehr ungleiches Einkommen:
Freundschaften überdauern manchmal ein ganzes Leben oder lange Lebensphasen, und auf einmal verdienen du und deine Freundin komplett unterschiedliche Summen, obwohl ihr zusammen zur Schule gegangen seid oder das Gleiche studiert habt. Ich kenne das Gefühl, mit Menschen unterwegs zu sein, die finanziell in einer ganz anderen Liga spielen, und wie einen das fühlen lassen kann. Wenn Geld bei der einen Person gar keine Rolle spielt, fühlt sich die andere oft beschämt oder unter Druck gesetzt. Das größte Risiko ist, dass die Freundschaft zerbricht, weil die Lebenswelten nicht mehr zusammenpassen.
Mein Tipp: Auch wenn es schwerfällt, sprich es an! *„Mir ist unsere Freundschaft wichtig, aber ich merke, dass ich finanziell nicht mehr mithalten kann. Lass uns Wege finden, die für uns beide passen."*

5. Geld leihen unter Freund*innen:
Ein heikles Thema und komplizierter, je größer die Summe ist. Denn wenn die Rückzahlung ausbleibt, wird die Freundschaft darunter leiden. So oder so verschwimmen die Ebenen einer freundschaftlichen Beziehung, wenn man sich Geld leiht. Und das sollte man sich dabei gemeinsam bewusst machen: Wir sind nicht nur gleichberechtigt befreundet, auf einmal stehst du in meiner Schuld. Es gibt also ein Machtgefälle zwischen uns. Ich würde deshalb, wenn es sich um größere Summen handelt, immer auch dritte, unparteiische Personen einbinden und idealerweise schriftlich festhalten, wie viel Geld geliehen wurde und wie – mit welchen Fristen – es zurückgezahlt werden soll.

Eine extremere Situation: Jemand aus dem Freundeskreis ist wirklich in Not, und Geld würde helfen, aber es ist unwahrscheinlich, dass das Geld jemals zurückgezahlt wird. In so einer Situation möchte man immer helfen, aber: Verleihe nur das Geld, das du im Zweifel auch schenken würdest, auf das du also komplett verzichten kannst. Kommt es zurück: super. Wenn nicht: auch okay. So vermeidest du weitere Erwartungen.

6. Unausgesprochene Regeln:
Über die Jahre können sich kleine Gewohnheiten in die Freundschaft eingeschlichen haben, die dich stören, aber du hast nie etwas gesagt. Ist es irgendwann zu spät dafür? Ich finde: Nein. Wenn du und deine Freundin immer abwechselnd zahlen, wenn ihr euch trefft (diese Woche zahlt sie das Dinner, nächste Woche du), aber dich macht dieses Modell nicht happy: Dann sprich's an!
Mein Tipp: Es ist nie zu spät, Regeln zu ändern. Sag einfach: *„Du, ich würde ab heute gerne getrennte Rechnungen machen, damit ich mein Budget besser im Griff habe."* Eine echte Freundin wird das verstehen. Du musst dich nicht für deine Grenzen rechtfertigen, aber du darfst sie erklären.

QUICK CHECK – WIE EHRLICH IST EURE FREUNDSCHAFT BEIM THEMA GELD WIRKLICH?

Wollt ihr das Thema „Geld & Freundschaft" mal offen auf den Tisch packen? Oder willst du für dich allein prüfen, wie gesund deine Beziehungen in diesem Punkt sind? Hier ist dein Check-up. Kreuze an, was auf dich/euch zutrifft:

- ◯ **Die Notlüge:** Hast du schon mal verschwiegen, dass du dir etwas eigentlich nicht leisten kannst, und bist trotzdem mitgegangen?
- ◯ **Der Gehalts-Check:** Wissen deine engsten Freund*innen, wie viel du verdienst? (Falls nein: Wovor hast du Angst? Neid? Bewertung?)
- ◯ **Das Budget:** Wie offen sagst du Sätze wie *„Das ist mir diesen Monat zu teuer"?*
- ◯ **Das Schulden-Gefühl:** Wie fühlt es sich körperlich an, wenn du jemandem Geld schuldest (oder jemand dir)? Macht dich das unruhig?
- ◯ **Der Druck:** Erzeugt ihr in eurem Kreis (unbewusst) einen Konsumdruck? Hast du manchmal das Gefühl, finanziell „mithalten" zu müssen, um dazuzugehören?

PRO-TIPPS:

- → Nutzt Tools: Apps für gemeinsame Kosten verhindern Streit.
- → Wenn eine größere Summe an Geld geliehen wird: schriftlich festhalten. Das schützt die Freundschaft und schafft Klarheit.
- → Bietet Alternativen an: Ein Treffen muss nicht immer Geld kosten. Spazieren gehen oder zu Hause *Temptation Island* zusammen gucken, kann genauso schön sein.

5.4 FINANZEN UND FAMILIE: EIN EMOTIONALES SPANNUNGSFELD

Nirgendwo sitzen die Geld-Glaubenssätze tiefer als hier. In unserer Familie haben wir gelernt (oder beobachtet), wie man mit Geld umgeht. Dabei gibt es meistens zwei Reaktionsmuster:

1. **Wir übernehmen Glaubenssätze und Verhaltensmuster ungefiltert:** Wir machen es exakt wie unsere Eltern.
2. **Die Rebellion:** Wir machen das genaue Gegenteil.

Haben deine Eltern das Geld mit vollen Händen ausgegeben? Dann bist du heute vielleicht extrem sparsam, weil du diese Unsicherheit nie wieder spüren willst. Oder andersherum: Hattest du als Kind immer nur Kleidung vom Flohmarkt, während andere Marken trugen? Dann ist es heute vielleicht dein größter Luxus, dir teure Mode zu kaufen – als Beweis, dass du es „geschafft" hast. Es wird noch komplexer: Oft sitzen nicht nur zwei, sondern **drei Generationen** am Tisch (Großeltern, Eltern, Kinder). Wenn es um Schenkungen oder das Erbe geht, prallen Welten aufeinander.

- → Die Kriegs- oder Nachkriegsgeneration, die auf Sicherheit und Sparen gepolt ist.
- → Die Boomer, die sich Wohlstand aufgebaut haben.
- → Die Jüngeren, die vielleicht Freiheit und Erlebnisse höher bewerten als das Eigenheim.

So viele Gefühle, so viele Erwartungen, so viele Unterschiede. Das kann sich anfühlen wie eine innere Zerrissenheit.

Aber: Diese **Ambivalenz** (also das gleichzeitige Vorhandensein von gegensätzlichen Gefühlen) ist es, was Familien ausmacht, und das ist keine Schwäche. Sie ist völlig normal. Familie bedeutet Bindung, Geld bedeutet oft Autonomie – dass es knirscht, ist menschlich.
Lasst uns deshalb genauer anschauen, wie wir als Erwachsene Finanzthemen mit unserer Familie behandeln und besprechen können. Denn: Unsere Familie ist ein wichtiger Bestandteil unserer Beziehungen, und deshalb können wir das Thema Geld hier nicht einfach ausklammern.

REFLEXIONS-CHECK: DEIN FAMILIEN-ERBE

Nimm dir kurz Zeit für eine Bestandsaufnahme. Sei ganz intuitiv.

1. Der IST-Zustand:
Wenn du den Umgang deiner Familie mit Geld mit nur *einem einzigen Wort* beschreiben müsstest – welches wäre das? (z. B. „angstvoll", „großzügig", „chaotisch", „tabuisiert")

2. Der WUNSCH-Zustand:
Wenn du dir deine *ideale* Vorstellung vom Umgang mit Geld in der Familie malen könntest – welches Wort würde dann darüber stehen? (z. B. „entspannt", „transparent", „unterstützend")

Es ist gesellschaftlich gelernt, dass Eltern oder Großeltern finanziell helfen, sei es der Zuschuss zum Führerschein, die Erstausstattung fürs Baby oder die Finanzspritze fürs Eigenheim. Natürlich ist diese Unterstützung schön. Aber sie birgt auch Konfliktpotenzial. Zum einen können gar nicht alle Eltern finanziell unter die Arme greifen: Meine Mutter konnte mir keine Wohnung kaufen, und das ist auch völlig okay.

Trotzdem fühlen sich manche Eltern schlecht, wenn sie im Freundeskreis sehen, wie andere ihre Kinder finanziell supporten. Dabei ist das oft kein persönliches Versagen, sondern eine Frage der Ressourcen. Realistisch betrachtet ist es heute ohne familiäre Hilfe oder ein Erbe extrem schwer, Wohneigentum zu erwerben, weil die Kosten so extrem gestiegen sind. Das führt dazu, dass finanzielle Vorteile oft einfach weitergereicht werden. Die, die viel Geld besitzen, können viel weitergeben. Und bei den Familien, die weniger finanzielle Ressourcen haben, bleiben die Kinder finanziell auf sich allein gestellt.

Ich kenne auch Familien, in denen die Eltern zurückstecken, damit sie ihren Kindern das Studium finanzieren oder beim Hauskauf helfen können. Das ist an sich ja schon schwierig, aber was aus so einem Verhalten für Druck und Erwartungen entstehen – das will ich mir kaum ausmalen. Wenn ich mir überlege, dass meine Eltern sich einschränken und auf bestimmte Dinge verzichten, damit ich mir ein Haus mit meiner Familie kaufen kann: Puh! Das wäre mir persönlich zu viel Druck. Das könnte ich nicht annehmen.

Was ich mit den Beispielen sagen will: Finanzielle Unterstützung kann Segen und Bürde zugleich sein, sowohl für die Eltern als auch die Kinder. Schuldgefühle, Abhängigkeit, Scham, es nicht allein zu schaffen, wechseln sich mit Dankbarkeit ab. Und nicht jede finanzielle Hilfe kommt eben ohne Erwartung daher: Eltern „erkaufen" sich Nähe, die sonst in Familien fehlt, oder Großeltern versuchen dadurch, ein wichtigerer Teil im Leben der Enkelkinder zu sein. Oder erwarten im Gegenzug, mitbestimmen zu dürfen. Und so schwanken die Beschenkten zwischen Dankbarkeit und dem Wunsch, sich zu lösen.

Vielleicht ist es für dich ja auch wichtig, finanzielle Meilensteine allein angehen zu können – gerade weil deine Eltern schon viel für dich gemacht haben. Oder weil du weißt, dass sie es sich eigentlich nicht leisten können, den Kinderwagen fürs Baby zu kaufen.

Und noch ein Aspekt ist wichtig: Irgendwann dreht sich der Spieß vielleicht einfach um. Auf einmal sind es die Kinder, die sich finanziell um die Eltern kümmern müssen. Weil die Rente nicht reicht (oder weil die Eltern Unterstützung brauchen bei Anträgen oder in finanziellen Angelegenheiten). Und zack, nehmen wir die Position ein, die bisher immer die andere Seite innehatte.

Raus aus der Tabuzone

Genau deshalb dürfen wir das Thema nicht totschweigen. Wenn Konflikte nur passiv ausgetragen werden oder wir uns Sorgen um die Altersarmut der Eltern machen, hilft nur eins: **Reden.** Das ist meist kein reines Finanzgespräch, sondern ein Gespräch über Nähe, Lebensentwürfe und das Älterwerden.

Leitfaden: So gelingt das Geld-Gespräch mit der Familie

Wie fängt man so was an, ohne dass die Stimmung kippt? Hier sind meine 5 Schritte:

1. Den richtigen Rahmen schaffen: Bitte nicht zwischen Tür und Angel. Wähle eine ruhige Atmosphäre, in der sich alle sicher fühlen (ein langer Spaziergang oder ein entspanntes Essen zu Hause). Respekt ist hier die wichtigste Währung.

2. Das Ziel kennen (Vorbereitung): Was willst du eigentlich erreichen? Geht es um konkrete Absprachen (wer zahlt was)? Willst du nur deine Sorgen teilen? Oder willst du wissen, wie es um ihre Rente steht? Kläre das für dich, bevor du das Wort ergreifst.

3. Offen über Ambivalenz sprechen: *„Es fällt mir nicht leicht, über Geld zu reden, weil ich eigentlich unabhängig sein will – gleichzeitig ist mir eure Unterstützung wichtig."* Das entlastet, weil die widersprüchlichen Gefühle nicht unausgesprochen im Raum stehen und du außerdem Wertschätzung deutlich machst.

4. Erwartungen klären: *„Wenn ihr mir helft, ist mir wichtig, dass keine unausgesprochenen Bedingungen daran geknüpft sind. Könnt ihr euch das vorstellen?"* Oder umgekehrt: *„Ich helfe euch gern im Alter, aber ich muss wissen, was realistischerweise auf mich zukommt."*

5. Grenzen setzen und respektieren: Das gilt in beide Richtungen. Hilfe annehmen darf nicht zur Abhängigkeit führen. Aber auch die Eltern haben ein Recht darauf, ihre eigenen Grenzen zu setzen, was beispielsweise ihre finanzielle Belastbarkeit angeht. Vielleicht wollen sie ihr Geld lieber für Reisen ausgeben als fürs Erbe. Oder sie können dich finanziell schlicht nicht so unterstützen, wie du es dir wünschst. Das offen auszusprechen, schafft Klarheit und beendet das Rätselraten.

Mein Tipp für den Einstieg: Wenn du nicht direkt mit der Tür ins Haus fallen willst, nimm die „Beobachterperspektive" ein: *„Ich habe neulich einen Artikel über Rentenlücken gelesen und mir Gedanken gemacht. Wollen wir mal in Ruhe darüber sprechen, wie ihr da aufgestellt seid? Ich möchte einfach sichergehen, dass es euch gut geht."*

5.5 DAS EMOTIONALE ERBE: WIE GELD-TRAUMATA ÜBER GENERATIONEN HINWEG WEITERWIRKEN

Über die finanzielle Prägung von uns Deutschen habe ich ja schon in einem vorherigen Kapitel geschrieben. Unsere Großeltern haben oft noch Kriege miterlebt und dadurch dramatische finanzielle Notsituationen durchlitten. Und auch die Jahrzehnte danach waren geprägt von Währungskrisen und Unsicherheit.
Solche Erfahrungen verschwinden nicht einfach. So ist nicht nur das Leben unserer Großeltern von extremer Sparsamkeit und Sicherheit geprägt – diese Erfahrungen übertragen sich oft wie ein unsichtbares Erbe auf die nächsten Generationen.

In der Psychologie nennt man das „transgenerationelles Trauma". Das bedeutet vereinfacht gesagt: Obwohl du selbst nie einen Krieg oder eine Hungersnot erlebt hast, spürst du die Auswirkungen. Die Angst der Eltern oder Großeltern überträgt sich auf die Kinder. Man übernimmt die Symptome, ohne die Ursache selbst erlebt zu haben.

Das kann dann so aussehen:

- → **Die Großeltern** verlieren alles und sparen fortan jeden Cent („Man weiß ja nie").
- → **Die Eltern** übernehmen diese Vorsicht, selbst mitten im Wirtschaftswunder.
- → **Du** spürst eine unerklärliche Unruhe, wenn du Geld ausgibst, obwohl dein Konto eigentlich voll ist.

Wichtig: Wir müssen hier unterscheiden. Der Begriff „Trauma" wird heute oft inflationär genutzt. Eine Scheidung oder eine sparsame Kindheit sind prägend, aber in der Regel kein Trauma. Wir sprechen hier von tiefgreifenden Erschütterungen wie Flucht, Gewalt oder totalem Verlust der Existenz.

Der „Generationen-Clash"

Diese unterschiedlichen Prägungen führen oft zu Konflikten am Familientisch.

- → **Die Älteren** suchen Sicherheit (Betongold, Sparbuch, Bares unterm Kopfkissen).
- → **Die Jüngeren** wollen Erlebnisse, investieren in ETFs oder Krypto und reden viel offener über Geld.

Statt zu streiten („Ihr mit eurem Geiz!" vs. „Ihr werft das Geld zum Fenster raus!"), hilft hier oft ein Perspektivwechsel. Wenn du weißt, dass der Geiz deines Vaters eigentlich seine tiefe Angst vor Kontrollverlust ist, kannst du ganz anders damit umgehen. Es nimmt dem Streit den Wind aus den Segeln.

Trau dich: Das Gespräch suchen

Vielleicht ist das aber auch Anlass, mit deiner Familie mal ganz anders über Geld zu sprechen und deine Verwandten nach ihren Erlebnissen zu fragen. Ich finde es sowieso sehr wertvoll, die Sichtweise und Perspektive der Menschen, die dich geprägt haben, noch besser kennenzulernen. Und das Beste daran: In ihren Geschichten wirst du oft den Schlüssel zu deinem eigenen Umgang mit Geld finden. Auch wenn es vielleicht manchmal gar nicht so leicht ist, Geld sollte kein Tabuthema bleiben. Wenn ich mir also eines wünsche für dieses Buch, dann das: Hab Mut! Schnapp dir deine Familie und fang einfach an. Und wenn du nicht ganz sicher bist, *wie,* habe ich hier eine Idee für dich:

MONEY CHALLENGE

Diese Woche gehen wir auf Spurensuche in deiner eigenen Geschichte! Dein Ziel: Lerne die „Geld-Prägung" deiner Verwandten kennen, um deine eigene finanzielle Freiheit besser zu verstehen.

Schritt 1: Den Moment abpassen
Es muss keine offizielle „Konferenz" sein. Schnapp dir einen Menschen aus deiner Familie (Mama, Opa, Tante), bei dem du dich wohlfühlst – beim Kaffeekochen, beim Spaziergang oder Telefonieren.

Schritt 2: Der Türöffner
Wenn du nicht sicher bist, wie du anfangen sollst, probier es mal so: *„Ich lese gerade ein Buch über Finanzen und frage mich: Wie war das eigentlich bei euch früher? Worüber wurde beim Thema Geld bei uns zu Hause gesprochen – und worüber wurde eher geschwiegen? Hat dich das geprägt?"*

Schritt 3: Die Spurensuche (deine Fragen)
Trau dich und stell eine dieser drei Fragen, um tiefer zu graben:

1. **Die Lektion:** „Was war die wichtigste finanzielle Erfahrung, die du in deinem Leben gemacht hast?"
2. **Das Gefühl:** „Gab es in unserer Familie Momente, in denen Geld eher Sorgen oder eher Freude bereitet hat?"
3. **Der Wunsch:** „Was hättest du in meinem Alter gerne schon über Geld gewusst?"

Mein Erkenntnis-Journal:

→ **Wer war mein Gegenüber?**

____

→ **Was hat mich am meisten überrascht?**

____

→ **Der Spiegel:** Was davon erkenne ich bei mir selbst wieder?
(Bin ich z. B. besonders vorsichtig, weil meine Eltern es waren?)

____

____

____

Und wenn du Gefallen daran gefunden hast und noch tiefer einsteigen möchtest, habe ich hier noch meine „13" für dich: 13 Fragen für 13 Aha-Momente:

Das 13-Fragen-Spiel

1. Wie war das bei dir zu Hause, als du Kind warst – wurde über Geld gesprochen?
2. Hattet ihr damals genug, oder war es oft knapp?
3. Gab es etwas, wofür ihr lange gespart habt?
4. Erinnerst du dich an dein erstes eigenes Geld oder deinen ersten Job?
5. Was bedeutet Geld für dich – Sicherheit, Freiheit, Möglichkeiten, etwas anderes?
6. Hast du eher gelernt, Geld auszugeben oder es zurückzuhalten?
7. Gibt es etwas, wofür du immer bereit bist, Geld auszugeben, oder wofür du nie Geld verschwenden würdest?
8. Was war die wichtigste finanzielle Entscheidung, die du getroffen hast?
9. Hast du jemals eine größere Investition bereut – oder warst du besonders stolz auf eine?

10. Gab es Zeiten, in denen du dir Sorgen um Geld gemacht hast? Wie bist du damit umgegangen?
11. Gibt es etwas, das du an meiner heutigen Einstellung zu Geld nicht verstehst – oder gut findest?
12. Was wolltest du mir (uns) in Bezug auf Geld mitgeben?
13. Wie wünschst du dir, dass in unserer Familie mit Geld umgegangen wird?

5.6 GELD ERBEN UND VERERBEN

Das Thema Erbe haben wir ja schon kurz angerissen – aber ich finde es so komplex, dass es ein eigenes Unterkapitel verdient.

Halte dich fest: Jedes Jahr werden in Deutschland schätzungsweise über 400 Milliarden Euro vererbt! Eine unfassbare Summe. Und das Verrückte: Der Großteil dieser Erbschaften wird nicht steuerlich erfasst, weil die Summen oft unter den gesetzlichen Freibeträgen liegen.

Diese riesigen Zahlen machen klar: In sehr vielen Familien muss dringend über das Thema Geld und Erbe gesprochen werden. Denn sind wir mal ehrlich: Wenn schon normale Geld-Diskussionen am Abendbrottisch anstrengend sein können, ist das Thema Erben die absolute „Königsklasse". Hier geht es nämlich nie nur ums Geld. Hier prallen Trauer, Verlust und alte Familienwunden aufeinander. Manchmal brechen Konflikte auf, die jahrelang erfolgreich ignoriert werden konnten, und oft bleibt am Ende bei irgendwem das bittere Gefühl: „Das ist unfair." Genau deshalb sollten wir uns dem Thema widmen, *bevor* es akut wird. Überraschungen und Konflikte nach dem Todesfall sind sonst fast unvermeidlich.

Ich glaube, das Wichtigste ist, anzuerkennen, dass das Thema „Erbe" ein superkomplexes ist. Hier trifft Geld auf alte Beziehungsdynamiken und ganz viel Familiengeschichte. Sehr viele Gefühle und die Beziehungen zwischen den Menschen spielen also eine große Rolle.

Du trauerst um einen geliebten Menschen, musst dich aber gleichzeitig mit harten Fakten, Notaren und Kontoständen auseinandersetzen. Deshalb ist **Ambivalenz** – also dieses Hin-und-her-gerissen-Sein – auch hier völlig normal.

In meinem Bekanntenkreis gibt es Menschen, die sich regelrecht schämen, viel Geld geerbt zu haben. Sie haben das Gefühl „Ich hab das doch gar nicht verdient!". Andere Familien zerstreiten sich komplett – manchmal schon Jahre im Voraus, manchmal erst direkt nach dem Todesfall. Aber: Das muss nicht so laufen!

5.7 RECHTLICHE GRUNDLAGEN: ERBEN MIT PLAN DANK TESTAMENT

Grundsätzlich hast du zwei Möglichkeiten: Entweder du nimmst das Heft des Handelns selbst in die Hand (mit einem Testament), oder du lässt den Staat entscheiden (gesetzliche Erbfolge).

Wer erbt wann?

Die gesetzliche Erbfolge ist quasi der „Standard-Baukasten" des Gesetzgebers. Der passt für manche, aber längst nicht für alle. Das Gesetz richtet sich strikt nach der Erbreihenfolge – je näher die Verwandten dem Verstorbenen standen, desto eher erben sie. Betrachten wir erst den Fall, dass es keinen Ehepartner gibt:

1. Ordnung: Zuerst kommen immer **Kinder und Enkel.** Gibt es sie, erben Eltern oder Geschwister gar nichts. Alle Kinder erben zu gleichen Teilen.
2. Ordnung: Sind keine Kinder da, geht das Erbe an die **Eltern** des*der Verstorbenen. Leben diese nicht mehr, treten **Geschwister** (oder deren Kinder, also Nichten/Neffen) an deren Stelle.
3. Ordnung: Findet sich auch hier niemand, geht es an die **Großeltern** und deren Nachkommen (Tanten, Onkel, Cousinen).

Die „Ehe-Formel": Was kriegt der Partner?

Wenn du verheiratet bist (Zugewinngemeinschaft), erbt der Ehemann bzw. die Ehefrau immer mit. Die Frage ist nur zu welchem Anteil:

→ **Mit Kindern:** Der Ehepartner bekommt ½ (die Hälfte). Die Kinder teilen sich den Rest.

→ **Ohne Kinder (aber mit Eltern/Geschwistern):** Der Ehepartner bekommt ¾ (drei Viertel). Das restliche Viertel geht an die Eltern oder Geschwister.

→ **Ganz allein:** Nur wenn weder Kinder, Eltern noch Geschwister da sind, erbt der Ehepartner **alles.**

Aber egal, ob du das gerade genau gelesen oder nur überflogen hast: Es zeigt sich schon, dass die gesetzliche Lösung auf jeden Fall kompliziert ist. Ein Testament macht vieles einfacher.

Das Testament

In einem Testament bist du die Regisseurin: Du kannst dein Drehbuch fast komplett selbst schreiben. Die einzige echte „Stopptafel", die der Gesetzgeber aufstellt, ist der sogenannte Pflichtteil. Der stellt sicher, dass engste Angehörige (wie Kinder oder Ehepartner) nicht komplett mittellos dastehen, selbst wenn du sie enterben würdest.

Aber abgesehen davon bist du frei. Und diese Freiheit solltest du nutzen, denn Erben ist nicht gleich Erben:

→ **Geld** zu verteilen ist einfach: Man nimmt die Summe X und teilt sie zum Beispiel durch die Anzahl der Köpfe. Fertig.
→ **Immobilien und Gegenstände** sind der Endgegner. Ein Elternhaus kann man nicht einfach in der Mitte durchsägen. Und wer bekommt den alten Ohrensessel oder den Schmuck?

Oft ist nämlich gar nicht das Geld das Wichtigste, sondern die Dinge mit emotionalem Wert. Über die Konflikte, die deswegen unter den Kindern ausgebrochen sind, wurden ganze Bücher geschrieben: Wie oft fühlte sich jemand unfair behandelt oder einfach falsch verstanden?

Zwei pragmatische Tipps, wie du mehr Klarheit schaffst und Streit verhinderst:

1. Die „Post-it"-Strategie (für Lebzeiten)
Geht gemeinsam durchs Haus. Wenn jemandem ein Gegenstand (Vase, Bild, Möbelstück) besonders am Herzen liegt, klebt ein Post-it mit dem Namen drunter (oder macht eine Liste).

2. Der emotionale Beipackzettel
Ein Testament ist juristisch trocken. Es regelt das „Was", aber nicht das „Warum". **Mein Tipp:** Lege deinem Testament einen persönlichen Brief bei. Erkläre darin deine Entscheidungen.

Beispiel: „Dass Kathi das Haus bekommt, liegt nicht daran, dass ich sie lieber habe, sondern dass sie es bereits seit Jahren pflegt. Dafür bekommt Tim das Aktiendepot als Ausgleich." Solche Sätze können verhindern, dass Missverständnisse entstehen.

Und oft ist es auch einfach so, dass man in bestimmten Situationen und Konstellationen professionelle Hilfe von außen braucht. Deshalb findest du hier eine kleine Übersicht, wer dich in Sachen „Testament“ beraten kann.

1. Notar*in

Wann? Wenn du absolut rechtssicher sein willst oder Immobilien im Spiel sind.
Job: Sorgt dafür, dass dein Testament formell korrekt ist und nicht angefochten werden kann. Bei Grundstücksgeschäften (z. B. Haus überschreiben) ist der Gang zum Notarbüro sogar Pflicht.
Wichtig: Notar*innen sind immer neutral. Sie beraten alle Beteiligten, dürfen aber nicht einseitig die Interessen von nur einer Person durchboxen.

2. Rechtsanwält*in für Erbrecht

Wann? Wenn es kompliziert wird, es um „Gestaltung“ geht oder Streit in der Luft liegt.
Job: Anders als Notar*innen sind Anwält*innen parteiisch – sie kämpfen also nur für DICH und deine Interessen. Sie kennen die Details zu Pflichtteilsansprüchen und Erbengemeinschaften.
Sinnvoll bei: Patchworkfamilien, Firmenvermögen oder wenn du schon ahnst: „Das gibt Ärger.“

3. Steuerberater*in

Wann? Wenn das Vermögen die Freibeträge überschreiten könnte.
Job: Hilft dir bei der Optimierung der Erbschaftssteuer
Faustregel: Wenn Immobilien oder Summen über 400.000 € im Spiel sind, hol dir hier Rat!

4. Mediator*in

Wann? Wenn innerhalb der Familie Konflikte drohen und keiner mehr dem anderen zuhört.
Job: Mediator*innen fällen kein Urteil, sondern sorgen dafür, dass ihr wieder miteinander redet. Sie sind Gold wert, wenn Konflikte die Familie zu zerreißen drohen.

PRO-TIPP: ANWALTLICHE ERSTBERATUNG

Viele scheuen den Gang zum*zur Anwält*in wegen der Kosten. Aber gut zu wissen: Eine Erstberatung ist gesetzlich oft gedeckelt (für Verbraucher*innen meist max. 190 € zzgl. MwSt.). Frag am besten direkt beim Anrufen nach den Kosten für ein erstes Orientierungsgespräch. Das ist gut investiertes Geld für deinen Seelenfrieden!

5.8 WAS DU UNBEDINGT ÜBER FREIBETRÄGE UND FRISTEN WISSEN SOLLTEST

Wenn der emotionale Aspekt beim Erben nicht dein Antreiber ist, dann vielleicht der finanzielle? Schauen wir uns mal an, wie es die Superreichen machen: Sie übertragen Vermögen oft schon frühzeitig, um Steuern zu sparen. Und die gute Nachricht ist: Das kannst du (bzw. deine Familie) auch – ganz ohne Stiftung in Liechtenstein. Du musst nur die Spielregeln kennen. Was bedeutet, sich über Fristen und Freibeträge im Klaren zu sein:

Die „Reset-Taste": Die 10-Jahres-Regel

Der absolute Gamechanger im deutschen Erbrecht ist die Zeit. In Deutschland können aktuell alle zehn Jahre bestimmte Beträge steuerfrei verschenkt und damit gewissermaßen vorzeitig vererbt werden (Stand 2025). Das bedeutet: Alle zehn Jahre kannst du die „Reset-Taste" drücken. Wer erst am Todestag vererbt, hat nur **einen** Freibetrag. Wer rechtzeitig mit „Schenkungen" anfängt, kann diesen Freibetrag **zwei- oder dreimal** nutzen. Je nach Verwandtschafts- oder Beziehungsgrad unterscheiden sich diese Summen:

- Ganz oben stehen Ehepartner*innen. Sie können sich alle zehn Jahre **500.000 Euro** steuerfrei schenken oder vererben.
- Danach kommen die Kinder. Ihnen dürfen Eltern jeweils **400.000 Euro** überlassen.
- Selbst für die Enkelkinder ist noch ein ordentlicher Puffer da: Sie haben einen Freibetrag von **200.000 Euro** (wenn die Großeltern direkt an sie schenken/vererben)

Wer jetzt denkt: Betrifft mich nicht, sollte vielleicht doch einmal checken, was denn das Haus der Eltern inzwischen wert ist. Wenn deine Eltern seit 20 oder sogar 30 Jahren in derselben Immobilie leben, wird der Wert ordentlich gestiegen sein. Und so kann es sein, dass das kleine Häuschen, das deine Eltern einst für 400.000 Mark gekauft haben, jetzt allein aufgrund des Grundstücks ordentlich was wert ist. Und falls du oder deine Geschwister darauf keine Erbschaftssteuer zahlen wollen, weil der Wert doch die Freibeträge überschreitet, solltet ihr rechtzeitig mit den Eltern über das Erbe sprechen.

Dein Spickzettel: Die aktuellen Freibeträge (Stand 2025)

Verwandtschaftsverhältnis	Freibetrag
Ehepartner*innen	500.000 Euro
Kinder, Stiefkinder, Adoptivkinder	400.000 Euro
Enkel (Eltern verstorben)	400.000 Euro
Enkel (Eltern leben)	200.000 Euro
Eltern, Großeltern (im Erbfall/Todesfall)	100.000 Euro
Eltern (bei Schenkungen), Geschwister, Nichten/Neffen, Freunde	20.000 Euro

5.9 DREI GESPRÄCHSEINSTIEGE, UM MIT ELTERN ÜBER DAS ERBE ZU REDEN

Jetzt mal Butter bei die Fische: Wie spricht man das an? Die größte Angst, die wir dabei alle haben, ist doch: „Klinge ich wie eine gierige Erbin?“, oder: „Erinnere ich Mama und Papa zu brutal an den Tod?“ Ich finde, es geht hier gar nicht um Zahlen, sondern wieder viel um Erwartungen. Und darum, diese rücksichtsvoll und wertschätzend zu formulieren. Ich habe hier drei Strategien für dich, die gut funktionieren. Such dir einfach die aus, die zu dir passt:

1. *„Habt ihr euer Erbe eigentlich schon so geregelt, wie ihr euch das vorstellt?"*

Du machst klar, dass es dir um die Vorstellungen deiner Eltern geht und nicht um deine eigenen.

2. *„Gibt es eigentlich ein Testament oder eine andere Regelung, die ich kennen sollte?"*

Wenn dann die Nachfrage kommt, wieso du denn über dieses Thema sprechen möchtest, kannst du erklären, welche Aspekte dir Sorgen machen („Ich mache mir Sorgen, dass wir Kinder uns später mal in die Haare kriegen, wenn Dinge ungeklärt sind"). Du kannst auch von den Freibeträgen sprechen, von deinem Wunsch, dass das Erbe deiner Eltern auch in ihrem Sinne eingesetzt werden soll, du aber dafür mehr Details brauchst.

3. *„Mir ist wichtig, dass sich später niemand verletzt oder benachteiligt fühlt – können wir darüber sprechen, wie ihr euch die Regelung wünscht?"* Oder auch: *„Gerade weil es in unserer Familie keine ‚klassische' 08/15 Situation gibt, würde ich gern verstehen, wie ihr vorsorgen möchtet, damit es keinen Streit gibt."*

So könntest du einleiten, wenn die Situation nicht so einfach ist: Weil ihr eine Patchworkfamilie seid, weil eines der Geschwister mehr Pflege der Eltern übernimmt oder übernehmen wird, weil jemand aus der Familie schon früher einmal finanzielle Hilfen bekommen hat.

Vielleicht stellst du fest, dass deine Eltern viel weniger wissen, als du dachtest. Oder sie haben das Thema einfach verdrängt. Dann ist genau das jetzt eure Chance: Geht es als Team an!

KAPITEL 6

GELD & LIEBE

Ich muss dir was gestehen: Ich habe selbst extrem spät angefangen, in meiner Partnerschaft offen über Geld zu sprechen. Selbst in meiner sehr langen Beziehung habe ich gemerkt, wie ich mich eher davor gedrückt habe.

Der Grund dafür? Schlicht und ergreifend Scham. Ich wusste auch nicht genau: Wie geht das eigentlich, dieses „Über-Geld-Sprechen"? Inzwischen weiß ich: Diese Scham ist total normal – und sie kennt keinen Kontostand. Die einen schämen sich, weil sie nichts haben, die anderen, weil sie „zu viel" haben. Verrückt, oder? Aber genau deshalb müssen wir darüber reden.

6.1 DIE WICHTIGSTE FINANZENTSCHEIDUNG DEINES LEBENS: DEIN*E PARTNER*IN

„Du arbeitest viel zu viel!" Diesen Satz habe ich in einer vergangenen Beziehung öfter mal gehört. Manchmal vorwurfsvoll, manchmal besorgt: „Wie, du machst *schon wieder* einen Job?" Früher haben mich solche Aussagen irritiert, später verletzt. Denn mein Gegenüber hat oft eines nicht verstanden: Zum einen macht mir mein Job unendlich viel Spaß, und zum anderen arbeite ich nicht aus Gier, sondern weil mein Sicherheitsbedürfnis ein ganz anderes ist.

Ich habe kein „Netz und doppelten Boden" durch wohlhabende Eltern. Ich arbeite viel, um mir meine eigene Sicherheit zu schaffen – und um mir im Hier und Jetzt die Dinge leisten zu können, die ich liebe: Tennisunterricht, den spontanen Trip mit meinen Freundinnen oder das Dinner im Lieblingsrestaurant.

Und so tanzte ich bei **„Let's Dance"**, während er auf dem Sofa entspannte. Erst viel später ist mir klar geworden, dass wir finanziell einfach ganz unterschiedlich aufgewachsen sind: Während ich Existenzängste kenne, wird er sich dank seines Elternhauses nie finanzielle Sorgen machen müssen. Er *konnte* entspannen. Ich nicht.

Heute schäme ich mich nicht mehr für meinen Fleiß. Ich kann das erklären. Und wenn mir jemand vorwirft, ich würde zu viel arbeiten, dann passen wir langfristig vielleicht einfach nicht zusammen. Denn rückblickend weiß ich: Wenn man als Paar nicht offen über Ziele spricht, lässt man riesige Chancen liegen, sich gemeinsam etwas aufzubauen.

Eure „Money-Timeline"

Wann kam das Thema Geld bei euch auf den Tisch? Geh mal gedanklich zurück:

- Beim ersten Date? (Wer zahlt?)
- Beim ersten gemeinsamen Urlaub?
- Beim Zusammenziehen?
- Noch gar nicht so richtig? (Das ändern wir jetzt!)

REFLEXION:

Wie hat sich dieses erste Gespräch angefühlt? Verkrampft? Natürlich? Oder war es eher ein Streit?

Heute fängt das Thema Geld für mich schon beim ersten Date an. Und hier kommt ein kleines Geständnis: Ich bin da total oldschool. Ich freue mich tatsächlich, wenn er beim ersten Treffen zahlt. Nicht, weil ich es mir nicht leisten kann (ich zahle sonst auch gerne alles, oder wir machen 50/50), sondern weil ich die Geste mag.

Aber viel wichtiger als das „Wer zahlt?" ist für mich das „Wie":
Gibt er genug Trinkgeld, oder rundet er nur die 20 Cent auf? Bestellt er das teuerste oder günstigste Gericht auf der Karte, wenn er weiß, dass ich einlade?

Dabei lernt man so viel über den Charakter. Manchmal lässt sich schon beim ersten Date feststellen, ob man ähnlich oder eher sehr unterschiedlich mit Geld umgeht, und spart sich viele Diskussionen, wenn man das schon früh erkennt. Denn Studien zeigen schließlich, dass Geld eines der häufigsten Streitthemen bei Paaren ist.[15]

Gerade wenn ein „Sicherheitsfanatiker" (wie ich, die nur gut schläft, wenn das Konto voll ist) auf einen „Verschwender" trifft, sind Konflikte vorprogrammiert.

WORKBOOK: DER GELD-PRÄGUNGS-CHECK

Lass uns mal schauen, wie deine Beziehung (oder dein Dating-Leben) und deine Prägung zusammenhängen.

Oft verstehen wir nicht, warum der*die Partner*in so tickt, wie er*sie tickt. Vergleiche mal eure Startbedingungen:

Frage	Bei mir (meinen Eltern)	Bei meinem*meiner Partner*in / Date
Wie wurde über Geld geredet? (z. B. Streit, Tabu, Offenheit)	____________	____________
Gab es Existenzängste? (Ja/Nein)	____________	____________
War Geld „Mittel zum Zweck" oder „Statussymbol"?	____________	____________
Gibt es ein „Eltern-Sicherheitsnetz"? (Erbe/Hilfe zu erwarten?)	____________	____________

Aha-Effekt: Wenn du siehst, dass er*sie nie Mangel erlebt hat, verstehst du vielleicht besser, warum er*sie entspannter (oder sorgloser) mit Geld umgeht als du. Am leichtesten redet es sich, wenn ihr chronologisch vorgeht (Vergangenheit → Zukunft → Gegenwart). Das schafft Verständnis. Aber hier noch eine Warnung: Sollte sich ein Mann weigern, anzuerkennen, dass es den Gender-Pay-Gap gibt, oder behaupten, wir hätten doch alle „die gleichen Chancen", dann ist das für mich eine riesige, leuchtende Red Flag. Das zeigt mir: Hier fehlt das Grundverständnis für meine Realität.

„Money" Green Flags & Red Flags

Manchmal haben wir ein ungutes Bauchgefühl, können es aber nicht benennen. Damit du Klarheit hast, ob jemand finanziell „Beziehungsmaterial" ist, habe ich dir meine persönliche Checkliste zusammengestellt. Nimm sie gerne mit zum nächsten Date (im Kopf!).

Green Flags

Das sind Zeichen für eine gesunde, erwachsene Beziehung auf Augenhöhe:

→ **Offenheit:** Ihr könnt offen und ehrlich über Einkommen, Ausgaben und sogar Schulden sprechen. Es gibt keine Tabus.

→ **Respekt vor Unterschieden:** Dein*e Partner*in verdient das Dreifache? Gut für sie*ihn. Aber du spürst nichts davon („Gönner-Haltung") und wirst auch nicht zu Ausgaben gedrängt, die du dir nicht leisten kannst.

→ **Wir-Gefühl statt Machtspiele:** Ihr praktiziert Fairness. Ausgaben werden so geteilt, dass es keinem wehtut.

→ **Teamwork:** Große finanzielle Entscheidungen (Hauskauf, Investitionen, Auto) werden gemeinsam getroffen – auch wenn einer mehr Geld beisteuert als der andere.

→ **Bewusster Konsum:** Dein*e Partner*in setzt Geld bewusst für Dinge ein, die ihm*ihr wichtig sind, statt es impulsiv zu „verbrennen".

Hier kannst du weitere Green Flags ergänzen:

! Red Flags:
Hier sollten bei dir alle Alarmglocken schrillen. Diese Verhaltensweisen weisen oft auf tiefere Probleme oder ungesunde Muster hin:

→ **Schweigen:** Dein*e Partner*in blockt jedes Gespräch über Geld ab („Das ist Privatsache", „Das ist unromantisch").
→ **Das Machtinstrument:** Geld wird als Druckmittel genutzt. Der Klassiker: *„Ich zahle, also bestimme ich, wohin es in den Urlaub geht."*
→ **Financial Infidelity (Finanzielle Untreue):** Er*Sie hat geheime Konten, verschweigt Schulden oder tätigt große Ausgaben hinter deinem Rücken. Das zerstört Vertrauen genauso wie ein Seitensprung.
→ **Werte-Crash ohne Kompromiss:** Ihr seid völlig unterschiedlich (Sparen für die Sicherheit vs. Prassen für den Status) – und dein*e Partner*in ist nicht bereit, einen Mittelweg zu finden, sondern belächelt dein Bedürfnis.
→ **Die Goldener-Käfig-Falle:** Sätze wie *„Du musst doch nicht arbeiten, ich verdiene doch genug"* klingen erst mal nett, sind aber brandgefährlich für deine finanzielle Unabhängigkeit.

Hier kannst du weitere Red Flags ergänzen:

____

____

Der „Ex-Files"-Check
Manchmal lernt man am besten aus der Vergangenheit. Schau dir deine letzte Beziehung an:

→ Welche Red Flag hast du damals ignoriert?
→ Welche Green Flag hatte er*sie, die du vermisst?

6.2 ZUSAMMENZIEHEN: WER ZAHLT EIGENTLICH WAS?

In meinen vergangenen Beziehungen war es für mich völlig selbstverständlich: Zusammenziehen heißt 50/50. Wir haben die Miete einfach durch zwei geteilt. Heute frage ich mich: War das wirklich fair? Ehrlich gesagt: Ich weiß es gar nicht. Weil wir nie offen darüber gesprochen haben, wer eigentlich wie viel verdient, tappten wir vielleicht in die Falle der Scheingerechtigkeit. Denn wenn einer deutlich weniger verdient, sind 50 % der Miete für ihn eine riesige Belastung, während der andere es kaum im Portemonnaie spürt. Vielleicht wäre es also fairer gewesen, wenn ich nur 40 % oder doch eher 60 % gezahlt hätte?

Mehr als nur Quadratmeter

Gerade in Großstädten ist die Miete meist der größte Ausgabenblock. Deshalb solltet ihr euch *vor* der Wohnungssuche hinsetzen und Tacheles reden. Denn oft verhandelt ihr dabei nicht nur über Zimmer, sondern über euren kompletten **Lebensstil.**

Ich habe das bei Bekannten hautnah miterlebt:

- → **Sie** wollte unbedingt eine große, helle Wohnung mit einem Extrazimmer als Rückzugsort.
- → **Er** wollte lieber eine kleine, günstige Bude, die wenig Arbeit macht, damit noch genug Geld für Fernreisen übrig bleibt.

Es war kein böser Streit, aber eine hitzige Diskussion. Denn hier prallten Werte aufeinander: „Schöner Wohnen“ vs. „Freiheit und Reisen“.

Die Lösung: Fairness statt Gleichheit

Wie ging die Geschichte aus? Es gab ein Happy End – und zwar mit Taschenrechner. Sie haben sich für die größere Wohnung entschieden (ihr Wunsch). Aber sie zahlt dafür auch einen höheren Anteil der Miete. Nicht nur, weil sie mehr verdient, sondern weil sie nicht wollte, dass er ihren hohen Anspruch an Wohnraum quersubventioniert.

WORKBOOK: DER FAIRNESS-CHECK

Schaut euch das Rechenbeispiel an. Annahme: Miete = 1.000 €.
A verdient 3.000 €, B verdient 1.500 €.

Modell	Wer zahlt was?	Was bleibt jedem zum Leben?	Fair?
Modell 1: 50/50	A: 500 € B: 500 €	A: 2.500 € (reich!) B: 1.000 € (knapp!)	Nein. Person B trägt die viel größere Last.
Modell 2: proportional (nach Gehalt)	A: 666 € (2/3) B: 333 € (1/3)	A: 2.334 € B: 1.167 €	Ja. Beide zahlen prozentual gleich viel ihres Einkommens.

Aufgabe: Setzt eure eigenen Gehälter ein. Wie müsste die Miete verteilt sein, damit es jedem „gleich wenig wehtut"?

Mein Anteil in %: ____________ Sein*Ihr Anteil in %: ____________

Fünf Finanzfehler, die ihr beim Zusammenziehen vermeiden solltet

Zusammenziehen ist aufregend! Aber damit daraus keine angespannte Situation wird, solltet ihr diese fünf klassischen Finanzfallen vermeiden:

1. Kein Budget festzulegen

Verliebt euch nicht in eine Wohnung, bevor ihr wisst, ob ihr sie euch leisten könnt. **Faustregel:** Die Warmmiete sollte nicht mehr als 30 % eures gemeinsamen monatlichen Nettoeinkommens ausmachen. Legt diese Obergrenze fest, *bevor* ihr auf Wohnungssuche geht.

2. Bei der Miete stur an 50/50 zu denken
Wir haben es eben besprochen: Bei großen Gehaltsunterschieden ist halbe-halbe oft unfair.
Die bessere Lösung: Jeder steuert prozentual gleich viel bei (z. B. 30 % seines jeweiligen Nettoeinkommens).
Beispiel: A verdient 2.500 € (zahlt 750 € Miete). B verdient 1.500 € (zahlt 450 € Miete). So bleibt beiden Luft zum Atmen.

3. Kein Budget für Einrichtungskosten einzuplanen
Kaution, Makler, Umzugswagen, Farbe, neue Küche ... das läppert sich! Klärt vorab: Wie viel Budget haben wir für Möbel? Wollen wir alles neu kaufen, oder nutzen wir, was da ist? Teilen wir die Kosten für das Sofa, oder kauft es einer allein?

4. Keine Absprachen über Ausgaben zu treffen
Wer zahlt eigentlich Strom? Internet? Netflix? Den Wocheneinkauf?
Mein Tipp: Richtet euch ein **Gemeinschaftskonto** ein.
Jeder überweist monatlich seinen Anteil (Miete, Nebenkosten, Internet etc.) per Dauerauftrag dorthin. Davon gehen alle gemeinsamen laufenden Kosten ab.

5. Sich finanziell abhängig zu machen
Zusammenziehen bedeutet nicht, dass ihr zu einer Person verschmelzen müsst. Behaltet jeweils eure eigenen Sparziele, euer eigenes Vermögen und die eigenen Absicherungen im Auge.

Der Streit um den Sessel
Ähnliche Diskussionen wie bei der Miete entstehen auch oft beim Thema Einrichtung. Wer bezahlt große Möbelstücke wie Couch, Bett, Küche, Kleiderschrank oder Waschmaschine? Hier prallen Welten aufeinander: Von „Lieber einmal teuer kaufen, und es hält 20 Jahre“ bis zu „Nein, wir müssen sparen, der alte Sessel von Opa reicht noch!“ ergeben sich schnell Differenzen. Wenn ihr diese Erwartungen nicht klärt, sitzt ihr zwar in einer gemeinsamen Wohnung, aber mit ziemlich schlechter Laune.

Meine Tipps für einen stressfreien Einzug:

- **Das Limit:** Legt vorher ein gemeinsames Budget fest (z. B. „Wir geben max. 5.000 € für neue Möbel aus").
- **Fairness:** Wendet auch hier bei großen Anschaffungen den prozentualen Schlüssel an, wenn einer viel mehr verdient.
- **Wem gehört was?** Trennt gemeinsames und privates Eigentum! Legt fest: „Die Waschmaschine bezahle ich (gehört mir), das Sofa bezahlen wir zusammen (gehört uns beiden)." Das klingt unromantisch, hat aber einen riesigen Vorteil: Sollte es zur Trennung kommen, sind die Besitzverhältnisse klar, und ihr müsst euch nicht auch noch um den Fernseher streiten.

6.3 GELD ALS TRENNUNGSGRUND? WIE IHR ES BESSER MACHT!

Was viele nicht wissen: **Finanzielle Probleme sind einer der Hauptgründe für Trennungen.** Wer vor dem Zusammenziehen oder der Hochzeit nicht über Geld spricht, kann später böse Überraschungen erleben. Viele Partnerschaften zerbrechen an Konflikten aufgrund einer anderen Einstellung zu Geld. Besonders häufig dann, wenn einer von beiden die Ausgaben des anderen für „unnötig" hält.
Umfragen zeigen:

- **36 %** der Paare in Deutschland streiten sich wegen verzichtbarer Geldausgaben.[16]
- **26 %** der Paare streiten sich grundsätzlich wegen des Geldes. Damit ist das Thema dritthäufigster Streitpunkt innerhalb von Beziehungen.[17]
- **12 %** der Paare trennen sich wegen des Geldes.[18]

Wie ihr das vermeidet: Die finanzielle Intimität
Die Lösung ist eigentlich simpel, aber unromantisch: radikale Ehrlichkeit. Ihr müsst nicht alles teilen (ich bin ein großer Fan von getrennten Konten), aber Transparenz ist wichtig.

1. DER „KEINE GEHEIMNISSE"-PAKT

Gibt es etwas Finanzielles, das dein Partner nicht über dich weiß? Kreuze an, ob diese Sätze auf dich zutreffen (und sei ehrlich zu dir selbst!):

- ◯ Ich habe schon mal einen Einkauf vor meinem Partner versteckt oder den Preis heruntergespielt („War im Sale!")
- ◯ Ich habe Schulden oder finanzielle Verpflichtungen, von denen mein Partner nichts weiß.
- ◯ Ich habe ein geheimes Konto, von dem er*sie keine Ahnung hat.
- ◯ Ich fühle mich unwohl/schuldig, wenn ich Geld für mich ausgebe.

Reflexion: Wenn du hier Kreuze gemacht hast: Warum? Hast du Angst vor Streit? Schämst du dich?

2. DER UNABHÄNGIGKEITS-CHECK (GEGEN DIE MACHT-FALLE)

Damit keine Abhängigkeit entsteht, die später zur Trennung führt, prüft eure Augenhöhe. Frage dich:

„Könnte ich mich morgen trennen, ohne in finanzielle Not zu geraten?"

- ◯ Ja, ich habe meinen eigenen Notgroschen.
- ◯ Nein, ich bin auf sein*ihr Einkommen angewiesen.

„Habe ich das Gefühl, bei Ausgaben um Erlaubnis fragen zu müssen?"

- ◯ Ja, oft.
- ◯ Nein, ich entscheide frei über mein Budget.

To-do: Wenn du bei Frage 1 „Nein“ angekreuzt hast, dann solltest du dir unbedingt einen „Notgroschen“ aufbauen. Denn wenn du in deiner Beziehung nicht mehr glücklich bist und über eine Trennung nachdenkst, ist es wichtig, dass du gehen kannst, weil du finanziell unabhängig bist.

6.4 MONEY DATES: ROMANTIK TRIFFT RENDITE

Wenn ich Vorträge über „Female Finance“ halte, erzähle ich immer, dass ich ein großer Fan von richtigen „Money Dates“ bin. Mein Credo: Geld-Talks gehören nicht ins neonbeleuchtete Büro, sondern ins Kerzenlicht! Ich spreche das Thema beim Dating inzwischen sehr früh an, aber eben in einem Setting, das Spaß macht. Ich buche einen Tisch beim Italiener, bestelle eine gute Flasche Wein oder mache es uns zu Hause mit Pizza so richtig gemütlich.

Es hat etwas wahnsinnig Ermächtigendes und Selbstbewusstes, wenn du als Frau sagst: „Hey, lass uns heute Abend mal Zeit nehmen, um über unsere Träume und Finanzen zu quatschen.“

Natürlich kann es am Anfang komisch sein, die Hosen (finanziell) runterzulassen. Mein Tipp, damit das Gespräch nicht stockt: Fangt nicht mit den harten Zahlen an! Arbeitet euch lieber chronologisch vor. Das ist viel emotionaler und weniger konfrontativ.

WORKBOOK: SIEBEN FRAGEN FÜR DEIN MONEY DATE

1. **In welchen finanziellen Verhältnissen bist du aufgewachsen?** (War Geld knapp? Ein Streitthema? Oder im Überfluss da? Wie war das mit dem Taschengeld?)
2. **Wie würdest du deinen eigenen Umgang mit Geld beschreiben?** (Bist du der Sicherheits-Typ, oder gibst du es gerne mit vollen Händen aus?)
3. **Welchen teuren Wunsch würdest du dir gern eines Tages erfüllen?** (Ein Sabbatical? Einen Oldtimer? Ein Haus im Grünen? Eine Weltreise?)
4. **Was verdienst du eigentlich?** (Die nackte Zahl. Ohne Bewertung.)
5. **Wie wollen wir in unserer Beziehung mit Geld umgehen?** (Gemeinsames Konto? Getrennte Kassen? Ein 3-Konten-Modell?)
6. **Welche finanziellen Ziele haben wir in unserer Beziehung?** (Wollen wir Vermögen aufbauen? Wollen wir viel reisen? Ist Wohneigentum ein Thema für uns?)
7. **Was fühlt sich für uns fair an?** (Heißt fair 50/50? Oder zahlt derjenige mehr, der mehr verdient? Wie gleichen wir Care-Arbeit aus?)

Warum dein Gehalt als Frau politisch ist (und keine Privatsache)

Am Anfang fühlt es sich total „nackt“ an, eine Zahl auf den Tisch zu legen, die so viel über den eigenen Wert auszusagen scheint. Ich habe persönlich kein Problem damit, wenn mein Partner mehr verdient. Aber ich weiß auch: Einige Männer kämpfen mit ihrem Ego, wenn sie *nicht* der Hauptverdiener sind.

Gleichzeitig müssen wir uns eines eingestehen: Dass ich weniger verdiene als viele Männer, liegt oft gar nicht nur an meiner Leistung. Es liegt schlicht daran, dass ich eine Frau bin. Das Gehalt ist nämlich nicht einfach nur eine Summe auf dem Kontoauszug, sondern eine politische Kennzahl, Stichwort: Gender-Pay-Gap. Und weil Frauen in Deutschland statistisch gesehen immer noch 16 % weniger als Männer verdienen,[19] droht am Ende der Gender-Pension-Gap – Frauen bekommen im Durchschnitt 50 % weniger Rente als Männer. Auf das ganze Leben gerechnet, fehlt uns also die Hälfte! Das ist das wichtigste Argument dafür, warum wir in Beziehungen über Geld und Fairness sprechen *müssen.*

6.5 WELCHES KONTOMODELL PASST ZU EUCH?

Spätestens wenn der gemeinsame Mietvertrag unterschrieben ist, steht die Frage im Raum: **Werfen wir jetzt auch unser ganzes Geld zusammen?** Meine klare Antwort: **Nein!** Ich hatte das ja schon bei den 5 Finanzfehlern erwähnt, die beim Zusammenziehen typischerweise immer wieder auftauchen: Ich würde immer ein drittes, also zusätzliches Gemeinschaftskonto eröffnen und niemals einfach alle Konten zusammenlegen. Aber natürlich müsst ihr den Weg finden, der zu euch passt.

Hier ist der Überblick über die drei gängigsten Modelle – und mein Favorit.

Warum ihr überhaupt ein gemeinsames Konto braucht

Ganz pragmatisch: Das richtige Kontomodell nimmt euch Arbeit ab und automatisiert Abläufe und Überweisungen, damit ihr damit weniger zu tun habt. Bei gemeinsamen Konten ist es wichtig, dass immer beide Zugang und Zugriff haben. Der Worst Case muss ja gar nicht die Trennung sein, sondern einfach der Fall, wenn eine oder einer von euch im Krankenhaus liegt, operiert wird und auf einmal niemand mehr Zugriff auf das Konto hat.

Modell 1: Ein gemeinsames Konto

Ihr richtet ein neues Konto ein, eure beiden Konten werden aufgelöst und übertragen. Damit geht euer beider Einkommen auf dieses Konto. Alle Ausgaben, von Miete bis Shopping, werden von diesem Konto bezahlt.

Vorteil: Maximale Einfachheit. Alles gehört beiden gemeinsam, man hat alles im Blick. Easy Budgetplanung, keine ständigen Überweisungen zwischen den Partnern.
Nachteil: Kaum finanzielle Eigenständigkeit. Wenn es um gemeinsames Geld geht, ist Transparenz eine echte Green Flag. Dauerhafte Komplett-Offenlegung kann jedoch auch Druck erzeugen: Jede Ausgabe wird sichtbar, kommentierbar und potenziell bewertbar. Ein gemeinsames Konto für alles bedeutet, dass selbst sehr persönliche Ausgaben – vom Friseurbesuch bis zum Geschenk für Freundinnen – automatisch zur gemeinsamen Angelegenheit werden. Ein gewisses Maß an finan-

zieller Eigenständigkeit kann für viele Paare entlastend sein. Nicht, weil man etwas verbergen möchte, sondern weil Autonomie und Privatsphäre Teil einer gesunden Beziehung sind. Wenn ihr trotzdem offen über eure Ausgaben sprecht: umso besser – dann ist es eine bewusste Entscheidung und keine Dauer-Transparenz.
Konfliktpotenzial: Wenn einer spart und der andere shoppt, gibt es sofort Diskussionen, weil es sich anfühlt, als würde er*sie das gemeinsame Geld ausgeben.

Modell 2: Jeder behält sein Konto
Ihr lasst alles, wie es ist. Jeder zahlt seine Dinge. Einer überweist die Miete, der andere überweist ihm die Hälfte zurück. Im Supermarkt wird abgewechselt.

Vorteil: Maximale Unabhängigkeit, Kontrolle über dein Geld. Niemand sieht deine Ausgaben.
Nachteil: Das organisatorische Chaos. Am Ende des Monats müssen Ausgaben verglichen, aufgerechnet und ausgeglichen werden, es ist also ein ständiges Hin und Her der Überweisungen.
Konfliktpotenzial: Weniger Transparenz bei gemeinsamen Ausgaben („Ich hab doch letztes Mal schon den Einkauf bezahlt!"), Gefahr von Missverständnissen.

Modell 3: Das „3-Konten-Modell"
Mein Favorit! Ihr behaltet eure privaten Konten. Zusätzlich eröffnet ihr ein Gemeinschaftskonto für alles, was euch *beide* betrifft (Miete, Strom, Essen, Urlaub). Jeder überweist monatlich seinen Anteil (fair berechnet, siehe Kapitel 6.2) per Dauerauftrag dorthin. Was auf deinem privaten Konto bleibt, gehört dir allein.

Vorteil: Balance. Kombination aus Unabhängigkeit und fairer Teilung der gemeinsamen Kosten. Transparenz bei Haushaltskosten und gleichzeitiger Schutz der Privatsphäre.
Nachteil: Zusätzliche Organisation notwendig, wie regelmäßige Überweisungen aufs Gemeinschaftskonto. *(Tipp: Richtet Daueraufträge ein.)*
Konfliktpotenzial: Diskussionen möglich, wenn einer weniger einzahlt oder andere Prioritäten hat.

CHECKLISTE ZUR EINRICHTUNG

Damit nichts vergessen wird (Beispiel für das 3-Konten-Modell):

- **Bank auswählen:** Sucht eine Bank, die günstige (oder kostenlose) Partnerkonten anbietet. (Achtung: Beide müssen Kontoinhaber sein.)
- **Karten bestellen:** Jeder braucht eine eigene Karte für den Zugriff auf das Konto. Je nach Bank ist das eine Girocard oder eine Debitkarte (z. B. von Visa oder Mastercard).
- **Lastschriften umstellen:** Informiert Vermieter, Stadtwerke und Internetanbieter über die neue IBAN.
- **Daueraufträge starten:** Richtet die automatische Überweisung von euren Privatkonten ein (am besten 2 Tage, bevor die Miete abgeht).

Mit einem Tagesgeldkonto in die gemeinsame Zukunft investieren

Gerade wenn ihr eine gemeinsame Zukunft plant, finde ich es schön, auch gemeinsam dafür zu sparen. Damit meine ich nicht das Haus mit Garten (zu Immobilien und Altersvorsorge kommen wir noch), sondern die mittelfristigen Ziele wie die Traumhochzeit, das Sabbatical oder der Bulli für den Roadtrip. Wichtig ist: Lasst dieses Geld nicht auf eurem normalen Girokonto liegen. Die Gefahr ist zu groß, dass es im „Grundrauschen“ des Alltags einfach ausgegeben wird. Eröffnet dafür ein eigenes **Tagesgeldkonto.** Darauf gibt es aktuell auch wieder Zinsen.

Entweder ihr überweist wieder beide jeden Monat einen fixen, an euer jeweiliges Einkommen angepassten Betrag auf dieses Konto – oder ihr nutzt diese Situation, um mal wieder konkreter über Geld zu sprechen: Wohin soll der nächste Urlaub eigentlich gehen, und wie viel darf er kosten? Wollt ihr euch zusammen eine teurere Reise gönnen und dafür etwas mehr sparen? Oder reicht ein kurzer Urlaub in der Nähe, weil es dieses Jahr andere Pläne gibt?

Je konkreter ihr darüber sprecht, desto realer wird euer Ziel. Wenn ihr festlegt, wann ihr losfahren wollt, wie viel Geld ihr dafür braucht und wie ihr dieses Geld sparen wollt, dann seid ihr schon mit einem Fuß im Flieger. Bleibt es ein unkonkreter Traum, bleibt ihr wahrscheinlich einfach zu Hause auf dem Sofa sitzen.

6.6 NEXT LEVEL: WIR HEIRATEN! (OHNE SCHULDENFALLE)

Sollte ich noch mal heiraten (man weiß ja nie!), würde ich es dieses Mal ganz klein halten. Keine zehn Personen oder vielleicht sogar nur wir beide. Aber die Realität sieht bei den meisten Paaren anders aus. Zahlen zeigen: Eine Hochzeit mit 60 Gästen kostet in Deutschland schnell mal 15.000 Euro – Tendenz steigend. Damit ist der „schönste Tag des Lebens" oft auch die teuerste Party des Lebens.[20]

Der Instagram-Effekt

Wer kann es uns verübeln? Auf Social Media sind wir live bei den glamourösesten und größten Hochzeiten der Welt dabei. Und oft auch bei so absurd teuren wie der von Amazon-Gründer Jeff Bezos und Lauren Sánchez. Die geschätzten Kosten: angeblich rund **50 Millionen Dollar.** Das setzt uns unterbewusst unter Druck. Hochzeiten werden oft zum Statussymbol: Die Torte muss dreistöckig sein, das Kleid vom Designer, die Location ein Schloss. Aber Vorsicht: Lasst euch nicht blenden. Eine teure Hochzeit ist keine Garantie für eine glückliche Ehe.

Die goldene Regel: Startet nicht im Minus!

Wenn man es nüchtern betrachtet, müssten viele Paare einen Kredit aufnehmen, um diesen Instagram-Traum zu finanzieren. Hier ist mein Rat: **Tut es nicht!** Ein Hochzeitskredit gehört ganz klassisch zu den „schlechten" Konsumschulden (S. 64). Es ist Geld, das direkt „verfeiert" wird. Startet eure Ehe bitte nicht mit einem Schuldenberg. Ihr wollt doch nicht drei Jahre später noch die Torte abbezahlen, die längst gegessen ist, oder? Euer Start ins Eheleben sollte sich leicht und sicher anfühlen, nicht belastet.

Wie plant man also finanziell schlau? Je früher ihr anfangt, desto besser. Und mein bester Tipp: Trennt am Anfang die Emotionen vom Geld.

1. **Die Vision:** Setzt euch zusammen (ohne Budget-Tabelle!) und träumt. Was ist euch *emotional* am wichtigsten?
   - Ist es die wilde Party mit allen Freunden bis zum Morgengrauen? (Priorität: DJ & Getränke)
   - Ist es das intime, exklusive Dinner? (Priorität: Essen & Location)
   - Ist es die Erinnerung für die Ewigkeit? (Priorität: Fotograf/Video)
2. **Das Budget:** Wenn ihr wisst, was eure Must-haves sind, legt ihr das Budget fest. Habt ihr das Geld schon? Unterstützen euch die Eltern?
3. **Der Puffer:** Sobald ihr eine Zahl habt (z. B. 10.000 Euro), schlagt **mindestens 10 bis 15 % Puffer** drauf. Glaubt mir: Es wird *immer* teurer, als man plant (die Servietten, die Änderungen am Kleid, das Trinkgeld ...).

WORKBOOK: DER PRIORITÄTEN-CHECK (MUST-HAVE VS. NICE-TO-HAVE)

Ihr könnt nicht überall „Premium" buchen (außer ihr seid Jeff Bezos). Wo setzt ihr den Fokus? Verteilt folgende Punkte: 3 Punkte = superwichtig (hier sparen wir nicht). 2 Punkte = wichtig, aber muss nicht High End sein. 1 Punkt = eigentlich egal, hier sparen wir.

Kategorie	Punkte A	Punkte B	Ergebnis
Location			
Essen & Trinken			
Musik/Party			
Kleidung/Ringc			
Fotos/Video			
Deko/Blumen			
Gästeanzahl			

Erkenntnis: Wenn ihr beide bei „Musik" 3 Punkte habt, bucht den teuren DJ und spart dafür zum Beispiel bei der Deko!

6.7 MARRIAGE EARNINGS GAP: WAS FRAUEN EINE HOCHZEIT WIRKLICH KOSTET

Weil wir eben über die Kosten einer Hochzeit gesprochen haben: Es gibt dabei noch eine ganz andere Rechnung, die allerdings vor allem Frauen allein betrifft. Sie verdienen laut einer Studie des ifo-Instituts und der Universität Oslo nach der Hochzeit im Schnitt 20 % weniger. Das gilt selbst dann, wenn das Paar keine Kinder bekommt.[21] Dieses Phänomen wird als „Marriage Earnings Gap" bezeichnet.

Warum macht uns der Trauschein ärmer?

Viele traditionelle Rollenbilder wirken, wie wir gesehen haben, bis heute nach. In zahlreichen Partnerschaften übernehmen Frauen weiterhin den größeren Teil der Hausarbeit und der unbezahlten Care-Arbeit. Dadurch bleibt weniger Zeit für eine Vollanstellung, Karrierechancen oder eine Beförderung. Viele Frauen wechseln in Teilzeit oder pausieren ihren Job, was langfristig finanzielle Folgen hat.

Romantik ist schön, Realismus ist besser

Es ist natürlich völlig okay, sich bewusst dafür zu entscheiden, mehr Zeit zu Hause zu verbringen. Wichtig ist jedoch, die finanziellen Konsequenzen zu kennen und als Paar offen darüber zu sprechen. Besonders mit Blick auf die Altersvorsorge oder eine mögliche Trennung ist es sinnvoll, frühzeitig vorzusorgen. Zum Beispiel über klare Regelungen im Ehevertrag (dazu kommen wir gleich).

Denn wenn du beruflich zurücksteckst, hat das langfristige finanzielle Folgen:

1. Weniger eigenes Einkommen heute.
2. Weniger Rentenpunkte für später.
3. Im Falle einer Trennung stehst du schlechter da.

Mein Rat: Wenn ihr heiratet, besprecht auch die Arbeitsteilung. Und wenn ihr euch dafür entscheidet, dass du beruflich kürzertrittst, dann muss das ausgeglichen werden – wie, das erfährst du direkt in den nächsten Abschnitten. Aber zuvor habe ich noch einen kleinen Check für dich.

WORKBOOK: DER „INVISIBLE LOAD"-CHECK

Wie sieht es bei euch zu Hause *wirklich* aus? Wer macht eigentlich was? Hake ehrlich ab, wer die Hauptverantwortung trägt (nicht, wer „hilft", sondern wer dran denkt!).

Aufgabe	Partner*in 1	Partner*in 2	Geteilt
Wäsche waschen & bügeln	○	○	○
Putzen (oder Putzhilfe organisieren)	○	○	○
Kochen & Einkaufsliste schreiben	○	○	○
Geschenke für Familie/ Freunde besorgen	○	○	○
Termine koordinieren (Arzt, Handwerker)	○	○	○
Summe der Kreuze:	______	______	______

Erkenntnis: Wenn fast alle Kreuze bei dir stehen, arbeitest du wahrscheinlich schon im „unbezahlten Zweitjob" – und das erklärt vielleicht, warum dir die Energie für den Gehaltssprung im Erstjob fehlt.

6.8 EHEVERTRAG? BRAUCHE ICH NICHT. ODER DOCH?

Ich hatte keinen Ehevertrag. Damals dachte ich: *„Wozu auch? Wir lieben uns doch."* Wir haben uns vertraut. Ein gemeinsames Leben aufgebaut. Und ehrlich gesagt: Das Wort „Vertrag" hat für mich so gar nicht zum Wort „Liebe" gepasst.
Zum Glück haben wir später einen für uns sehr liebe- und respektvollen Weg gefunden, uns scheiden zu lassen – ohne Streit und ohne dass jemand finanziell auf Kosten des anderen leben wollte. Aber so einfach ist es nicht immer, und deshalb sollte man sich nicht darauf verlassen.

Du hast IMMER einen Vertrag

Hier ist der Augenöffner: **Jede Ehe ist ein Vertrag.** In dem Moment, in dem ihr „Ja" sagt, unterschreibt ihr automatisch die „Allgemeinen Geschäftsbedingungen" (AGB) des Staates. Wenn ihr nichts anderes regelt, landet ihr im gesetzlichen Standardmodell: der **Zugewinngemeinschaft.**

Das bedeutet vereinfacht:

1. Alles, was du *vor* der Ehe hattest, bleibt deins.
2. Alles, was *während* der Ehe dazukommt (der „Zugewinn"), gehört bei Scheidung beiden zur Hälfte.
3. Bei einer Scheidung wird geschaut: Wer hat mehr dazuverdient? Derjenige muss dem anderen die Hälfte der Differenz ausgleichen.

Klingt fair, oder? Ist es auch oft. Aber eben nicht immer – je nachdem, wer was eingebracht oder aufgebaut hat. Denn dafür gibt es die Variante der „Gütertrennung".

Gütertrennung bedeutet, dass das Vermögen von euch vollständig getrennt bleibt – jede Person behält

- → ihr eigenes Einkommen,
- → ihr eigenes Vermögen,
- → und trägt auch ihre eigenen Schulden.

Lasst ihr euch scheiden, findet also kein Zugewinnausgleich statt. Auch das kann fair sein. Bloß: Wenn eine Person während der Ehe mehr Care-Arbeit übernimmt und so weniger verdient oder ganz pausiert, hat sie natürlich weniger Geld eingenommen und kaum Vermögen aufgebaut. Deshalb kann die Gütertrennung in klassischen Rollenverteilungen finanzielle Ungleichheiten verschärfen, statt sie auszugleichen.

Wenn du jetzt denkst, dass für euch diese Variante besser passt: Achtung: Gütertrennung gilt nur mit Ehevertrag.

Euer Baukasten für die Liebe

Lass uns mit dem größten Vorurteil aufräumen: Ein Ehevertrag ist kein Misstrauensbeweis. Er ist das genaue Gegenteil. Er bedeutet **Verantwortung.** Er sagt: *„Ich liebe dich so sehr, dass ich dich selbst im schlimmsten Fall absichern möchte."*

Die Fakten-Checkliste

Hier sind die wichtigsten Punkte, die viele Paare nicht kennen:

1. **Der Zeitpunkt (Es ist nie zu spät!):** Ihr müsst das nicht zwingend *vor* der Hochzeit machen. Ein Ehevertrag kann jederzeit geschlossen werden – direkt nach den Flitterwochen oder auch erst nach zehn Jahren, wenn sich eure Situation ändert (z. B. Gründung einer Firma).
2. **Die Form (ohne Notar*in geht nichts):** Einen Ehevertrag könnt ihr nicht am Küchentisch auf einem Bierdeckel schließen. Er wird erst gültig, wenn er **notariell beurkundet** ist. Notar*innen prüfen, ob die Regelungen fair und rechtens sind (sittenwidrige Verträge, die einen Partner extrem benachteiligen, sind nämlich ungültig).
3. **Die Kosten (günstiger als der Rosenkrieg):** Ja, die notarielle Beglaubigung kostet Geld. Die Gebühr hängt von eurem **„Geschäftswert"** ab (also eurem Vermögen und den Schulden). Meistens sind es ein paar Hundert bis ein paar Tausend Euro. *Klingt viel?* Vergleiche es mal mit den Kosten einer Scheidungsschlammschlacht vor Gericht. Dagegen ist der Vertrag ein echtes Schnäppchen.

Kein Standard

Denk an den Ehevertrag nicht als Fessel, sondern als **Baukasten.** Der „Standardvertrag" vom Staat (Zugewinngemeinschaft) ist ein Fertighaus. Mit einem Ehevertrag werdet ihr zu Architekten und baut euer eigenes Haus.

Ihr könnt darin fast alles individuell regeln:

- → **Der Zugewinn:** Soll er ganz ausgeschlossen werden (Gütertrennung) oder nur für bestimmte Dinge (z. B. die Firma bleibt außen vor)?
- → **Der Unterhalt:** Wollt ihr nachehelichen Unterhalt ausschließen oder festlegen?
- → **Die Immobilien:** Was passiert mit dem gemeinsamen Haus?
- → **Die Kinder:** Welche finanzielle Absicherung braucht der Nachwuchs?
- → **Die Tiere:** Wer bekommt den Hund? (Ja, auch das Sorgerecht für Haustiere kann man regeln!).

Ihr kreiert darin eure ganz eigenen Regeln, die zu eurem Leben passen.

Plan B: Die Scheidungsfolgenvereinbarung

Vielleicht bist du schon an einem ganz anderen Punkt, und ihr habt euch bereits getrennt. Und jetzt steht die Scheidung an, und dir wird klar: „Mist, ich habe keinen Ehevertrag. Ist es jetzt zu spät?“ Die beruhigende Antwort lautet: **Nein, ist es nicht.**

Die Scheidungsfolgenvereinbarung ist ein Vertrag, den ihr *nach* der Trennung, aber *vor* dem rechtskräftigen Scheidungsurteil notariell begleitet aufsetzt. Darin regelt ihr einvernehmlich all die Dinge, über die sich andere Paare jahrelang vor Gericht streiten:

- → Wer behält die Immobilie (oder wird sie verkauft)?
- → Wie teilen wir den Hausrat auf?
- → Wer zahlt wem wie viel Unterhalt?
- → Was passiert mit den Rentenansprüchen (Versorgungsausgleich)?

Warum du das willst (auch wenn du wütend bist)

Ich weiß, in der Trennungsphase ist man verletzt, enttäuscht oder wütend. Trotzdem lohnt es sich, sich mit einer Scheidungsfolgenvereinbarung auseinanderzusetzen:

1. Sie kann massiv Geld sparen: Ein Streit vor Gericht treibt Anwalts- und Gerichtskosten oft in schwindelerregende Höhen. Eine einvernehmliche Regelung im Notariatsbüro ist in der Regel deutlich günstiger.
2. Sie bringt euch Selbstbestimmung: Ihr bestimmt die Regeln und überlasst euer Leben nicht einem*einer fremden Richter*in.
3. Sie ist würdevoller: Vielleicht ist es der letzte Dienst, den man einer vergangenen Liebe erweisen kann.

6.9 OWN YOUR SCHEIDUNG: SICH RICHTIG TRENNEN, AUCH FINANZIELL

Statistisch gesehen wird in Deutschland jede dritte Ehe geschieden. Bei unverheirateten Paaren ist die Trennungsrate noch höher. Das klingt unromantisch, ist aber die Realität. Wir schließen Versicherungen für das Auto und das Handy ab, aber für den Fall, der unser Leben am meisten auf den Kopf stellt – das Beziehungs-Aus – sorgen wir oft nicht vor.
Dieses Kapitel soll dir keine Angst machen. Es soll dir Sicherheit geben. Denn wenn du weißt, dass du im „Worst Case" finanziell auf eigenen Beinen stehen kannst, kannst du in der Beziehung viel freier lieben – weil du willst, nicht weil du musst.
Ich weiß aus meiner eigenen Erfahrung, wie verdammt weh das Ende einer langen Beziehung tut. Es zieht einem den Boden unter den Füßen weg. Du funktionierst nur noch, der Alltag fühlt sich grau an, und du fragst dich, wie es weitergehen soll. Und ich wünsche niemandem, dass man sich in dieser emotionalen Zeit auch noch Sorgen ums Geld machen muss.
Sätze wie „Es wird schon fair laufen" oder „Wir werden uns sicher einig" können dabei gefährlich sein. Wenn Liebe in Wut oder Enttäuschung umschlägt, ist Fairness oft das Erste, was über Bord geht.

Aber: **Das Leben geht auch nach einer Trennung weiter.** So schlimm, wie es sich gerade anfühlt, wird es nicht bleiben. Es wird wieder besser. Ich habe selbst eine Scheidung hinter mir. Und ich habe mir damals immer gewünscht, dass mir jemand nicht nur Taschentücher reicht, sondern mich finanziell darauf vorbereitet, was da auf mich zurollt. Denn der emotionale Schmerz ist das eine – die Rechnung der Anwaltskanzlei das andere.

Schritt 1: Das Trennungsjahr (Tisch und Bett)

In Deutschland kannst du dich (in der Regel) nicht sofort scheiden lassen. Die erste Voraussetzung ist das **Trennungsjahr.** Ihr müsst mindestens ein Jahr getrennt leben – „von Tisch und Bett", wie es im Juristendeutsch heißt.

→ Das bedeutet: getrenntes Schlafen, getrenntes Wirtschaften
→ Das geht auch innerhalb derselben Wohnung, ist aber beweisintensiver.

Schritt 2: Der Irrtum von der „kostenlosen Scheidung"

Als ich damals nachts gegoogelt habe, stieß ich oft auf den Begriff „kostenlose Scheidung" oder „Online-Scheidung zum Schnäppchenpreis". Lass dir gesagt sein: Das ist Quatsch. Eine Scheidung ist nie kostenlos. Sie läuft in Deutschland zwingend über das Familiengericht, und dabei herrscht **Anwaltszwang.** Zumindest einer von euch *muss* eine*n Anwält*in beauftragen, um den Antrag zu stellen. Ohne Anwält*innen keine Scheidung.

Schritt 3: Die Kosten-Rechnung (Der Verfahrenswert)

„Was kostet eine Scheidung?" ist wie die Frage: „Was kostet ein Auto?". Es kommt darauf an. Das Gericht und die Anwälte werden nicht nach Stunden bezahlt, sondern nach dem sogenannten **Verfahrenswert.** Das Gericht schaut sich eure finanzielle Situation an und legt nach gesetzlichen Vorgaben eine Summe fest. In diesen Topf kommen:

- → Der Durchschnitt beider Nettogehälter (mal 3) inkl. Kinder-, Elterngeld usw.
- → Ein Teil eures Vermögens, in der Regel 5 % (Immobilien, Aktien etc., abzüglich Freibeträge).
- → Anzahl der Kinder (senkt den Wert).
- → Versorgungsausgleich (Rentenpunkte).

Aus dieser fiktiven Summe (dem Verfahrenswert) berechnen sich dann die Gebühren für Gericht und Anwalt.

Faustregel: Je mehr ihr besitzt und je mehr ihr verdient, desto teurer wird die Scheidung.

Der Kosten-Booster: Wenn ihr euch einig seid („Einvernehmliche Scheidung"), braucht ihr nur **einen Rechtsbeistand** (der andere stimmt nur zu), und die Kosten sind minimal. Gerichtskosten fallen natürlich trotzdem an. Wenn ihr euch aber streitet (über Unterhalt, Sorgerecht, Hausrat), braucht ihr zwei Anwält*innen. Und weil jeder Streitpunkt den Verfahrenswert erhöht, explodieren die Kosten schnell.

Mein Tipp: Der nachträgliche „Ehevertrag"

Wir hatten damals keinen Ehevertrag vor der Hochzeit. Aber wir haben – als die Trennung schon klar war – notariell begleitet die sogenannte **Scheidungsfolgenvereinbarung** getroffen, die ich dir eben schon vorgestellt habe. Das hat die Scheidungskosten massiv gesenkt, weil das Gericht nichts mehr entscheiden musste.

WORKBOOK: DIE KOSTEN DEINER SCHEIDUNG

Wir machen eine **grobe** Kostenschätzung. Nutze dafür ruhig auch einen Online-Scheidungsrechner, aber sei dir bewusst: Die liegen oft daneben. Rechne lieber einen Puffer drauf.

Rechne mal spaßeshalber (oder ernsthafterweise) durch:

1. Nettoeinkommen Partner*in A: ______________ €

2. Nettoeinkommen Partner*in B: ______________ €

3. Gemeinsame Schulden: ______________ €

4. Streitpunkte:

◯ Wir sind uns einig (1 Rechtsbeistand reicht).

◯ Wir streiten (2 Anwält*innen nötig).

Ergebnis aus dem Online-Rechner: ______________ €

Wichtig: Wenn du beim Blick auf die Kosten in Panik gerätst: Es gibt die Verfahrenskostenhilfe. Wenn du nachweislich bedürftig bist, übernimmt der Staat die Kosten ganz oder teilweise. Je nach finanzieller Lage kann das ohne Rückzahlung oder mit Raten erfolgen.

WORKBOOK: DER UNABHÄNGIGKEITS-CHECK

Bevor wir klären, was bei einer Trennung organisatorisch zu tun ist, machen wir einen **Realitäts-Check.** Stell dir für eine Sekunde vor, du wärst ab morgen allein. Nicht um Panik zu bekommen, sondern um Klarheit zu gewinnen.

1. Wohnen: Könnte ich mir meine aktuelle Wohnung allein leisten?

- ○ Ja, locker.
- ○ Ja, aber ich müsste mich einschränken.
- ○ Nein, ich müsste ausziehen.

2. Konten: Habe ich sofort Zugriff auf mein eigenes Geld?

- ○ Ja, ich habe ein eigenes Girokonto mit Notgroschen.
- ○ Nein, wir haben nur ein Gemeinschaftskonto (oder ich habe keine Vollmacht).

3. Abhängigkeit: Bin ich finanziell vom Partner abhängig?

- ○ Nein, ich finanziere meinen Lebensunterhalt komplett selbst.
- ○ Teilweise (er zahlt mehr Miete/Lebenshaltung).
- ○ Vollständig (ich habe kein eigenes Einkommen).

Erkenntnis: Wenn du jeweils bei Kästchen 2 oder 3 ein Kreuz gesetzt hast, ist das dein Handlungsauftrag für *jetzt* – solange die Beziehung noch gut ist (z. B. **Notgroschen aufstocken, eigenes Konto eröffnen** etc.)

Der Tag X – geschieden in 15 Minuten

Wenn die Scheidung beschlossene Sache ist, kommt natürlich irgendwann der Tag X. Vorher liegt der Brief vom Gericht im Briefkasten mit dem Termin. Ich finde, man darf sich auf diesen Tag wirklich in Ruhe vorbereiten – nicht nur juristisch, sondern auch emotional. Überleg dir: Was will ich anziehen? Wie will ich wirken? Worin fühle ich mich stark? Ich hatte mir damals meinen liebsten Boss Babe Oversized Blazer angezogen, habe zu Hause mein Make-up und meine Haare gemacht. Dann holten mich meine drei besten Freundinnen ab. Wir sind rechtzeitig losgefahren, haben im Auto Taylor Swift gehört und waren zehn Minuten vor dem Termin da. Dort angekommen, musste ich noch mal ganz schön doll durchatmen. Ich war froh, dass mich meine Freundinnen unterstützt haben an diesem Tag. Das empfehle ich dir auch: Nimm dir eine „Support Squad" mit. Du musst da nicht alleine hin (zumindest bis zur Tür).

Was ich trotz Vorbereitung nicht glauben konnte: Wie informell dieser Termin ablief und wie verdammt schnell alles vorbei war. Scheidungen finden am Familiengericht statt. Wir wurden aufgerufen, saßen mit der Anwältin vor der Richterin. Und wurden gefragt: *„Möchten Sie sich scheiden lassen?"*

Und genau wie bei unserer Hochzeit antworteten wir beide mit einem „Ja". Zack! Das war's. 15 Minuten. Geschieden. Wir hatten zum Glück eine Richterin mit viel Humor, was alles aufgelockert hat. Aber im Kern ist es ein bürokratischer Akt, der zwei Menschen trennt, die gerade einen schweren emotionalen Moment durchleben.

Und danach?

Konnten wir uns mit viel Respekt in die Augen sehen. Das war für mich das Wichtigste.

Wir verließen gemeinsam das Gericht. Ich ging zu meinen Freundinnen, die draußen gewartet hatten, und bin mit ihnen frühstücken gegangen. Wir haben mit Champagner angestoßen. Nicht, weil es etwas zu feiern gab. Sondern weil für mich ein neuer Lebensabschnitt begann und ich ihn aktiv begrüßen wollte.

Es gibt kein „Scheitern", nur „Umentscheiden"

Wenn ihr Kinder habt oder eine gemeinsame Immobilie besitzt, könnt ihr natürlich oft nicht einfach getrennte Wege gehen. Ihr bleibt verbunden. Aber je mehr wir normal damit umgehen, dass Scheidungen zum Leben dazugehören, desto einfacher machen wir es uns. Die Zahlen beweisen es ja. Wir sollten uns nicht schämen oder denken, dass wir versagt haben. Wir sollten anerkennen, dass man sich im Leben umentscheiden kann – und darf.

CHECKLISTE: DEIN FAHRPLAN DURCH TRENNUNG & SCHEIDUNG

Wenn die Beziehung endet, herrscht im Kopf oft Chaos. Damit du im emotionalen Ausnahmezustand nichts Wichtiges vergisst, habe ich dir hier die ultimative Checkliste zusammengestellt. Geh sie Schritt für Schritt durch. Du musst nicht alles heute machen. Aber du solltest wissen, was ansteht.

Phase 0: Erste Hilfe (emotional & Sicherheit)
Bevor du irgendetwas Bürokratisches tust – sorge für dich.

- ◯ **Sicherheit klären:** Fühlst du dich bedroht? Bei Konflikten oder Gewalt: Such dir sofort Hilfe (z. B. Frauenhaus, Polizei, Beratungsstellen).
- ◯ **Support-Team aufbauen:** Informiere engste Freundinnen oder Familie. Du brauchst jetzt Menschen, die emotional für dich da sind.
- ◯ **Raum für Gefühle:** Erlaube dir Trauer, Wut und Ambivalenz. Das gehört dazu. Ggf. therapeutische Unterstützung suchen.

Phase 1: Die Sofortmaßnahmen (Tag 1 bis Woche 4)
Finanzielle und räumliche Trennung vollziehen.

Finanzen & Konten

- ◯ **Eigenes Konto:** Eröffne sofort ein eigenes Girokonto (falls nicht vorhanden) und leite dein Gehalt dorthin um.
- ◯ **Vollmachten widerrufen:** Widerrufe alle Bankvollmachten, die dein*e Partner*in für deine Konten hat, schriftlich.
- ◯ **Zugriffe prüfen:** Ändere PINs und Online-Banking-Zugänge.
- ◯ **Kreditkarten:** Partnerkarten auf deinen Namen kündigen/sperren, um Schulden zu vermeiden.
- ◯ **Kassensturz:** Verschaff dir einen Überblick über Kontostände, gemeinsame Schulden und Sparvermögen.
- ◯ **Dokumente sichern:** Kopiere/sichere wichtige Unterlagen (Heiratsurkunde, Geburtsurkunden, Policen, Grundbuchauszüge, Gehaltsabrechnungen der letzten 12 Monate von beiden).

Wohnen & Digitales

- ◯ **Wohnsituation klären**: Wer bleibt, wer zieht aus? **Achtung:** Wer auszieht, haftet oft weiter für die Miete, bis der Vertrag geändert ist! Klärt Kaution & Nebenkosten.
- ◯ **Passwörter ändern:** Ändere SOFORT die Zugänge zu E-Mail, Cloud, Social Media, Amazon & Co. – ein digitaler Cut schützt deine Privatsphäre.
- ◯ **Trennungsdatum notieren:** Schreib dir den Tag genau auf. Ab hier läuft das Trennungsjahr.

Phase 2: Das Trennungsjahr (die Übergangszeit)
Alles regeln, bevor das Gericht ins Spiel kommt.

Recht & Orga

- ◯ **Rechtsbeistand suchen:** Such dir eine Fachanwält*in für Familienrecht für ein Erstgespräch – auch wenn ihr euch einig seid. Du musst deine Rechte kennen.
- ◯ **Trennungs-/Scheidungsfolgenvereinbarung:** Versucht, alles Streitige (Hausrat, Vermögen, Umgang) außergerichtlich (z. B. mit notarieller Begleitung) zu regeln. Das spart Gerichtskosten.
- ◯ **Steuerklasse ändern:** Im Jahr *nach* der Trennung müsst ihr die Steuerklasse wechseln (meist in Klasse 1 oder 2 für Alleinerziehende). Melde das dem Finanzamt.
- ◯ **Behörden & Verträge:** Informiere Banken, Versicherungen und ggf. Arbeitgeber. Kündige oder übertrage gemeinsame Verträge (Strom, Internet, Streaming).

Kinder

- ◯ **Betreuungsmodell:** Klärt Aufenthalt (Residenz- oder Wechselmodell) und Ferienzeiten.
- ◯ **Kommunikation:** Informiert Kita/Schule und sprecht altersgerecht mit den Kindern.
- ◯ **Unterhalt:** Lass den Kindesunterhalt berechnen (Düsseldorfer Tabelle) und kläre ggf. Ehegattenunterhalt.

Vermögen & Hausrat

- ◯ **Güterstand prüfen:** Zugewinngemeinschaft? Gütertrennung?
- ◯ **Vermögensaufstellung:** Dokumentiere Anfangs- und Endvermögen (Stichtag Trennung) für den Zugewinnausgleich.
- ◯ **Hausrat teilen:** Wer nimmt was mit? (Fotos/Liste machen)

Phase 3: Die Scheidung & der Neustart
Haken dranmachen und die Zukunft gestalten.

Die Scheidung

- ◯ **Scheidungsantrag:** Nach Ablauf des Trennungsjahres reicht der Rechtsbeistand den Antrag ein.
- ◯ **Versorgungsausgleich:** Das Gericht klärt die Teilung der Rentenpunkte.

Versicherungs-Check (wichtig!)

- ◯ **Krankenkasse:** Die Familienversicherung endet meist mit Rechtskraft der Scheidung – du musst dich selbst versichern!
- ◯ **Haftpflicht:** Bist du noch mitversichert? Wenn nein: eigene abschließen.
- ◯ **Lebensversicherung:** Bezugsberechtigte ändern (sonst erbt der*die Ex).

Formalitäten & Zukunft

- ◯ **Name:** Willst du deinen Geburtsnamen wieder annehmen? (Antrag beim Standesamt)
- ◯ **Testament:** Mach ein neues Testament! Ein „Berliner Testament" – ein Testament, das Ehepaare gemeinsam aufgesetzt haben, wird oft unwirksam.
- ◯ **Dokumente:** Personalausweis, Reisepass, Fahrzeugschein aktualisieren lassen.
- ◯ **Finanzplanung neu:** Erstelle ein Budget für dein neues Leben. Plane deinen eigenen Notgroschen und deine Altersvorsorge neu.

Betrachte diese Liste nicht als Berg an Aufgaben, sondern als deinen Wegweiser in die Freiheit: Mit jedem Häkchen lässt du die Vergangenheit ein Stück weiter hinter dir und baust das Fundament für dein neues, eigenes Leben.

6.10 „WILDE EHE": ABER ABGESICHERT

Vielleicht sagst du jetzt: „Ehevertrag? Scheidung? Das betrifft mich doch gar nicht, wir wollen ja gar nicht heiraten!"

Und damit bist du im Trend, in Deutschland wollen immer mehr Paare in einer „wilden Ehe" leben (juristisch: *nichteheliche Lebensgemeinschaft*). Das klingt modern und frei. Aber Vorsicht: Freiheit bedeutet hier auch null automatische Absicherung.

Anders als bei einer Ehe, bei der der Staat ein rechtliches Sicherheitsnetz spannt (z. B. durch die schon besprochene Zugewinngemeinschaft), gibt es in der wilden Ehe **keinen gesetzlichen Rahmen,** auf den du dich verlassen kannst.

Wenn ihr nichts regelt, gilt bei einer Trennung:

→ Jeder nimmt seinen Koffer.
→ Jeder behält sein Geld.
→ Es gibt keinen Ausgleich.

Die Care-Falle in der wilden Ehe

Das klingt fair („Jeder behält seins"), kann aber gefährlich werden, sobald Kinder oder Pflege ins Spiel kommen. Wenn du jahrelang Care-Arbeit übernimmst, Teilzeit arbeitest und deinem*deiner Partner*in den Rücken für die Karriere freihältst, hast du am Ende **Pech gehabt.** 53 % aller erwerbstätigen Frauen in Deutschland können laut einer Studie des DGB ihren Lebensstandard nicht allein finanzieren.[22] Und das liegt auch an der ungleichen Rollenverteilung innerhalb von Beziehungen. In ganz engen Fällen kann man hier Unterhalt einklagen, aber das ist meistens nicht so einfach.

Die Lösung: Der Partnerschaftsvertrag

Ihr müsst nicht heiraten, um abgesichert zu sein. Aber ihr solltet aktiv werden. Wer nicht heiraten will, kann einen Partnerschaftsvertrag aufsetzen. Diese Punkte sind wichtig für euren Vertrag, den ihr im Notariatsbüro schließen könnt:

- **Kompensation für Care-Arbeit:** Wenn ich Teilzeit arbeite für die Kinder, zahlst du monatlich X Euro in meine private Altersvorsorge ein. (Das ist der wichtigste Punkt).
- **Wohnrecht:** Was passiert, wenn die Wohnung nur einem von uns gehört und wir uns trennen? Darf ich mit den Kindern noch 6 Monate bleiben?
- **Inventar:** Wem gehört was? (Klingt kleinlich, spart aber Nerven.)
- **Vollmachten:** Ganz wichtig! In der wilden Ehe bekommst du im Krankenhaus keine Auskunft. Du brauchst eine Vorsorgevollmacht und Patientenverfügung.
- **Kindesunterhalt:** Solltet ihr Kinder haben oder planen, könnt ihr im Partnerschaftsvertrag schon regeln, wie hoch im Falle einer Trennung der Unterhalt sein soll.

6.11 TRADWIVES: GLAMOUR AM HERD – HARMLOSER TREND ODER RISIKO FÜR FRAUEN?

Vielleicht sind sie dir auch schon in deinen Social-Media-Feeds begegnet: Frauen in oft wunderschönen Kleidern, die glücklich Sauerteigbrot backen, während ihre Kinder friedlich spielen und das Haus blitzt und blinkt. Ihre einzige Frage scheint zu sein: *„Was möchte mein Mann wohl heute essen?"*
Sie nennen sich **„Tradwives"** (kurz für *Traditional Wives)* und zelebrieren die Rückkehr zur klassischen Rollenverteilung: Er ist der „Provider" (Versorger), sie ist die „Homemakerin".

Woher kommt das plötzlich?

Ursprünglich schwappte dieser Trend aus konservativen und teils antifeministischen Kreisen der USA zu uns herüber. Es ist eine Gegenbewegung zum modernen Feminismus und zur „Girlboss"-Ära. Aber der Erfolg auf TikTok und Instagram liegt an etwas anderem: In einer Welt, in der wir Frauen oft alles gleichzeitig sein sollen – Karrierefrau, perfekte Mutter, liebevolle Partnerin –, wirkt dieses Leben wie eine Oase der Ruhe. Der Trend verkauft uns das sogenannte „Soft Life": Gib die Verantwortung ab, kümmere dich „nur" um das Heim, und du wirst glücklich sein. Es ist eine verführerische Flucht aus dem modernen Hamsterrad. Geld verdienen ist in dieser Welt Männersache.

Das millionenschwere Paradoxon

Aber hier kommt das Geheimnis, über das in den Videos niemand spricht: **Die erfolgreichsten Tradwives (Creatorinnen) sind gar keine Hausfrauen. Sie sind knallharte Unternehmerinnen.**

Das ist die Ironie an der Geschichte: Die Frauen, die dir erzählen, dass dein Platz in der Küche ist und du kein eigenes Geld brauchst, verdienen mit genau diesen Videos oft Millionen.

→ Das wunderschöne Prada- oder Gucci-Kleid? *Link in der Bio.*
→ Die teure Küchenmaschine? *Gesponsert.*
→ Die Millionen Klicks? *Werbeeinnahmen.*

Diese Creatorinnen führen ein digitales Medienunternehmen. Sie schneiden Videos, verhandeln Kooperationen und managen ihre Community. Sie sind finanziell oft unabhängiger als ihre Ehemänner. Sie verkaufen dir die Romantik der Abhängigkeit – während sie selbst die Freiheit des eigenen Einkommens genießen.

Fall nicht auf die Show rein

Für mich kann jede Frau so leben, wie es für sie passt – meinetwegen auch als Tradwife. Das Problem ist nicht das *Lebensmodell,* sondern die finanzielle Blindheit, die oft damit verkauft wird. Wenn du diesen Lifestyle kopierst, aber *ohne* die Millionen-Reichweite auf Instagram, dann bleibt am Ende nur die Abhängigkeit übrig.
Denn in der echten Welt (ohne Werbedeals) ist ein Mann keine Altersvorsorge. Und ein Eheversprechen ist keine Arbeitsunfähigkeitsversicherung. Wer sich heute für dieses Modell entscheidet, muss es **bewusster** tun als unsere Omas. Wenn du Care-Arbeit leistest und dem Mann den Rücken frei hältst, muss das kompensiert werden: nicht mit Blumen, sondern mit Rentenpunkten, ETFs und einem Ehevertrag.

6.12 DAS MÄRCHEN VON DER VEREINBARKEIT (WER BEZAHLT DIE CARE-ARBEIT?)

Kennst du dieses Gefühl, dass du im Hamsterrad rennst, aber trotzdem nie fertig wirst? Dass du nach deinem Job nach Hause kommst und eigentlich direkt die zweite Schicht beginnt (Wäsche, Kochen, Mental Load)? Es liegt nicht an deinem Zeitmanagement. Es liegt am System.

Der 40-Stunden-Irrtum

Fun Fact: Die heutige 40-Stunden-Arbeitswoche wurde einst von Gewerkschaften unter einer ganz bestimmten Annahme entwickelt: **dass zu Hause jemand ist, der einem den Rücken frei hält.** Das Modell basierte auf dem Mann, der das Geld verdient, und der Frau, die als „Hausfrau" den kompletten Haushalt und die Care-Arbeit schmeißt.

Heute dürfen wir Frauen zum Glück auch arbeiten. Aber der Haushalt macht sich ja nach wie vor nicht von allein.

→ **Früher:** 40 Stunden Erwerbsarbeit + 40 Stunden Hausarbeit = 2 Personen.
→ **Heute:** 40 Stunden Erwerbsarbeit + 40 Stunden Hausarbeit = oft 1 Person (Du).

Wir versuchen, ein Lebensmodell, das für zwei Personen konzipiert war, alleine zu stemmen. Das *kann* gar nicht funktionieren. Die Autorin Mareice Kaiser bringt es in ihrem Buch *„Das Unwohlsein der modernen Mutter"*[23] auf den Punkt:

„Vereinbarkeit ist die Ausnahme, Unvereinbarkeit die Regel."

Care-Arbeit war mal Wirtschaftsfaktor

Care-Arbeit war nicht immer unbezahlt. In der frühen Neuzeit waren Zuhause und Arbeitsplatz oft eins (Landwirtschaft, Handwerk). Kochen, Waschen und Kinderhüten war damals automatisch Bestandteil der Erwerbsarbeit. Es war sichtbar. Es sicherte das Überleben.

Im Mittelalter führten Frauen in den Städten auch Haushalte mit vielen Bediensteten oft monatelang allein, weil ihre Männer als Kaufleute unterwegs waren. Erst als die Arbeit in die Fabriken wanderte und die Männer das Haus verließen, wurde die Arbeit zu Hause zur „Privatsache" erklärt. Sie wurde unbezahlt. Und damit verlor sie wortwörtlich an Wert.

Warum erzähle ich dir das in einem Finanzbuch?
Weil wir aufhören müssen, Care-Arbeit als „Hobby" oder „Naturgegebenheit" zu sehen.

→ Care-Arbeit ist Arbeit.
→ Sie kostet Zeit.
→ Und Zeit ist Geld.

WORKBOOK: CARE-ARBEIT SICHTBAR MACHEN

Wir machen das Unsichtbare sichtbar. Viele Paare streiten, weil er sagt: „Ich arbeite doch 40 Stunden, du nur 25!" Um ein noch größeres Bewusstsein für die tatsächliche Arbeitsleistung im Haushalt und bei Familienaufgaben zu schaffen, rechnen wir mal nach, wie viele Stunden wirklich gearbeitet werden.

Der „Real Work"-Rechner
Nimm eine typische Woche. Zähle Erwerbsarbeit und Care-Arbeit zusammen.

Tätigkeit	Deine Stunden	Seine*Ihre Stunden
Bezahlte Arbeit (Job + Pendeln)	____________ Std.	____________ Std.
Haushalt (Putzen, Kochen, Einkaufen)	____________ Std.	____________ Std.
Kinder (Bringen/Holen, Betreuung, Hausaufgaben)	____________ Std.	____________ Std.
Mental Load (Termine planen, Geschenke, Orga)	____________ Std.	____________ Std.
GESAMT-ARBEITSZEIT:	____________ **Std.**	____________ **Std.**

Aha-Effekt: Oft kommt heraus, dass die Frau in Summe auf 60+ Stunden kommt, während der Mann bei 45 Stunden liegt – obwohl er der „Hauptverdiener“ ist. Nutzt diese Zahl als Basis für das Gespräch über Fairness und Ausgleichszahlungen!

Reflexion:
Was überrascht euch?
Wo gibt es zwischen euch „Unsichtbares“ (was nie thematisiert wurde) oder Selbstverständliches?
Welche Aufgaben gehen über den reinen Zeitaufwand hinaus (Mental Load)?
Fühlt sich die aktuelle Verteilung für euch fair an?
Welche Aufgaben würde ich gern abgeben – und welche behalten?

____

____

WORKBOOK: EURE FAIRNESS-VISION

Zahlen sind das eine. Aber wie soll sich euer Alltag *anfühlen?* Fairness heißt nicht zwingend, dass jeder jeden Tag exakt 50 % macht. Fairness heißt, dass sich beide gesehen und entlastet fühlen.

Entwirf hier deinen „Soll-Zustand“. Sei mutig – schreib auf, was du wirklich brauchst, nicht das, was du glaubst, verlangen zu dürfen.

1. Die Szenarien-Planung

Situation	So sieht Fairness für mich aus (konkret!).
In einer normalen Woche	*Beispiel: Du holst 2-mal die Kinder, ich 3-mal. Wir kochen abwechselnd. Jeder hat einen freien Abend für Sport.*

Situation	So sieht Fairness für mich aus (konkret!).
In stressigen Phasen (Deadline im Job/Krankheit)	*Beispiel: Wenn einer „Land unter" im Job meldet, übernimmt der andere den Haushalt komplett – aber nur für max. 1 Woche.*
Im Urlaub/Ausnahmezustand	*Beispiel: Urlaub heißt Urlaub für BEIDE. Wir teilen uns die Reiseplanung und die Kinderbetreuung vor Ort 50:50.*

2. Die Aufgabenverteilung

Nicht jede Aufgabe ist gleich schlimm. Vielleicht liebst du Kochen, hasst aber Bügeln? Sortiere die Aufgaben neu.

→ Meine Zone (mache ich gerne/okay): *(Aufgaben, die ich behalten möchte)*

____

→ Die „Team"-Zone (müssen wir anders aufteilen):
(Hier fühle ich mich aktuell überlastet)

____

→ Die „Red Zone" (Gesprächsbedarf!): *(Aufgaben, die ich hasse, die wir vergessen haben oder die wir vielleicht outsourcen/bezahlen sollten, z. B. Putzhilfe)*

____

Mein Tipp: Nimm dieses ausgefüllte Blatt mit zum Money Date. Leg es auf den Tisch und sag: „Schau mal, aktuell mache ich X Stunden. Damit ich langfristig glücklich und gesund bleibe, wünsche ich mir folgende Veränderung ..."

Abschließend passt der Tipp meiner lieben Freundin Maria einfach perfekt.

99

TOP-MONEY-TIPP VON MARIA VON SCHEEL-PLESSEN

Share the care work/Teilt euch die Care-Arbeit

„Frauen verbringen im Durchschnitt 30 Stunden in der Woche mit unbezahlter Care-Arbeit, insbesondere für den Haushalt und Kinder. Diese Arbeit muss geteilt werden, da sie zulasten der Arbeitszeit geht – mit 50/50-Verteilung können wir in Vollzeit arbeiten und unser Vermögen aufbauen."

Maria von Scheel-Plessen ist Director Global bei Gucci und Gründerin des Netzwerkes und der Konferenz „The Dual Shift".

6.13 WENN GELD ZUR WAFFE WIRD: FINANZIELLE GEWALT ERKENNEN

Über Geld zu sprechen, ist in einer Beziehung schon Herausforderung genug. Aber es gibt eine Grenze, die wir niemals ignorieren dürfen. Es ist ein Thema, das oft im Verborgenen bleibt, weil es schambesetzt ist. Doch wir müssen darüber reden: **finanzielle Gewalt.**

Geld ist Macht, und in einer gesunden Beziehung sollte diese Macht niemals gegen dich verwendet werden. **Finanzielle Gewalt fängt genau dort an, wo deine Freiheit aufhört.** Es ist kein „kleiner Streit um das Haushaltsbudget", sondern eine Form von Machtmissbrauch, bei der Geld als Kontrollinstrument genutzt wird.

Liebe hat nichts mit Kontrolle zu tun. Wenn Geld in deiner Beziehung als Waffe genutzt wird, um dich kleinzuhalten oder abhängig zu machen, nennt man das finanzielle Gewalt. Das fängt oft schleichend an: Vielleicht hast du keinen Zugriff auf das gemeinsame Konto, musst um jeden Cent für Einkäufe bitten oder wurdest gedrängt, deinen Job aufzugeben.

Versteh mich nicht falsch, es ist wunderbar, wenn man sich in einer Partnerschaft gegenseitig unterstützt. Aber finanzielle Unabhängigkeit ist die Basis dafür, dass du jederzeit eine Wahl hast. Du darfst und sollst dein eigenes Geld beherrschen! Wenn du das Gefühl hast, dass dir die Kontrolle über deine Finanzen entzogen wird, ist das eine Grenzüberschreitung, die wir ernst nehmen müssen. **Du hast ein Recht darauf, genau zu wissen, wie es um eure Finanzen steht, und über dein eigenes Geld frei zu verfügen.**

! Woran du die „Red Flags" erkennst

Oft schleicht sich diese Form der Kontrolle ganz leise in den Alltag ein. Hör auf dein Bauchgefühl:

- → Musst du für jede Kugel Eis Rechenschaft ablegen?
- → Wird dein eigenes Einkommen auf ein Konto überwiesen, zu dem du kein Passwort hast?
- → Will dein Partner jeden Kassenbon sehen, während seine eigenen Finanzen eine „Black Box" sind?

Das sind keine Zeichen von Ordnungsliebe, das sind rote Tücher! Wenn dir der Zugang zu Informationen oder eigenen Mitteln verwehrt wird, ist das ein gezielter Angriff auf deine Unabhängigkeit.

Warum wir Frauen besonders gefährdet sind

Ich habe es ja vorhin schon einmal geschrieben: Wir haben oft das höhere Risiko. Nicht, weil wir „schlechter" mit Geld sind, sondern weil das System uns oft in die Care-Rolle drängt. Durch den Gender-Pay-Gap und unbezahlte Arbeit (Kinder, Haushalt, Pflege) rutschen wir schneller in eine riskante Abhängigkeit.

Wenn du dann kein eigenes Geld mehr hast, wird das Gehen – falls die Beziehung nicht mehr guttut – verdammt schwer. Und genau das ist das Fatale: **Finanzielle Gewalt ist oft die unsichtbare Kette, die Frauen in unglücklichen oder sogar gefährlichen Situationen gefangen hält.**

Dein Weg in die Freiheit

Du musst da nicht alleine durch! Es gibt tolle Expert*innen (zum Beispiel beim Frauennotruf oder speziellen Beratungsstellen), die dir helfen, deine Freiheit und dein Konto zurückzuerobern. Der erste Schritt ist immer das Erkennen und Aussprechen.

WORKBOOK: ZEIT FÜR KLARTEXT

! 1. Der „Red Flag"-Check

Gehe diese Liste mal ganz ehrlich für dich durch. Treffen diese Punkte auf deine aktuelle Situation zu?

- ◯ Ich habe keinen Zugriff auf unser gemeinsames Konto.
- ◯ Ich habe keinen Zugriff auf wichtige Dokumente (Mietvertrag, Versicherungen).
- ◯ Mein Partner entscheidet alleine über große Anschaffungen.
- ◯ Ich muss um Geld für alltägliche Dinge (Drogerie, Lebensmittel) bitten.
- ◯ Mein Partner verbietet mir, (mehr) zu arbeiten.
- ◯ Ich habe Angst vor der Reaktion meines Partners, wenn ich Geld ausgebe.

2. Journaling

Wann hast du dich in deiner Beziehung das erste Mal unwohl gefühlt, was das Thema Geld angeht? Beschreibe nicht die Zahlen, sondern das Gefühl, das du in diesem Moment in der Magengegend hattest.

3. Der „Notfallkoffer“ (deine Checkliste)

Unabhängigkeit bedeutet auch, die wichtigsten Dokumente griffbereit zu haben. Hast du Zugriff auf:

- ○ Deinen Personalausweis/Reisepass?
- ○ Deine Geburtsurkunde?
- ○ Deine Renteninformation?
- ○ Kopien von Miet- oder Kreditverträgen?
- ○ Deine Steuer-ID?

Mein Tipp: Scanne diese Dokumente ein und speichere sie in einem sicheren Ordner, der nur dir gehört (in der Cloud oder auf einer externen Festplatte oder einem USB-Stick).

Dein Plan in die Freiheit: Was du jetzt tun kannst

Wenn du beim Lesen merkst: „Mist, das bin ja ich!“, dann atme erst einmal tief durch. Du bist nicht allein, und es ist nicht deine Schuld. Sicherheit geht vor: Wenn du merkst, dass du kontrolliert wirst, bereite deinen „Exit“ leise vor.

4. Der „Stille Plan“ (deine ersten Schritte)

Das eigene Konto: Es ist dein Anker. Eröffne ein Konto bei einer Bank, die dein Partner nicht nutzt und lass dorthin (wenn möglich) einen Teil deines Geldes fließen. Das ist der erste Schritt zur Selbstbestimmung.

Transparenz: Starte ein Gespräch über eure Konten. Ein starkes Team hält Transparenz aus. Wenn dein Partner darauf defensiv reagiert, ist das ein wichtiges Signal für dich. Aber bitte: Achte auf dich und bringe dich nicht in eine gefährliche Situation.

Hilfe: Wenn du merkst, dass es brenzlig oder gefährlich wird und du dich nicht sicher fühlst, speichere dir die Nummer 116 016 (Hilfetelefon „Gewalt gegen Frauen“) unter einem unverfänglichen Namen (z. B. dem der besten Freundin) im Handy ein. Dort hören dir Profis zu, anonym, kostenlos und rund um die Uhr. Liebe ist eine Entscheidung. Aber sie ist nur dann frei, wenn du auch jederzeit gehen könntest.

KAPITEL 7

ELTERNSCHAFT & FINANZEN: KINDER KOSTEN GELD

Nachwuchs zu planen ist crazy aufregend. Man malt sich aus, welche Augenfarbe das Baby wohl haben wird und wie das Kinderzimmer aussehen soll. Aber bei aller Vorfreude: Vergesst die finanziellen Fragen nicht. Wie ich aus meinem Privatbereich weiß, verändert ein Kind nicht nur euren Schlaf, sondern auch euren Kontostand. Und zwar gewaltig.

7.1 VOM ERSTEN KASSENSTURZ ZUR LANGFRISTIGEN FINANZPLANUNG (INKL. EINKOMMENSDÄMPFER UND MOTHERHOOD PENALTY)

Phase 1: Der Kassensturz vor der Schwangerschaft

Im Idealfall besprecht ihr das Thema Geld, *bevor* ihr den Kinderwagen aussucht. Seid dabei wirklich ehrlich. In den allermeisten Beziehungen ist in den ersten Babyjahren deutlich weniger Geld vorhanden.

- **Das Gehalt fällt weg/schrumpft:** Einer von euch (meist die Mutter) geht in Elternzeit. Das Elterngeld ersetzt aber nicht 100 % des Nettoeinkommens (dazu später mehr).
- **Der ungeplante Ausfall:** Nicht jede Schwangerschaft verläuft nach Plan. Es kann passieren, dass du schon Monate vor der Geburt nicht mehr arbeiten darfst (Beschäftigungsverbot) oder krankgeschrieben bist.
- **Selbstständige, aufgepasst:** Wenn du dein eigenes Business hast, gibt es keinen gesetzlichen Mutterschutz wie bei Angestellten. Du musst Rücklagen haben, um deine Fixkosten zu decken, wenn du ausfällst oder Pause machen willst.

Phase 2: Die Erstausstattung (oder: Warum Minimalismus schwierig ist)

Kinder kosten Geld. Und zwar ab Tag 1. Für die Erstausstattung (Kinderwagen, Bettchen, Wickelkommode, Autositz) kommen schnell **2.000 bis 3.000 Euro** zusammen. Kaufst du gebraucht, kannst du aber auch deutlich günstiger an die nötigen Dinge gelangen.

Lass dich nicht von Instagram täuschen. Dort zeigen Creatorinnen gerne minimalistische Garderoben mit drei beigen Bodys aus Bio-Baumwolle. Die Realität: Babys spucken. Windeln laufen aus. Brei landet überall. Wer nicht jeden Tag waschen will (und glaub mir, du hast Besseres zu tun), braucht eher mehr als weniger Bodys und Strampler.

Phase 3: Die Langzeitrechnung

Jetzt halten wir uns kurz fest. Das Statistische Bundesamt hat mal nachgerechnet. Bis zum 18. Lebensjahr kostet ein Kind im Durchschnitt rund 160.000 Euro.

Das klingt nach einem riesigen Berg. Aber keine Panik: Du musst diese Summe nicht *heute* auf dem Konto haben. Sie verteilt sich über 18 Jahre. Trotzdem gilt: Je früher ihr Rücklagen bildet, desto entspannter seid ihr.

Mein Tipp: Legt schon *während* der Kinderwunschzeit Geld zur Seite. Dieses Polster ist Gold wert – sei es für die teure Erstausstattung oder einfach, um sich in der anstrengenden Schwangerschaft mal eine **Osteopathie-Behandlung, Akupunktur oder eine Schwangerschaftsmassage** zu gönnen, ohne auf den Preis zu schauen. Dein Körper wird es dir danken.

WORKBOOK: BABY-CHECK

Setzt euch zusammen (Money Date <3) und geht diese Punkte durch.

1. Das Baby-Budget (Schätzung)
Recherchiert kurz die aktuellen Preise für die „Big 4“ der Anschaffungen.

Anschaffung	Neupreis (ca.)	Gebrauchtpreis (ca.)	Unser Budget
Kinderwagen	800–1.200 €	200–500 €	________ €
Babyschale/ Autositz	150–300 € *(Tipp: Neu kaufen wegen Sicherheit!)*		________ €
Bettchen/ Beistellbett	150–300 €	50–100 €	________ €
Wickelkommode	150–300 €	50–100 €	________ €
Kleidung & Kleinkram	500 €	150 €	________ €
SUMME:			________ **€**

2. Der Einkommens-Dämpfer
Simuliert mal den Ernstfall.

Unser aktuelles Haushalts-Netto: ____________ €

Unser geschätztes Netto im 1. Babyjahr (wenn einer in Elternzeit ist): ____________ €

Die Lücke (pro Monat): ____________ **€**

Frage: Können wir diese Lücke aus Rücklagen decken? Oder müssen wir unseren Lebensstandard anpassen?

Fairness in der Elternzeit: Liebe ist schön, Ausgleich ist besser

Kommen wir zu den harten Fakten. Gesetzlich stehen jedem Elternpaar **14 Monate Basiselterngeld** zu. Ihr könnt diese Monate untereinander aufteilen.

- → **Der Haken:** Ihr dürft (nach aktueller Rechtslage) nur noch einen Monat gleichzeitig Elterngeld beziehen (meistens der erste Monat im Wochenbett).
- → **Die Summe:** Es gibt zwischen 300 und 1.800 Euro monatlich, abhängig von eurem letzten Nettoeinkommen.
- → **Das Problem:** Dieser Höchstsatz wurde seit 2007 (!) nicht erhöht. Das Leben ist seitdem massiv teurer geworden. 1.800 Euro sind heute viel weniger wert als vor knapp 20 Jahren.

Mit dem **Elterngeldrechner des Bundesministeriums** könnt ihr vorab auch berechnen, wie hoch euer Elterngeld ungefähr ausfallen wird. Reicht eure Anträge dafür auf jeden Fall **rechtzeitig** ein, es kann dauern, bis diese bearbeitet werden.

Dazu gibt es noch das Kindergeld (aktuell 259 Euro pro Kind). In der Regel wird es allerdings vorne und hinten nicht reichen, um Essen, Kleidung, Spielzeug und alles weitere zu bezahlen. Das Kindergeld könnt ihr allerdings erst **nach der Geburt beantragen.** Zukünftig soll sich das ändern, und Kindergeld soll automatisch ausgezahlt werden. Ich habe euch am Ende des Kapitels aber auch noch eine Checkliste beigefügt, in der ihr alles aufgelistet findet, was ihr als junge Eltern finanziell bedenken solltet.

Der Realitäts-Check: Wer bleibt zu Hause?

In meinem Freundeskreis teilen sich viele Eltern inzwischen die Elternzeit etwa 50:50 auf, sodass die Mama die erste Zeit nach der Geburt Elternzeit macht und danach der Papa dran ist. Das hat natürlich den Vorteil, dass die Mamas nicht zu lange aus dem Job raus sind. Dann übernimmt der Papa. So hat er auch eigene Zeit mit dem Baby, um eine enge Bindung aufzubauen. Vor allem weiß er dann auch, wie anstrengend es ist, sich den ganzen Tag um dieses kleine Wesen zu kümmern.

Aber die Realität sieht oft anders aus. Verdient der Mann mehr (Gender-Pay-Gap), führt das leicht dazu, dass das hohe Gehalt wichtiger ist als die schlechter bezahlte Elternzeit. Also bleibt die Frau länger zu Hause. Wenn das bei euch so ist: Das ist nicht deine Schuld. Das System drängt uns in diese Rollen. Männer werden oft schief angeschaut, wenn sie lange Elternzeit nehmen, Frauen werden bei Beförderungen schnell mal übergangen („Die wird ja eh schwanger“).

Die Kosten der Fürsorge (warum „Danke" nicht reicht)

Wenn du als Mutter ein Jahr (oder länger) zu Hause bleibst oder Teilzeit arbeitest, zahlst du einen Preis:

1. **Karriereknick:** Du bist raus aus dem Job-Alltag.
2. **Rentenlücke:** Du zahlst weniger in die Rentenkasse ein.
3. **Vermögensstopp:** Du kannst oft weniger sparen/investieren.

Dass Care-Arbeit „Privatsache" ist, ist ein gesellschaftliches Problem. Aber wir lösen es jetzt privat. Wenn einer von euch (meist der Mann) Karriere machen kann, *weil* der andere (meist die Frau) ihm zu Hause den Rücken frei hält, dann muss dieser finanzielle Vorteil geteilt werden. Es gibt aber natürlich auch Beziehungen, in denen beide wenig Geld verdienen und ein Ausgleich gar nicht möglich ist.

Eure 5 Möglichkeiten für den finanziellen Ausgleich

1. **Das „Gehalt":** Die Person, die die Care-Arbeit leistet, erhält von der voll arbeitenden Person monatlich eine Summe, damit beide am Ende gleich viel „Taschengeld" zur freien Verfügung haben.
2. **Die Renten-Spritze:** Der Verdienende zahlt freiwillige Beiträge in die gesetzliche Rentenversicherung der Person ein, die die Care-Arbeit leistet (oder in eine Rürup/Riester-Rente).
3. **Der ETF-Sparplan (mein Favorit):** Ihr richtet einen ETF-Sparplan auf den Namen der Person ein, die die Care-Arbeit leistet. Die Raten zahlt die Person, die voll arbeitet. Das gleicht die Rentenlücke langfristig durch Rendite aus.
4. **Die Immobilie:** Gehört euch ein Haus? Dann können der Person, die die Care-Arbeit leistet, mehr Eigentumsanteile überschrieben werden.
5. **Der Vertrag:** In einem Ehe- oder Partnerschaftsvertrag könnt ihr festhalten, welche Ausgleichszahlungen im Falle einer Trennung fließen müssen.

Nach der Elternzeit: neue Verpflichtungen

Wenn das Babyjahr vorbei ist, kommen neue Aufgaben. Ein Kind, das um 5 Uhr wach ist, aber erst um 9 Uhr in die Kita kann, ist ein halber Arbeitstag vor dem eigentlichen Job. Plant auch hier fair:

- → **Feste Tage:** Ein Elternteil bringt Mo/Mi, ein Elternteil bringt Di/Do, Freitag im Wechsel.
- → **Kind-krank-Tage:** Wer bleibt zu Hause? Wechselt euch ab, damit nicht immer dieselbe Person im Job fehlt.
- → **Großeltern:** Wenn Oma und Opa in der Nähe sind – bindet sie fest ein (z. B. einen Nachmittag pro Woche).

Wichtig: Seid nicht zu hart zu euch. Es gibt Jobs (Schichtdienst, Außendienst), die kaum Flexibilität zulassen. Verliert euch nicht in Streitigkeiten. Die Umstände sind schuld, nicht ihr. Ihr seid ein Team.

Motherhood & Child Penalty – was es Frauen kostet, Mutter zu werden

Wir müssen uns einer harten Wahrheit stellen. Zahlen zeigen, wie wenig Vereinbarkeit von Job und Familie und Gleichberechtigung in Deutschland aktuell funktionieren:

- → **74,4 %** aller Mütter arbeiteten 2024 in Teilzeit, aber nur **8,7 %** aller Väter.[24]

Für diese finanziellen Konsequenzen gibt es inzwischen auch einen eigenen Begriff: **„Motherhood Penalty“** (auf Deutsch: „Mutterschaftsstrafe“)

Die „Motherhood Penalty“ beschreibt den finanziellen Absturz, den Frauen erleben, sobald sie das erste Kind bekommen. Es ist eine Mischung aus niedrigerem Einkommen, verpassten Beförderungen und der Teilzeit-Falle.

Hier sind die Fakten, die mich bei der Recherche wirklich schockiert haben:

- → **Ein Kind:** Mütter verdienen im Durchschnitt **40 % weniger** als kinderlose Frauen.
- → **Drei Kinder:** Bekommt eine Frau mehr als zwei Kinder, sinkt ihr Lebenseinkommen um unfassbare **70 %.**[25]

Eine Dreifach-Mama verdient in ihrem ganzen Leben 70 % weniger als eine Frau ohne Kinder. Warum? Weil sich ihr Gehalt und ihre Karriere von den Auszeiten und der jahrelangen Teilzeit oft nie wieder erholen. Während die kinderlose Kollegin (oder der Vater) die Karriereleiter hochklettert, bleibt die Mutter auf der unteren Stufe stehen.

Hoffen ist keine Strategie

Ich hoffe sehr, dass mein Buch und der gesellschaftliche Wandel dazu beitragen, dass wir diesen Missstand bald hinter uns lassen. Aber: Hoffnung zahlt keine Miete im Alter. Solange sich die Politik und die Wirtschaft nicht ändern, musst du dich selbst schützen. Du musst dir bewusst sein: Sobald du Stunden reduzierst, trittst du in die „Penalty-Zone". Und genau deshalb sind die Ausgleichszahlungen kein „netter Bonus", sondern absolute Notwendigkeit.

7.2 INVESTIEREN FÜRS KIND: MIT KLEINEN BETRÄGEN DIE FINANZIELLE ZUKUNFT SICHERN

Es macht mich happy zu sehen, wie meine Freundinnen schon früh an die Zukunft ihrer Kinder denken. Und hier gilt eine goldene Regel: Zeit ist bei der Geldanlage das A und O. Ein Kind hat einen Zeithorizont von 18 Jahren bis zur Volljährigkeit. Das ist der perfekte Spielplatz für den Zinseszins. Selbst kleine Beträge werden hier über die Zeit zu einem Vermögen. Die perfekten Umstände also, um für Kinder ein Depot anzulegen und mit einem ETF-Sparplan zu starten.

Wem gehört das Depot?

Bevor du loslegst, musst du eine juristische Entscheidung treffen. Es gibt zwei Wege:

Weg A: **Das Kinder-Depot (Junior-Depot).** Das Depot läuft offiziell auf den Namen des Kindes.

- → **Vorteil (Steuern):** Das Kind hat seinen eigenen Sparerfreibetrag für Kapitaleinkünfte (aktuell 1.000 € pro Jahr), hinzu kommt der Grundfreibetrag (über 12.000 €), der für das gesamte zu versteuernde Einkommen gilt. Gewinne sind also fast immer steuerfrei.
- → **Vorteil (Sicherheit):** Das Geld gehört rechtlich dem Kind. Bei einer Scheidung oder Insolvenz der Eltern ist es geschützt.
- → **Nachteil:** Da das Geld deinem Kind gehört, kann es mit dem 18. Geburtstag auch komplett darauf zugreifen. Du wiederum hast keinerlei Zugriff mehr. Wenn dein Kind beschließt, alles für einen Sportwagen oder eine Party in Las Vegas auszugeben, kannst du nichts dagegen tun.

Weg B: **Das Eltern-Depot.** Du eröffnest ein zweites Depot auf deinen Namen (oder nutzt Unterkonten).

→ **Vorteil (Kontrolle):** Du entscheidest, ob das Kind das Geld mit 18, 25 oder erst zum Hauskauf bekommt.
→ **Vorteil (BAföG):** Das Geld wird bei Förderungen wie BAföG nicht angerechnet.
→ **Nachteil (Steuern):** Keine zusätzlichen Freibeträge.

Mein Tipp: Die meisten entscheiden sich für Weg A (Junior-Depot), um die Steuervorteile zu nutzen. Die Angst, dass das Kind alles verprasst, bekämpft man am besten mit guter Finanzerziehung (dazu kommen wir noch).

Eine Mischung aus beiden Modellen wäre, wenn ihr das Depot auf den Namen des Kindes aufsetzt, aber parallel schriftlich vereinbart, wie das Geld später genutzt werden soll – um böse Überraschungen mit 18 zu vermeiden.

Was kleine Beträge bewirken

Und um euch noch mal zu zeigen, wie sehr es sich lohnt, auch kleinere Beträge für euer Kind zu investieren, habe ich hier ein paar Beispielrechnungen. Wir gehen von einer durchschnittlichen Marktrendite von 6 % pro Jahr aus.

Monatliche Sparrate	Was du einzahlst (über 18 Jahre)	Was dein Kind bekommt (Endkapital)	**Geschenkter Gewinn**
50 €	10.800 €	**ca. 19.146 €**	+ 8.346 €
100 €	21.600 €	**ca. 38.292 €**	+ 16.692 €

Wenn ihr es schafft, 50 Euro jeden Monat für euer Kind zu investieren, habt ihr bei einer Rendite von 6 % nach 18 Jahren etwas über 19.000 Euro. Wenn ihr dagegen sogar 100 Euro pro Monat investieren könnt, sind es mehr als 38.000 Euro – natürlich vor Steuern und Gebühren.

Fragt auch mal die Großeltern, Pat*innen oder andere Verwandte, ob sie sich vorstellen können, anstatt Geschenken an Weihnachten oder Geburtstagen lieber eine Summe aufs Depot eures Kindes zu überweisen.

Zukunftsmusik: Die „Frühstart-Rente" – Geld vom Staat

Ab 2027 soll in Deutschland die „Frühstart-Rente" kommen (Stand bei Drucklegung dieses Buches). Der Plan: Der Staat investiert für jedes Schulkind ab dem 6. bis zum 18. Lebensjahr monatlich 10 Euro über ein Depot an der Börse. Eigentlich sollten direkt alle Kinder zum Zuge kommen, nun soll das Modell aber erst mal nur für den Jahrgang 2020 starten.

Während ich dieses Buch schreibe, ist noch nicht ganz klar, wie diese Rente funktionieren wird – aber es ist eine längst überfällige Reform. Denn die Frühstart-Rente wird auch dann über den Staat angelegt, wenn die Eltern eines Kindes das nicht selbst machen (aus welchen Gründen auch immer).

Die staatlichen Zahlungen können aufgestockt werden, und das Depot kann auch nach dem 18. Geburtstag weiter bespart werden. Und: Die Erträge bleiben bis zum Renteneintritt steuerfrei. Nach und nach wachsen dadurch ganz viele kleine Investor*innen heran, die früh selbst erleben, wie man Geld an der Börse investiert, und die mit einem kleinen finanziellen Puffer auf die Rente vorbereitet werden.

CHECKLISTE: EURE FINANZPLANUNG FÜR ELTERN

Damit das Thema Geld im anstehenden Babychaos nicht untergeht, habe ich dir hier die wichtigsten To-dos zusammengefasst:

Vor der Geburt:

- ◯ **Mutterschutz prüfen:** Gibt es Anspruch auf Mutterschutzgeld? Wie wird der Antrag dafür eingereicht, und wie hoch ist die Summe?
- ◯ **Finanzielle Rücklagen prüfen**: Ist der Notgroschen groß genug? Brauchen wir als Paar einen weiteren finanziellen Puffer für die Elternzeit?
- ◯ **Elterngeld ausrechnen:** Wie viel Elterngeld bekommen wir, und welches Modell ist für uns am sinnvollsten? Wer übernimmt wie viele Monate Elternzeit?

Nach der Geburt:

- ◯ **Finanzen in der Elternzeit:** Ggf. Ausgleichszahlungen für die Person einrichten, die länger in Elternzeit bleibt und weniger Geld zur Verfügung hat.
- ◯ **Betreuung planen:** Ab wann und wie lange soll unser Kind in die Betreuung gehen, und was kostet uns das monatlich?
- ◯ **Kindergeld:** Nach der Geburt beantragen und überlegen, ob anteilig davon Geld für das Kind auf einem eigenen Konto gespart oder investiert werden kann.

Nach der Elternzeit:

- ◯ **Gehaltsanpassung:** Wer verdient wie viel, und wie können Unterschiede ausgeglichen werden? Zahlen beide gleich viel in die Altersvorsorge ein?
- ◯ **Krankheitsfälle:** Wer übernimmt wann, wenn das Kind krank wird?
- ◯ **Regelmäßige Check-ins & Kommunikation:** Money Dates einführen, um finanzielle Themen und Aufgaben regelmäßig zu besprechen.

7.3 ALLEINERZIEHEND: KEINE ZEIT, KEIN GELD?

Alleinerziehende sind diejenigen, die in Deutschland **am stärksten von Armut betroffen** sind.[26] Mich macht das wütend. Ich kann mir kaum vorstellen, wie man es schafft, allein verantwortlich für die Kinder zu sein, jede Care-Arbeit selbst zu erledigen (wenn das Kind fiebert, bist *du* wach, niemand sonst) UND dann auch noch das volle Einkommen verdienen zu müssen.

Die traurige Realität: **Nur knapp 60 % der Väter** zahlen den Unterhalt für ihre Kinder regelmäßig und in voller Höhe. Der Rest zahlt weniger Geld als vereinbart oder gar kein Geld.[27] In so einer Situation ist ein kaputter Kühlschrank kein Ärgernis, sondern ein echtes Risiko.

Wenn du alleinerziehend bist und dich trotzdem mit deinen Finanzen und sogar deiner Altersvorsorge beschäftigst: Hut ab! Bitte nimm jede Hilfe in Anspruch, die es gibt. Es ist dein Recht.

Wenn du nicht weißt, an welcher Stelle dir Unterstützung am meisten helfen würde, helfen diese **Reflexionsfragen:**

→ Welche finanziellen Sorgen trage ich alleine – und wieso?
→ Wo übernehme ich Verantwortung, die eigentlich geteilt werden müsste?
→ Welche Hilfe nehme ich nicht in Anspruch – und warum?

Finanziell ist in deiner Situation vermutlich klar: Stabilität geht vor Perfektion. Du kannst dich nicht um alle finanziellen Themen auf einmal kümmern. Deshalb hier ein Vorschlag, wie du **priorisieren** kannst:

1. **Steuerklasse checken:** Als Alleinerziehende steht dir meist die Steuerklasse 2 zu. Sie beinhaltet den Entlastungsbetrag. Das bedeutet mehr Netto vom Brutto. Prüfe, ob du dort eingruppiert bist!
2. **Notgroschen:** Ein Puffer auf dem Tagesgeldkonto ist für dich überlebenswichtig. Er ist wichtiger als jeder ETF-Sparplan. Erst die Sicherheit, dann das Risiko.
3. **Unregelmäßiges sichtbar machen:** Schule, Kleidung, Freizeit – diese Kosten kommen oft „überraschend". Mach sie sichtbar und kommuniziere sie an den Vater (sofern Kontakt besteht).
4. **Fixkosten:** Geh Miete, Strom und Abos durch. Wo kann gespart werden? Jeder Euro zählt.
5. **Dich selbst priorisieren:** Klar ist es toll, wenn du für dein Kind sparst. Aber nur, wenn du auch für dich selbst Geld zurücklegst.

Alleinerziehend zu sein heißt nicht, alles allein schaffen zu müssen. Deshalb findest du hier noch eine Checkliste, mit allen Leistungen, die Alleinerziehende beantragen können.

Je nach Situation können infrage kommen:

- **Staatlicher Unterhaltsvorschuss:** wenn kein oder zu wenig Unterhalt gezahlt wird
- **Kindergeld:** für alle Eltern, unabhängig vom Einkommen
- **Kinderzuschlag:** zusätzlich zum Kindergeld, wenn das Einkommen für die Eltern reicht, aber nicht ganz für die Familie
- **Wohngeld:** für Menschen mit geringem oder mittlerem Einkommen, wenn das Einkommen für den Lebensunterhalt reicht, aber die Miete zu hoch ist.
- **Bürgergeld:** wenn das Einkommen nicht ausreicht, um den Lebensunterhalt zu sichern.
- **Entlastungsbetrag für Alleinerziehende:** reduziert das zu versteuernde Einkommen. Gilt automatisch über Steuerklasse 2 – ansonsten über die Steuererklärung.
- **Bildungs- und Teilhabepaket (für Kinder):** Wenn du Kinderzuschlag, Wohngeld oder Bürgergeld erhältst, kannst du zusätzlich Zuschüsse für Schulmaterial, Klassenfahrten, Mittagessen, Sportverein, Musikschule bekommen.
- **Beratungsangebote für Alleinerziehende:** gibt es regional spezifisch, sie kennen auch Angebote, die nur für deine Stadt oder deinen Kreis gelten.

KAPITEL 8

DEINE FINANZEN, DEINE ZUKUNFT: VOM SPAREN ZUM INVESTIEREN

In den letzten Kapiteln haben wir aufgeräumt: Du hast deine finanzielle Vergangenheit analysiert, dein Money-Mindset entstaubt und im Hier und Jetzt Kassensturz gemacht.

Aber Sparen allein macht dich nicht reich (und bei der aktuellen Inflation leider oft sogar ärmer). Deshalb wechseln wir jetzt den Modus: vom „Verwalten" zum „Vermehren".

Jetzt lassen wir dein Geld arbeiten

In diesem Kapitel erstellen wir deinen persönlichen Masterplan für die Zukunft. Wir klären die große Frage: Wie wird aus meinem Geld eigentlich *mehr* Geld? Vielleicht löst das Wort „Börse" bei dir noch Unbehagen aus. Vielleicht denkst du:

- „Das ist nur was für Reiche."
- „Das ist mir viel zu riskant."
- „Ich habe doch gar keine Ahnung von Wirtschaft."

Keine Sorge. Genau da hole ich dich ab. Ich nehme dich Schritt für Schritt mit auf meine eigene Reise. Ich erzähle dir ganz ehrlich, wie ich gestartet bin (Spoiler: Ich hatte auch Respekt), welche teuren Fehler ich am Anfang gemacht habe und wie du das vermeiden kannst.

8.1 ALLES ZOCKEREI? DIE 4 GRÖSSTEN BÖRSEN-MYTHEN

Was ist dein erstes Bild im Kopf, wenn du das Wort „Börse" hörst? Sind es schreiende Männer in Anzügen, die in drei Telefone gleichzeitig brüllen? Ist es Leonardo DiCaprio, der im Film „The Wolf of Wall Street" Kokain von Tischen schnupft? Oder sind es rote Linien, die steil nach unten zeigen und Existenzen vernichten?
Kein Wunder, dass wir Respekt davor haben! Uns wird oft vermittelt: Die Börse ist ein Haifischbecken. Ein Casino. Ein exklusiver Club für reiche alte Männer. Aber ich kann dir versprechen: Das ist Hollywood, nicht deine Realität.

Crashs, Wirecard & die Medienpanik

Natürlich haben auch die Krisen der letzten Jahre Spuren hinterlassen. Dotcom-Blase 2000, Finanzkrise 2008 und zuletzt der Wirecard-Skandal. Das Problem: In den Nachrichten hören wir immer nur von den Verlierern.

→ *„Anleger verlieren alles bei Wirecard!“* – Ja, weil sie alles auf eine Karte (eine einzelne Aktie) gesetzt haben.

→ Niemand schreibt die Schlagzeile *„Person XY hat seit 15 Jahren langweilig in einen weltweiten ETF investiert und entspannt ihr Vermögen verdoppelt.“*

Genau das ist es aber: Modernes, kluges Investieren ist eigentlich ziemlich langweilig (im positiven Sinne). Es hat nichts mit Hektik und Zocken zu tun. Damit du den Kopf frei hast für deinen Start, schreddern wir jetzt die vier größten Mythen, die dich bisher vielleicht gebremst haben.

Mythos 1: „Ich brauche viel Geld, um an der Börse zu starten."
Früher stimmte das vielleicht, da waren die Gebühren hoch. Heute kannst du bei fast allen Banken und Brokern schon ab 1 Euro (ja, wirklich!) oder klassischerweise ab 25 Euro pro Monat in einen Sparplan investieren. Die Wahrheit: Du brauchst weniger als für ein Abendessen beim Italiener. Du musst nicht erst reich sein, um zu investieren. Du musst investieren, um vermögend zu werden.

Mythos 2: „Börse ist wie Casino – am Ende ist das Geld weg."
Die Wahrheit: Es kommt auf deinen Zeithorizont an. Wenn du heute eine Aktie kaufst und hoffst, dass sie morgen durch die Decke geht, dann ist das Zockerei (Spekulation). Das machen wir hier nicht. Wir investieren **langfristig** (10, 15 Jahre oder länger) und **breit gestreut** (in die ganze Weltwirtschaft). Historisch gesehen hat sich die Weltwirtschaft über lange Zeiträume immer positiv entwickelt – trotz Krisen, Kriegen und Crashs. Wer langfristig investiert, betritt kein Casino, sondern beteiligt sich am weltweiten Wohlstand. Das Risiko, alles zu verlieren, ist dabei gering (denn dafür müssten alle Unternehmen der Welt gleichzeitig pleitegehen – und dann hätten wir ganz andere Sorgen als unser Depot).

Mythos 3: „Ich muss ein Mathe-Genie sein und Bilanzen lesen können."
Die Wahrheit: Du brauchst einen gesunden Menschenverstand. Ich bin – anders als meine Schwester – auch keine Mathematikerin. Und ich habe keine Lust, jeden Morgen den Wirtschaftsteil der Zeitung zu studieren. Die gute Nachricht: Musst du auch nicht. Mit der Strategie, die ich dir zeige (z. B. ETFs), musst du keine Bilanzen analysieren und keine „Gewinner-Aktien“ suchen. Du kaufst einfach „den ganzen“ Markt. Das ist simpel, transparent und erfordert null Mathe-Studium.

Mythos 4: „Das kostet mich viel zu viel Zeit."

Die Wahrheit: Es kostet dich einen Sonntagvormittag. Viele denken, sie müssten jeden Tag Börsenkurse checken. Bloß nicht! Das macht nur nervös. Eine solide Geldanlage funktioniert wie eine gute Haarpflege-Routine: Einmal richtig aufsetzen und dann einfach laufen lassen. Dank Sparplänen läuft alles automatisch. Du richtest es einmal ein – und dann kannst du dich wieder deinem Leben widmen, während dein Geld im Hintergrund leise wächst.

8.2 WO SOLL ICH ANFANGEN? DEIN BÖRSEN-CHECK-UP!

Bevor wir dein Geld zur Arbeit schicken, müssen wir zwei Dinge tun:

1. Die Sprache des Geldes lernen (damit du weißt, was du tust).
2. Prüfen, ob du finanziell startklar bist.

Keine Angst vor Finanzbegriffen

Bevor man mit dem Investieren anfängt, stolpert man über Begriffe wie *ETF, Volatilität* oder *Thesaurierung.* Ich erkläre dir diese Begriffe gleich ausführlich. Aber bevor wir Vokabeln lernen, machen wir den Börsen-Check-up.

WORKBOOK: BEREIT FÜRS INVESTIEREN? DEIN SELBSTTEST

1. Basis-Check: Schulden & Notgroschen
Bist du schuldenfrei (keine Konsumschulden!) und hast einen Notgroschen von 3 bis 6 Monatsgehältern auf dem Tagesgeldkonto?

- ◯ **JA:** Super! Du hast die Basis gelegt. Los geht's mit dem Investieren.
- ◯ **JEIN/WEISS NICHT:** Vermutlich fehlt dir der Überblick.
  - → To-do: Kassensturz machen! Ausgaben tracken, Budgetplan aufstellen. Erst Ordnung, dann Börse.
- ◯ **NEIN:** Stopp!
  - → Hast du Konsumschulden (Dispo, Klarna, Kreditkarte)? Bau diese zuerst ab. Die Zinsen, die du dafür bezahlen musst, sind hoch.
  - → Hast du „gute" Schulden (Immobilie, BAföG)? Hab im Hinterkopf: Die Tilgung hat Priorität.

2. Sicherheits-Check: Versicherungen
Bist du gegen existenzielle Risiken abgesichert (Haftpflicht, Berufsunfähigkeit etc.)?

- ◯ **JA:** Perfekt. *(Tipp: Setz dir einen jährlichen Termin in den Kalender, um die Policen zu prüfen.)*
- ◯ **JEIN/WEISS NICHT:** Lies noch mal Kapitel 3.9 über Versicherungen und überleg, was du versichern musst: deine Arbeitskraft, deinen Besitz?
- ◯ **NEIN:** Das ist riskant. Bevor du Geld anlegst, sichere deine Arbeitskraft ab. Sonst nützt dir das schönste Depot nichts, wenn du arbeitsunfähig wirst.

3. Zukunfts-Check: Altersvorsorge
Machst du mehr, als nur in die gesetzliche Rentenversicherung einzuzahlen?

◯ **JA:** Sehr gut. Berechne im nächsten Schritt deine konkrete **Rentenlücke** (siehe dazu Kapitel 10)

◯ **JEIN/WEISS NICHT:** Such deine letzte Renteninformation. Wie viel bekommst du später? Parallel hilft dir das Kapitel zur Altersvorsorge.

◯ **NEIN:** Alarmstufe Rot!

→ Besonders wenn du selbstständig bist oder nicht in die Rentenkasse einzahlst: Du hast kein Sicherheitsnetz. Du musst dich *jetzt* darum kümmern. Checke, welche Zuschüsse du ggf. bekommst, ob du in Versorgungswerke oder die Künstlersozialkasse (KSK) einzahlen kannst. Und mache dir einen guten Plan, wie du selbst für deine Altersvorsorge investierst.

4. Investitions-Check: Börse
Investierst du schon an der Börse?

◯ **JA:** Glückwunsch! Nutze dieses Kapitel, um deine Strategie zu prüfen: Sind deine Investments breit genug gestreut? Sind die Gebühren niedrig genug?

◯ **JEIN/WEISS NICHT:** Vielleicht läuft da was über die Eltern oder eine betriebliche Altersvorsorge? Finde es heraus! Du solltest wissen, wo dein Geld steckt.

◯ **NEIN:** Was hält dich ab? Zu wenig Wissen? Angst? Zu wenig Geld?

→ Die gute Nachricht: Genau das ändern wir auf den nächsten Seiten.

Fazit: Wenn deine Ampel bei **Frage 1 „auf Grün“** steht: Los geht's mit dem Investieren! Wenn sie „auf Rot“ steht: Nimm dir erst ein paar Monate Zeit, um den Dispo auszugleichen oder den Notgroschen zu füllen. Beim Investieren mit Schulden im Nacken schläft es sich schlecht.

So, der Check-up ist erledigt. Jetzt lernen wir die Sprache!

8.3 DAS KLEINE BÖRSEN-EINMALEINS: DIE TOP-10-BEGRIFFE, DIE DIR IMMER WIEDER BEGEGNEN WERDEN

1. Die Aktie (der Anteil)

Stell dir ein Unternehmen wie eine riesige Pizza vor. Wenn das Unternehmen beispielsweise Geld braucht, um zu wachsen, verkauft es Stücke dieser Pizza an Leute wie dich und mich. Wenn du eine Aktie kaufst, gehört dir ein winziger Teil dieses Unternehmens. Du bist jetzt **Miteigentümerin.** Das Geniale daran: Du bist keine Bittstellerin (wie bei der Bank, wo du Zinsen willst), sondern eine Unternehmerin. Wenn es der Firma gut geht, gehört dir ein Teil des Erfolgs.

Kurz & knapp: Eine Aktie ist ein Sachwert, der dich zur Miteigentümerin eines Unternehmens macht.

2. Die Börse (der Marktplatz)

Die Börse ist nichts anderes als ein Wochenmarkt oder ein Supermarkt. Nur dass dort nicht Kartoffeln oder Bananen gehandelt werden, sondern Wertpapiere (wie Aktien). Angebot und Nachfrage bestimmen den Preis (den „Kurs"). Wollen viele Leute eine Apple-Aktie haben, steigt der Preis. Wollen alle sie loswerden, sinkt er.

Kurz & knapp: Die Börse ist der Marktplatz, auf dem Aktien und andere Wertpapiere gekauft und verkauft werden.

3. Der Index (das Stimmungsbarometer)

Du hast sicher schon vom DAX gehört. Das ist ein Index. Ein Index ist einfach eine Liste der wichtigsten Unternehmen einer Region oder Branche.

- Der DAX setzt sich zusammen aus 40 großen deutschen Unternehmen.
- Der MSCI World (der Liebling aller ETF-Sparer) setzt sich zusammen aus fast 1.500 Unternehmen aus 23 Industrieländern weltweit. Wenn „der DAX steigt", heißt das einfach: Die Aktienkurse der 40 gelisteten Unternehmen steigen überwiegend.

Kurz & knapp: Ein Index zeigt an, wie sich eine bestimmte Gruppe von Aktien entwickelt (z. B. „Deutschland" oder „Die Welt").

4. Der Fonds (der Obstkorb)

Jetzt wird es wichtig. Einzelne Aktien zu kaufen ist riskant (was, wenn genau diese eine Firma pleitegeht?). Deshalb ist es schlauer, viele verschiedene Aktien zu kaufen. Ein Fonds ist wie ein großer Obstkorb. Viele Anleger*innen werfen ihr Geld in einen Topf, und ein*e Fondsmanager*in kauft davon Hunderte verschiedene Aktien (Äpfel, Birnen, Bananen). Der Haken: Fondsmanager*innen wollen bezahlt werden. Deswegen werden bei einem Fonds hohe Gebühren fällig. Das macht klassische Fonds („aktive Fonds") teuer.

Kurz & knapp: Ein Fonds ist ein Korb voller verschiedener Aktien, der meist von einem*einer (teuren) Manager*in verwaltet wird.

5. Der ETF (der smarte Korb)

ETF steht für *Exchange Traded Fund* (Börsengehandelter Fonds). Das ist auch ein Obstkorb voller Aktien. Aber: Hier gibt es keine teuren Manager*innen im schicken Anzug. Ein Computer macht die Arbeit. Er kauft einfach stur genau die Aktien nach, die in einem Index (siehe Punkt 3) enthalten sind. Er kopiert also den Markt. Ein*e Fondsmanager*in wird versuchen, den Markt zu schlagen, indem er*sie zum Beispiel viel mehr Bananen kauft, wenn er*sie glaubt, dass Bananen sich preislich besser entwickeln werden als anderes Obst. Nicht immer stimmt diese Annahme, trotzdem müssen Fondsmanager*innen bezahlt werden. ETFs sind **extrem günstig, weil hier keine hohe Verwaltungsgebühr anfällt.** Sie sind der Schlüssel für deinen Vermögensaufbau.

Kurz & knapp: Ein ETF ist ein kostengünstiger Fonds, der automatisch einen Index (z. B. die Weltwirtschaft) nachbildet, ohne teure Manager*innen.

6. Die Rendite (der Gewinn)

Das ist das, was am Ende für dich rausspringt. Die Rendite setzt sich aus zwei Dingen zusammen:

1. **Kursgewinne:** Die Aktie ist heute mehr wert als beim Kauf.
2. **Ausschüttungen:** (siehe Dividende). An der Börse erwarten wir langfristig eine durchschnittliche Rendite von ca. 7–8 % pro Jahr, zumindest war dies in der Vergangenheit ein realistischer Wert. (Zum Vergleich: Auf dem Sparbuch sind deine Zinsen oft kleiner als die Inflationsrate. Wenn sich dein Geld zum Beispiel jährlich um 1 % vermehrt, die Preise, also die Inflation, aber um 2 % anziehen, wirst du trotz Sparens ärmer.)

Kurz & knapp: Die Rendite ist der Ertrag, den dein Geld pro Jahr erwirtschaftet (in Prozent).

7. Die Dividende (das Dankeschön)

Manche Unternehmen beteiligen ihre Aktionär*innen direkt am Gewinn. Sie überweisen dir einmal im Jahr (oder quartalsweise) einen Teil des Gewinns auf dein Konto. Einfach nur, weil du die Aktie besitzt. Das nennt man Dividende. Es ist quasi ein „passives Einkommen" oder ein „Dankeschön" der Firma.

Kurz & knapp: Die Dividende ist eine Gewinnausschüttung des Unternehmens an dich.

8. Thesaurierend (der Turbo-Zünder)

Das ist wahrscheinlich das merkwürdigste Wort der Finanzwelt. Es klingt nach einer ausgestorbenen Dinosaurier-Art. Aber eigentlich bedeutet es etwas Tolles: Es ist das Gegenteil von „Ausschütten". Wenn ein ETF „thesaurierend" ist, behält er die Gewinne (Dividenden), die die Unternehmen abwerfen, ein. Er überweist sie dir nicht auf dein Konto, sondern legt sie wieder an, er reinvestiert also dein Geld. Das ist genial für den Zinseszins-Effekt, weil dein Geldhaufen so von ganz alleine schneller wächst, ohne dass du etwas tun musst.

Kurz & knapp: Thesaurierend bedeutet, dass Gewinne nicht ausgezahlt, sondern automatisch wieder angelegt werden (perfekt zum Vermögensaufbau).

9. Die Volatilität (das Schwanken)

Ein schwieriges Wort für eine einfache Sache: Börsenkurse gehen nicht in einer geraden Linie nach oben. Sie zackeln. Mal geht es rauf, mal runter. Diese Schwankungsbreite nennt man Volatilität. Hohe Volatilität heißt: Es geht wild rauf und runter (Achterbahn). Niedrige Volatilität heißt: Es ist ruhig (Kinderkarussell). Wichtig für dich: Schwankungen sind kein Fehler im System, sondern völlig normal. Wer die Rendite will, muss die Schwankungen aushalten.

Kurz & knapp: Volatilität misst, wie stark der Preis einer Anlage schwankt.

10. Das Depot (das Lager)

Du kannst Aktien nicht auf dein Girokonto legen. Du brauchst einen speziellen Ort dafür: das Wertpapierdepot. Das ist im Grunde ein Konto, auf dem keine Euros liegen, sondern deine Aktien und ETFs. Du kannst es bei deiner Hausbank eröffnen (oft teuer) oder bei Online-Brokern und Direktbanken (oft kostenlos).

Kurz & knapp: Das Depot ist der digitale „Lagerraum" für deine Wertpapiere.

8.4 DAS ACHTE WELTWUNDER: DER ZINSESZINS

Wir haben jetzt die Vokabeln gelernt. Vielleicht hast du dich gefragt: *„Warum soll ich mir den Stress mit der Börse antun, wenn ich doch nur 7 % Rendite kriege? Das klingt nach wenig."*

Unser Gehirn denkt linear (1, 2, 3, 4). Geld an der Börse wächst aber **exponentiell,** wenn du Erträge wieder anlegst (1, 2, 4, 8, 16). Das Zauberwort heißt **Zinseszins.** Angeblich hat **Albert Einstein** ihn mal als das „achte Weltwunder" bezeichnet. Wer ihn versteht, verdient daran. Wer ihn nicht versteht, bezahlt ihn (bei Schulden).

Das Prinzip: vom Setzling zum Wald

Stell dir vor, du möchtest einen Wald pflanzen. Am Anfang kaufst du einen einzigen kleinen Setzling (dein Startkapital) und pflanzt ihn ein.

1. **Die Anwachs-Phase:** In den ersten Jahren passiert oberflächlich wenig. Der Baum schlägt Wurzeln, er wächst langsam. Du musst ihn gießen (regelmäßig sparen).
2. **Die erste Ernte:** Irgendwann ist der Baum groß genug und trägt Früchte oder wirft Samen ab (das sind deine Zinsen/Rendite).
3. **Der Clou (der Zinseszins):** Du isst diese Früchte nicht auf! Du lässt die Samen auf den Boden fallen. Aus diesen Samen wachsen neue kleine Bäume.
4. **Das Ökosystem:** Jetzt arbeiten nicht nur dein erster Baum, sondern auch die vielen kleinen neuen Bäume für dich. Auch sie werfen irgendwann Samen ab, aus denen *wieder* neue Bäume entstehen.

Nach 20 oder 30 Jahren hast du nicht mehr nur den einen Baum, den du gepflanzt hast, sondern einen riesigen Wald, der sich von selbst vergrößert. Genau das passiert mit deinem Geld: Im ersten Jahr bekommst du Zinsen auf dein Geld. Im zweiten Jahr bekommst du Zinsen auf dein Geld UND Zinsen auf die Zinsen vom letzten Jahr. Dein Guthaben wächst im Prinzip von allein weiter, auch wenn du weiterhin regelmäßig „nachpflanzen" solltest.

Ein Rechenbeispiel (zum Staunen)

Lass uns mal schauen, was passiert, wenn du monatlich 100 Euro in einen ETF sparst (bei durchschnittlich 7 % Rendite). Wir gehen dabei von jährlichen Ausschüttungen deiner Erträge aus.

Nach 10 Jahren (die Bäume wachsen noch):

- → Eingezahlt: 12.000 €
- → Wert im Depot: **17.208 €**
- → *Gewinn: rund 5.208 €*

Nach 20 Jahren (der Wald wird dichter):

- → Eingezahlt: 24.000 €
- → Wert im Depot: **51.060 €**
- → *Gewinn: rund 27.060 €* (Aha, das Geld hat sich mehr als verdoppelt!)

Nach 40 Jahren (ein riesiges Ökosystem):

- → Eingezahlt: 48.000 €
- → Wert im Depot: **248.646 €**
- → *Gewinn: rund 200.646 €* (Boom!)

Siehst du, was passiert? Du hast nur 48.000 Euro „gepflanzt“, hast aber fast eine Viertelmillion auf dem Konto. Die **rund 200.000 Euro Gewinn** kommen nicht von deiner Arbeit. Sie kommen allein daher, dass dein Wald lange genug Zeit hatte, sich auszubreiten.

Der Zeitfaktor

Das Wichtigste beim Zinseszins ist nicht, *wie viel Geld* du hast, sondern *wie viel Zeit* du ihm gibst.

- → Fängst du mit 20 an, bist du mit kleinen Beträgen später vermögend.
- → Fängst du erst mit 50 an, musst du viel mehr einzahlen, um auf dieselbe Summe zu kommen.

Hier auch noch mal visuell:

Endkapital	248.646 €
Gesamte Einzahlungen	48.000 €
Erhaltene Zinszahlungen	200.646 €

Wenn du über **40 Jahre monatlich 100 € zu 7 %** investierst, kommst du am Ende auf ein **Endkapital von 248.646 €.** Diese setzen sich zusammen aus **48.000 € Einzahlungen** und **200.646 € an Zinsen oder Kapitalerträgen.**

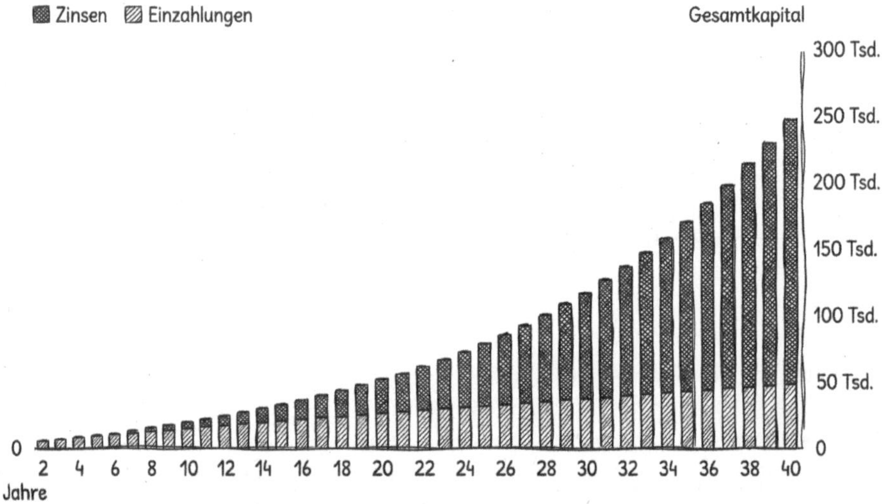

Deshalb ist der beste Tag, um anzufangen, immer heute.

Der Endgegner für den Zinseszins: Gebühren (der unsichtbare Vermögenskiller)

Ich habe dir ja bereits ETFs vorgestellt und werde dir gleich noch zeigen, welche du kaufen kannst und wie genau das funktioniert. Warum ich so auf ETFs herumreite? Wegen zwei Dingen: der breiten Streuung (auch dazu erfährst du in den nächsten Kapiteln noch mehr) und der Kosten. Gebühren wirken auf den ersten Blick harmlos, sind aber über die Jahre brutal. Denn letztlich vermindern sie die Rendite deiner Anlage.

Viele Bankberater verkaufen dir gerne „aktiv gemanagte Fonds". Die kosten oft **2,5 % Gebühren** pro Jahr. Ein ETF kostet oft nur **0,2 %.** *Klingt nach wenig Unterschied?* Rechnen wir mal nach.

Das 108.000-Euro-Desaster: Bleiben wir bei unserem Beispiel von eben. Du investierst 40 Jahre lang 100 Euro pro Monat (bei 7 % Marktrendite).

→ **Mit dem günstigen ETF (0,2 % Kosten)** hast du am Ende **ca. 235.000 Euro.**
→ **Mit dem teuren Bank-Fonds (2,5 % Kosten)** hast du am Ende **fast 127.000 Euro.**

Das Ergebnis: Du hast **über 100.000 Euro weniger,** nur wegen der „kleinen" Gebühr. Was natürlich auch an der langen Spardauer liegt. Das Geld ist übrigens nicht weg – es hat nur jetzt deine Bank. Die Gebühren werden nämlich nicht einfach einmal abgezogen, sondern sie fressen jedes Jahr einen Teil deines Zinseszins-Effekts auf (negativer Zinseszins).

Deshalb: Achte penibel auf die Kosten (TER). Jeder Euro, den du an Gebühren sparst, landet am Ende vielfach in deiner Tasche.

Keine Garantie für Gewinne

Bei aller Euphorie muss ich natürlich einschränkend anmerken: **Es ist niemals sicher, dass die Weltwirtschaft und damit unsere Investments immer weiter wachsen.**

Alle Prognosen (auch meine 7 % aus dem Rechenbeispiel) beruhen auf Werten aus der Vergangenheit. Seitdem es die Börse gibt, gab es „on the long run" immer Wachstum. Aber:

→ Über „kurze" Phasen hinweg gab es immer wieder Krisen und Crashs (Dotcom-Blase, Finanzkrise 2008, Corona-Crash). Kurz sind diese Phasen mit Blick auf den gesamten Zeitraum, allerdings können sich auch mehrere Verlustjahre aneinanderreihen, was dann durchaus lang wirkt.
→ Es gibt Investments, die nur Verluste eingebracht haben.

Deshalb ist die wichtigste Grundregel, die du dir merken musst: **Investiere an der Börse nur Geld, das du in den nächsten 10 bis 15 Jahren NICHT brauchst.** Wenn du das Geld für den Hauskauf in zwei Jahren brauchst, gehört es **nicht** in einen ETF. Denn wenn genau dann ein Crash kommt, musst du mit Verlust verkaufen. Wenn du aber Zeit hast, kannst du Krisen aussitzen.

8.5 BÖRSEN-BASICS: VON DER KONSUMENTIN ZUR EIGENTÜMERIN

Meine allererste Berührung mit der Börse hatte ich mit 18 Jahren. Damals hatte ich tatsächlich schon meinen ersten Aktienfonds. Klingt vorbildlich, oder? War es aber nicht. Denn ich hatte absolut keine Ahnung, was ich da eigentlich unterschrieben hatte. Ich habe es einfach laufen lassen, ohne zu verstehen, wie die Kurse zustande kommen oder was da mit meinem Geld passiert. Es war eher ein „Blindflug" als eine Strategie.

Der Moment, in dem ich mich wirklich darum **gekümmert** habe – also aktiv, mit Verstand und eigenem Willen –, kam erst viel später: **im Corona-Lockdown.** Ich saß allein zu Hause, alle Jobs wurden abgesagt, ich hab in Woche eins schon meinen kompletten Kleiderschrank aussortiert, und plötzlich hatte ich viel Zeit.
Also machte ich mir einen Kaffee, setzte mich an den Schreibtisch und beschloss: Ich will verstehen, **was es mit dieser Börse auf sich hat.**
Damals war ich extrem vorsichtig, hab mich nicht getraut, große Summen in die Hand zu nehmen, hatte Angst, dass ich Panik bekomme und alles wieder verkaufe, wenn die Kurse mal schwanken. Also war meine Taktik: **Start small.** Ich habe mit kleinen Beträgen angefangen, um erst mal ein Gefühl dafür zu bekommen. Und genau das rate ich dir auch.

Das Prinzip: Konsum vs. Investition (das Apple-Beispiel)

Um die Börse zu verstehen, müssen wir einen Schalter im Kopf umlegen. Bisher kennen wir den Markt nur als **Konsumenten.** Ein Beispiel: Ich liebe Apple-Produkte. Ich habe mir MacBooks und iPhones gekauft.

→ **Der Deal:** Ich gebe Apple mein Geld → Ich bekomme ein Produkt
→ Mein Geld ist weg.

An der Börse wechseln wir die Seite. Wir werden zu **Investorinnen.** Da ich Apple-Produkte mag und daran glaube, dass es dieses Unternehmen noch lange geben wird, dachte ich mir damals: Warum kaufe ich eigentlich nur die Telefone? Warum kaufe ich nicht einen Teil der Firma?

→ **Der Deal:** Ich kaufe eine Apple-Aktie → Ich werde Miteigentümerin
→ Mein Geld arbeitet im Unternehmen weiter.

Zwischenzeitlich war der Wert meiner Apple-Aktien so stark gewachsen, dass ich die Kosten für mein MacBook wieder drin hatte. Das ist der entscheidende Unterschied: **Konsum kostet Geld. Investieren lässt Geld wachsen.**

Wie kaufe ich das? (Der Broker)

Früher war das kompliziert. Aus Filmen kennst du vielleicht Szenen, wo Männer auf dem Börsenparkett herumschreien und mit Zetteln wedeln. Wenn deine Großeltern Aktien wollten, mussten sie zur Bank gehen und hohe Gebühren zahlen.

Heute ist die Börse auf deinem Handy. Du brauchst dafür einen **Broker.** Das ist einfach eine Bank oder eine App, die für dich den Zugang zum Marktplatz herstellt. Bekannte Anbieter (Neobroker) sind z. B. *Trade Republic, Scalable Capital* oder *Smartbroker,* aber auch Direktbanken wie *ING* oder *Comdirect.* Dort eröffnest du ein **Depot.**

Worauf du bei der Wahl achten solltest:

1. **Kosten:** Die Depotführung sollte kostenlos sein. Sparpläne sollten ebenfalls kostenlos (oder sehr günstig) sein.
2. **Sicherheit:** Wähle einen Broker, der in Deutschland/der EU reguliert ist (Einlagensicherung bis 100.000 € auf das Geldkonto).
3. **Usability:** Die App muss dir gefallen! Ich habe mir damals drei Apps runtergeladen und nur die behalten, die ich intuitiv verstanden habe.

WORKBOOK: THEORIE-PRAXIS-TRANSFER

1. Perspektivwechsel

Schau dich in deiner Wohnung um. Welche Produkte oder Marken nutzt du jeden Tag und findest sie gut? (Netflix? L'Oréal? Schwarzkopf? Adidas? Microsoft?). Schreibe drei davon auf. Das sind Firmen, bei denen du bisher nur Kunde bist – aber theoretisch Eigentümer sein könntest.

1. ________________________ (Produkt: ________________)

2. ________________________ (Produkt: ________________)

3. ________________________ (Produkt: ________________)

(Hinweis: Das heißt nicht, dass du diese Einzelaktien kaufen sollst! Es hilft nur, zu verstehen, dass hinter den Aktien echte Produkte stehen.)

2. Der Broker-Check

Lade dir heute Abend unverbindlich 2 Apps von gängigen Neobrokern herunter (z. B. Trade Republic, Scalable). Klicke dich durch (noch ohne Geld einzuzahlen!).

→ Welche App fühlt sich einfacher an?
→ Wo findest du dich zurecht?

→ **Mein Favorit:** ________________________

8.6 DIE STRATEGIE: EINMAL DIE WELT, BITTE!

Jetzt hast du dein Depot eröffnet, die App ist installiert – und nun? Wenn du in der Suchmaske „ETF“ eingibst, wirst du erschlagen. Es gibt ETFs auf alles Mögliche: erneuerbare Energien, künstliche Intelligenz, Autos. Die Auswahl ist riesig und teilweise überfordernd.

Kauf nicht die Nadel, kauf den Heuhaufen

Stell dir vor, der Aktienmarkt ist ein riesiger Heuhaufen. Irgendwo darin verstecken sich die „Gewinner-Aktien“ von morgen (die Nadeln). Viele Profis versuchen verzweifelt, genau diese Nadeln zu finden. Das ist stressig, teuer und klappt selten dauerhaft (das wäre das „aktive Fondsmanagement“).

Wir machen es uns einfacher: **Wir kaufen einfach den ganzen Heuhaufen.** Wenn du den ganzen Heuhaufen besitzt, hast du automatisch alle Nadeln (die Gewinner) dabei. Klar, du kaufst auch Verlierer, aber in Summe überwiegen die Gewinne.

Die gängigsten Welt-ETFs (MSCI World & Co.)

In der Fachsprache nennt man das „Welt-Portfolio“. Du investierst mit einem einzigen ETF in die gesamte Weltwirtschaft.

Der bekannteste Index dafür ist der **MSCI World.**

- → Wenn du einen ETF auf den MSCI World kaufst, beteiligst du dich auf einen Schlag an **ca. 1.500 Unternehmen aus 23 Industrieländern** (USA, Japan, Deutschland, Frankreich ...).
- → Egal ob Apple, Microsoft, Amazon – sie sind alle drin. Allerdings: Der ETF ist tech-lastig, und US-amerikanische Unternehmen haben einen sehr großen Anteil. Hier kann es volatil werden.

Wenn dir das noch nicht reicht, gibt es den „großen Bruder“: den **MSCI ACWI** (All Country World Index) oder den **FTSE All-World.**

- → Damit hast du je nach ETF ca. zwischen 2300 und 3600 Unternehmen im Korb.
- → Diese ETFs nehmen zusätzlich noch die **Schwellenländer** (China, Indien, Brasilien) dazu, wobei der Anteil an US-amerikanischen Unternehmen ebenfalls hoch ist. Hinzu kommen politische Risiken und Währungsschwankungen. Langfristig haben diese ETFs mehr Wachstumspotenzial, kurzfristig schwanken sie stärker.

✓ DEINE ETF-CHECKLISTE

Es gibt viele Anbieter, die Welt-ETFs anbieten. Such dir einen aus und achte darauf, dass er diese 4 Kriterien erfüllt:

1. Der Index (was ist drin?)

Suche z. B. nach *„MSCI World“* oder *„MSCI ACWI“* oder *„FTSE All-World“*.

2. Die Kosten (TER)

Die „Total Expense Ratio“ sollte niedrig sein.
Richtwert: Unter 0,3 % pro Jahr. (Viele kosten sogar nur 0,12 % bis 0,20 %.)

3. Das Volumen (wie groß ist der Topf?)

Der Fonds sollte nicht zu klein sein, damit er nicht geschlossen wird.
Richtwert: Größer als 100 Millionen Euro Fondsvolumen.

4. Die Ertragsverwendung (was passiert mit Gewinnen?)

Hier musst du dich entscheiden (erinnerst du dich an die Vokabeln?):

- ○ **Thesaurierend (Acc):** Wenn du faul bist und den Zinseszins-Turbo willst (Gewinne werden automatisch reinvestiert)
  → *Meine Empfehlung für den Vermögensaufbau!*
- ○ **Ausschüttend (Dist):** Wenn du dich über regelmäßige Geldeingänge auf dem Konto freuen willst (du musst sie dann aber selbst wieder anlegen).

Suche dir **einen** ETF heraus, der diese Kriterien erfüllt. Schreib dir seine Kennnummer (ISIN) auf.

Mein ETF-Favorit (ISIN): ______________________

Sparplan einrichten

Du hast jetzt alles, was du brauchst:

1. Ein Depot.
2. Eine Strategie.
3. Die ISIN (die Bestellnummer deines ETFs).

Jetzt fehlt nur noch der letzte Klick. Und ich weiß, dass der sich komisch anfühlen kann. Vielleicht zögert dein Finger über dem „Kaufen“-Button. *„Sollte ich nicht lieber warten, bis die Kurse fallen?“*

Hier ist mein wichtigster Rat für deine mentale Gesundheit: **Schalte die Emotionen aus.** Wir machen keine Einzelkäufe. Wir richten einen **Sparplan** ein.

Keine Angst vor Verpflichtungen

Das Schöne am ETF-Sparplan ist: Er ist kein Handyvertrag. Du kannst ihn kostenlos ändern (Änderungen werden in der Regel sofort oder ab dem nächsten Spartermin wirksam, je nach Anbieter), pausieren oder löschen.

→ Geld knapp? Setz die Rate für einen Monat auf 0.
→ Gehaltserhöhung? Schraub die Rate hoch.
→ Geldsegen (Steuerrückzahlung)? Mach eine Einmalzahlung.

Du bist also maximal flexibel. Es gibt keinen Grund, nicht zu starten.

8.7 DER FEINE UNTERSCHIED: SPAREN VS. INVESTIEREN

Ich höre oft: „Ich spare für meine Rente“, oder: „Ich investiere in meinen Urlaub.“ Dabei sind Sparen und Investieren zwei völlig unterschiedliche Dinge. Um deine Finanzplanung sauber aufzustellen, musst du den Unterschied kennen.

Die goldene Regel lautet: Sparen schützt dein Geld. Investieren vermehrt es.

1. Sparen = Sicherheit & Liquidität

Beim Sparen legst du Geld zurück, ohne es einem Risiko auszusetzen.

→ **Das Ziel:** Du willst jederzeit an das Geld herankommen (Liquidität).
→ **Der Zweck:** Notgroschen, Urlaub, die neue Waschmaschine, Steuernachzahlungen.
→ **Das Produkt:** Tagesgeldkonto, Girokonto, Festgeld.
→ **Der Haken:** Dein Geld ist sicher, aber es wird nicht mehr. Im Gegenteil: Durch die Inflation verliert es an Kaufkraft. 10.000 Euro auf dem Girokonto sind in 10 Jahren zwar immer noch 10.000 Euro – du kannst dir davon aber deutlich weniger kaufen (Kaufkraftverlust).

2. Investieren = Wachstum & Risiko

Beim Investieren tauschst du Sicherheit gegen die Chance auf Gewinn.

→ **Das Ziel:** Du willst Vermögen aufbauen und die Inflation schlagen.
→ **Der Zweck:** Altersvorsorge, finanzielle Freiheit, langfristige Ziele (10+ Jahre).
→ **Das Produkt:** ETFs, Aktien, Immobilien.
→ **Der Haken:** Du gehst ein Risiko ein (Schwankungen). Dafür erhältst du Rendite. Nur durch Rendite kann dein Geld wirklich wachsen.

Das Fazit: Du brauchst beides

Es ist kein Entweder-oder. Eine gute Finanzplanung nutzt beide Strategien – aber für unterschiedliche Töpfe.

→ Das Geld für den Urlaub nächstes Jahr wird gespart (Tagesgeld). Es wäre fatal, es zu investieren und bei einem Börsencrash mit Verlust verkaufen zu müssen, nur weil der Flieger geht.
→ Das Geld für die Rente in 30 Jahren wird investiert (ETF). Es wäre fatal, es nur zu sparen, weil die Inflation es über die Jahrzehnte auffressen würde.

Schreibe hier auf: Für welches Ziel sparst du, und für welches Ziel investierst du?

____

____

____

8.8 GEHÖREN ANLEIHEN UND GOLD INS PORTFOLIO?

Wir sprechen in diesem Buch bisher vor allem über Aktien und ETFs, aber es gibt noch andere wichtige *Anlageklassen.* Sie dienen meist weniger der Rendite-Maximierung, sondern eher der **Stabilität.**

1. Anleihen (der Kredit an den Staat)

Aktien machen dich zur Eigentümerin. Anleihen machen dich zur Bank. Sie gehören zu den risikoärmeren Investments. Eine Anleihe (Bond) ist im Grunde ein Kredit, den du einem Staat oder einem Unternehmen gibst.

→ **Der Deal:** Du leihst dem Staat (z. B. Deutschland) 1.000 Euro für 10 Jahre.
→ **Der Lohn:** Dafür bekommst du jedes Jahr Zinsen (z. B. 3 %).
→ **Das Ende:** Nach einer bestimmten, vorher festgelegten Zeit – in dem Beispiel nach 10 Jahren – bekommst du deine 1.000 Euro zurück.

Du bekommst hier also jedes Jahr 30 Euro Zinsen. Da Zinsen ausgezahlt werden, hast du hier keinen automatischen Zinseszins-Effekt (außer du legst die Zinsen selbst wieder an). Anleihen gelten als **Sicherheitsanker.** Wenn die Aktienkurse crashen, bleiben sichere Staatsanleihen oft stabil. Sie sind der „Ruhepol" im Depot. Ein Risiko gehst du hier nur ein, wenn du dein Geld unsicheren Unternehmen leihst. „Deutsche Staatsanleihen" dagegen gelten als sicher.

2. Rohstoffe & Gold (der Krisenschutz)

Na, bereit für ein bisschen Glanz in deinem Depot? Neben Aktien und Anleihen gibt es an der Börse nämlich noch eine ganz andere Welt: die der **Rohstoffe.** Der absolute Star unter ihnen ist natürlich Gold. Seit Jahrtausenden ein Wertspeicher und in fast allen Kulturen das Symbol für Stabilität und Sicherheit schlechthin. Wenn Menschen Angst vor Inflation, Finanzkrisen oder Währungsproblemen haben, schlägt die Stunde von Gold.

FUN FACT: GOLD – NICHT VON DIESER WELT

Wusstest du, dass ein großer Teil des Goldes auf der Erde „nicht von dieser Welt" ist? Es entstand durch gigantische kosmische Ereignisse wie die Kollision von Neutronensternen und gelangte über Meteoriten auf unseren Planeten. Gold ist also im wahrsten Sinne des Wortes ein außerirdischer Rohstoff. Und: superselten. Wir können Gold nicht beliebig vermehren. Genau diese Knappheit macht seine Faszination aus.

Ich sehe Gold gerne als den **„Airbag"** in meinem Portfolio. Es bringt dir zwar keine monatlichen Zinsen oder Dividenden aufs Konto, kann aber stabilisierend wirken. Es entwickelt sich nämlich häufig anders als die Aktienmärkte. „Stabilisierend" bedeutet in diesem Zusammenhang: Wenn Aktienkurse stark fallen, hält sich Gold historisch betrachtet oft besser oder verliert zumindest weniger stark an Wert. Dadurch kann ein kleiner Goldanteil im Portfolio Schwankungen reduzieren.

Inflationsschutz: Wenn Geld an Kaufkraft verliert, steigt häufig die Nachfrage nach Gold – zumindest langfristig betrachtet –, was sich positiv auf den Preis auswirken kann.
Krisenwährung: In wirtschaftlich oder politisch unsicheren Zeiten wird Gold oft als sicherer Hafen wahrgenommen. Während andere Anlageklassen unter Druck geraten, bleibt der Goldwert teilweise stabil oder steigt sogar.

Gleichzeitig gilt: Rohstoffpreise – auch der Goldpreis – können deutlich schwanken. Sie reagieren sensibel auf Zinsentwicklungen, geopolitische Spannungen, Währungseffekte und globale Nachfrage. Andere Rohstoffe wie Öl oder Industriemetalle sind zudem stark von der weltweiten Konjunktur abhängig und können sich in Abschwungphasen ähnlich wie Aktien entwickeln. Gold ist also kein Garant für stetige Wertsteigerung, sondern ein möglicher Baustein zur Risikostreuung.

Wie kommt das Gold zu dir?
Du hast heute zwei Wege, um zu investieren:

1. **Ganz klassisch:** Als physische Barren oder Münzen, die du zu Hause am besten in einem Tresor, sonst ggf. in einem entsprechend versicherten Bankschließfach oder bei einem Edelmetallhändler im Tresorraum lagerst.

2. **Ganz modern:** Per Klick im Depot über sogenannte Gold-ETCs (Exchange Traded Commodities). Das ist quasi „Papiergold", das den Preis eins zu eins abbildet. Gold-ETCs sind allerdings kein Sondervermögen, es gibt also ein Emittentenrisiko. Bei einer Insolvenz der ausgebenden Stelle (die den ETC aufgelegt hat) muss der Rechtsweg beschritten werden, um an das Geld zu kommen.

Wie viel Gold in dein Portfolio wandert, hängt ganz von deinem persönlichen Sicherheitsbedürfnis ab. Es werden in der Regel maximal 5–10 % deines gesamten Portfolios empfohlen, um eine gute Balance zwischen Sicherheit und Renditechancen zu halten.

3. Tagesgeld & Festgeld (der sichere Hafen)

Das ist die konservativste Form der Geldanlage. Über den Notgroschen haben wir ja schon gesprochen – der gehört aufs **Tagesgeld.** Aber auch für den Vermögensaufbau spielen diese Konten eine Rolle, nämlich als „risikofreier Anteil".

→ **Tagesgeld:** Dein Geld liegt dort sicher, bringt ein paar Zinseinnahmen, und du kommst **jederzeit** ran.

→ **Festgeld:** Du legst dein Geld für einen festen Zeitraum fest an (z. B. 1 Jahr oder 3 Jahre). Dafür bekommst du meist etwas höhere Zinsen als beim Tagesgeld. Der Nachteil: Du kommst vor Ablauf der Frist **nicht** an das Geld.

Fazit: Die Mischung macht's

Du musst dich nicht für *eines* entscheiden. Viele Profi-Strategien basieren auf einer Mischung:

→ Ein großer Teil (z. B. 70–80 %) fließt in **Aktien-ETFs** für das Wachstum.

→ Ein kleinerer Teil (z. B. 20–30 %) wird als **Tagesgeld/Festgeld** angelegt oder in **Anleihen** für die Sicherheit investiert.

8.9 BÖRSEN-PSYCHOLOGIE: WIE GUT SCHLÄFST DU, WENN ES KRACHT?

Geld investieren ist zu 10 % Mathematik und zu 90 % Psychologie. Das wird dir spätestens dann klar, wenn es an der Börse mal nicht bergauf geht. Wenn die Kurse steigen, fühlen wir uns alle wie geniale Investor*innen. Aber die wahre Prüfung kommt, wenn die Kurse fallen. Können wir aushalten, dass unser Depot plötzlich rot leuchtet? Bleiben wir ruhig und warten, bis die Krise vorbei ist? Oder bekommen wir Panik, verkaufen alles und machen so die Buchverluste (die fiktiven Verluste) zu echten Verlusten?

Das Corona-Phänomen (eine Warnung)

Während der Pandemie haben in Deutschland viele Menschen mit dem Investieren angefangen. Die Kurse stiegen rasant. Einige haben dabei aber Verluste erlitten und sich wieder von der Börse abgewandt. Warum? Weil viele aus den falschen Gründen eingestiegen sind:

1. **FOMO (Fear Of Missing Out):** Sie haben Produkte gekauft, die sie nicht verstanden haben (z. B. Hype-Aktien), nur weil alle anderen es taten.
2. **Kein Puffer:** Sie haben Geld investiert, das sie kurzfristig doch brauchten. Als die Kurse fielen, mussten sie mit Verlust verkaufen.

Deine Versicherung gegen Panik

Damit dir das nicht passiert, brauchst du zwei Dinge:

1. **Wissen:** Das hast du dir in diesem Kapitel angeeignet (Welt-ETF statt Einzelaktien-Zockerei).
2. **Die richtige Einschätzung deiner Risikotragfähigkeit.**

Du musst vorher wissen, wie viel Schmerz du aushältst.

WORKBOOK: DER CRASH-SIMULATOR

Stell dir vor, du hast **10.000 Euro** investiert. Es gibt eine globale Krise. Die Börsenkurse stürzen um 50 % ab (das ist historisch selten, aber möglich).

Dein Depotwert beträgt jetzt nur noch **5.000 Euro,** du bist also 5.000 Euro im Minus. Wie reagierst du?

- ◯ **Typ A (panisch):** Mir wird schlecht. Ich verkaufe sofort alles, um wenigstens die restlichen 5.000 € zu retten.
- ◯ **Typ B (besorgt):** Ich bin nervös und checke jeden Tag die Kurse. Ich überlege, den Sparplan zu stoppen.
- ◯ **Typ C (cool):** Ich weiß, dass das normal ist. Ich mache gar nichts (oder kaufe sogar nach, weil es gerade „Rabatt" gibt).

Auflösung:

→ **Typ C:** Perfekt, du hast gute Nerven – auch weil du gelernt hast, dass du immer einen Notgroschen haben solltest.

→ **Typ A oder B:** Das ist völlig okay! Aber du solltest deinen Aktienanteil reduzieren. Mische mehr „Sicherheits-Bausteine" (Tagesgeld/Festgeld) in dein Portfolio, damit die Schwankungen nicht so extrem sind.

Eine ganz andere Idee ist es, Geld direkt in junge Unternehmen zu investieren. Das ist zumindest Verena Pausders Tipp für die Mutigen unter euch.

99

TOP-MONEY-TIPP VON VERENA PAUSDER

„Traut euch ein erstes Business-Angel-Investment in ein Start-up! Das muss keine große Summe sein, aber ihr investiert euer Geld und bekommt im besten Fall Rendite, Erfahrung und das tolle Gefühl zurück, neue Ideen und Innovation ans Licht zu heben."

Verena Pausder ist Unternehmerin, Investorin und Vorstandsvorsitzende des Start-up-Verbands. Sie ist bekannt für ihre Gründungen im Bildungs-Tech-Bereich und ihr Engagement für digitale Bildung und Unternehmertum. Außerdem ist sie Mitgründerin des Frauen-Fußball-Teams von FC Viktoria Berlin.

Diese Risiken musst du kennen (und zähmen)

Oft setzen wir „Risiko" mit „Gefahr" gleich. Wir denken an Casinos oder Roulette. Doch an der Börse bedeutet Risiko eigentlich nur eines: Unsicherheit über die Zukunft. Niemand hat eine Glaskugel. Aktienkurse schwanken.

Vielleicht fragst du dich: *„Warum schwankt das überhaupt so? Kann es nicht einfach stetig bergauf gehen?"* Nein, kann es nicht. Und wenn du zwei Dinge verstehst, schläfst du in der nächsten Krise besser:

1. **Die Konjunktur atmet** Wirtschaft ist nichts Statisches. Es gibt immer Zyklen: Aufschwung, Boom, Abschwung, Krise. Und dann geht es von vorne los. Das ist wie Einatmen und Ausatmen. Eine Krise ist also kein „Unfall", sondern Teil des natürlichen Atems der Wirtschaft. Da wir langfristig (15+ Jahre) investieren, erleben wir zwangsläufig mehrere dieser Zyklen – und profitieren davon, dass die Kurse nach jedem „Ausatmen" bisher immer höher gestiegen sind als davor.

2. **Die Börse handelt die Zukunft** Das ist ein Satz für Fortgeschrittene: *„An der Börse wird die Zukunft gehandelt, nicht die Gegenwart."* Investoren reagieren auf Erwartungen.

→ Oft steigen die Kurse schon wieder, während in der Tagesschau noch von „Krise" die Rede ist. Warum? Weil die Anleger erwarten, dass es *bald* besser wird.
→ Wer wartet, bis die Nachrichten gut sind, kommt meist zu spät. Die Party an der Börse beginnt oft schon, während draußen noch aufgeräumt wird.

Wichtig ist das echte „Big Picture". Du erkennst es, wenn du „rauszoomst". Wer die wirtschaftlichen Zusammenhänge versteht, bleibt cool und lässt sich nicht verunsichern.

Dabei hilft natürlich auch die Auswahl der Medien: Ich persönlich bevorzuge eine bewusste Mischung aus den klassischen Massenmedien wie Zeitschriften und TV-Sendern, aber ich ziehe auch aus Social Media Wissen und nutze künstliche Intelligenz, um mir Zusammenhänge aufzeigen zu lassen.

Such dir bewusst aus, wer dir die Welt erklärt. Denn Finanzwissen ist für mich die ultimative Form der Gleichberechtigung. Es sorgt dafür, dass wir das Geld, für das wir hart arbeiten, auch so clever wie möglich für uns arbeiten lassen.

Welcher Risiko-Typ bist du?

Es bringt nichts, die theoretisch beste Rendite zu haben, wenn du nachts vor Sorge nicht schlafen kannst. Deshalb musst du deine persönliche **„Schmerzgrenze"** finden. Das bestimmt deine **Asset Allocation** (die Aufteilung zwischen sicherem und riskantem Teil).

Dein Typ	Deine Aufteilung (Beispiel)	Das Gefühl
Vorsichtig	30 % Aktien (ETF) 70 % Tages-/Festgeld	„Ich will nur ein bisschen Inflationsschutz, aber bloß keine Schwankungen."
Ausgewogen	50 % Aktien (ETF) 50 % Tages-/Festgeld	„Ich will Rendite, aber auch ein dickes Sicherheitspolster."
Mutig	80 % Aktien (ETF) 20 % Tages-/Festgeld	„Ich habe Zeit und gute Nerven. Ich will maximales Wachstum."

WORKBOOK: RISIKO-TYP

Zeit für die Wahrheit. Welches Risiko passt zu dir?

Lies die folgenden Aussagen und überlege: Wie sehr treffen sie auf dich zu?

Kreuze an: ○ trifft nicht zu, ◐ teils/teils, ● trifft voll zu

Aussagen:	○	◐	●
1. Wenn Kurse stark fallen, bleibe ich trotzdem ruhig.	○	○	○
2. Ich sehe Schwankungen als Chance, nicht als Bedrohung.	○	○	○
3. Ich investiere langfristig und kann auf das Geld viele Jahre verzichten.	○	○	○
4. Ich informiere mich aktiv über Finanzthemen bzw. habe Spaß daran, Neues zu lernen.	○	○	○
5. Ich möchte, dass mein Geld sich vermehrt – auch wenn es zwischenzeitlich mal nach unten geht.	○	○	○
6. Ich kann akzeptieren, dass Renditechancen und Risiko immer zusammengehören.	○	○	○
7. Ich habe in anderen Lebensbereichen (z. B. Job, Reisen) schon erlebt, dass sich ein gewisses Risiko langfristig ausgezahlt hat.	○	○	○
8. Wenn ich an meine Geldanlage denke, will ich nicht jeden Cent kontrollieren, sondern vertraue auf eine langfristige Strategie.	○	○	○

Auswertung: Zähle die Anzahl der ●

0–2 ⟶ sicherheitsorientiert
Du fühlst dich mit Stabilität wohler als mit Risiko. Ein vorsichtiger Einstieg - etwa mit risikoärmeren Produkten oder breit gestreuten ETF-Sparplänen - kann für dich passend sein.

3–5 ⟶ ausgewogen
Du bist bereit, Chancen zu nutzen, möchtest aber nicht alles aufs Spiel setzen. Ein Mix aus risikoarmen und wachstumsorientierten Anlagen kann dein Profil gut widerspiegeln.

6–8 ⟶ chancenorientiert
Du kannst mit Marktschwankungen leben, denkst langfristig und bist offen für renditestärkere Anlagen. Ein höherer Aktienanteil oder breit gestreute Fonds mit stärkerem Wachstumspotenzial könnten zu dir passen.

Ganz wichtig: Dieser Test ist nur ein Tool, um dein eigenes Risikobewusstsein besser zu verstehen. Es ist keine Anlageempfehlung.

8.10 INVESTMENTS RICHTIG VERSTEUERN

Ein Thema dürfen wir hier nicht auslassen, auch wenn es nicht das beliebteste ist: Steuern. Denn in Deutschland werden auf fast alle Einkünfte Steuern erhoben - das gilt für deinen Lohn genauso wie für deine Gewinne an der Börse.

Die Regel: Die Abgeltungsteuer

Sobald du mit deinen Investments Gewinne machst (z. B. durch Dividenden oder weil du eine Aktie mit Gewinn verkaufst), werden sie automatisch mit der **Abgeltungsteuer** belastet. Zusammen mit dem Solidaritätszuschlag sind das pauschal rund **26,375 %** deines Gewinns. Ggf. kommt noch die Kirchensteuer hinzu.

Die Abgeltungsteuer ist also eine pauschale Steuer auf Erträge aus Geldanlagen. Wenn du mit deinen Investments Gewinne machst, also wenn du Aktien verkaufst, die im Wert gestiegen sind, oder Dividenden bekommst, musst du darauf Steuern zahlen. Praktischerweise führen deine Bank oder dein Broker das automatisch ab, du musst dich also nicht selbst darum kümmern.

Die Ausnahme: der Freibetrag

Der Staat möchte private Vorsorge unterstützen. Deshalb musst du nicht auf den allerersten Euro Gewinn Steuern zahlen. Es gibt den sogenannten **Sparerpauschbetrag.**

→ **Für Singles:** 1.000 Euro pro Jahr steuerfrei.
→ **Für Ehepaare:** 2.000 Euro pro Jahr steuerfrei.

Das bedeutet: Erst wenn deine Gewinne (Zinsen + Dividenden + Kursgewinne) diese Grenze überschreiten, greift die Steuer. Alles davor darfst du komplett behalten.

Dein To-do: der Freistellungsauftrag

Damit die Bank weiß, dass sie die Steuer *nicht* sofort abziehen soll, musst du ihr Bescheid sagen. Das machst du mit einem **Freistellungsauftrag.** Klingt nach Formular-Horror, ist aber bei modernen Brokern und Apps in 2 Minuten digital erledigt.

PRO-TIPP: GÜNSTIGERPRÜFUNG

Über die Steuererklärung kann man sich manchmal zu viel gezahlte Steuern zurückholen (Stichwort „Günstigerprüfung"), besonders wenn dein persönlicher Steuersatz niedrig ist (z. B. im Studium oder in der Elternzeit). Dafür fragst du aber am besten eine*n Steuerberater*in oder einen Lohnsteuerhilfeverein.

8.11 FEHLER UND FUCK-UPS GEHÖREN DAZU

Zum Schluss müssen wir noch über einen Risikofaktor sprechen, der in keinem Chart auftaucht: **uns selbst.** Wir sind Menschen, keine Roboter. Wir treffen Entscheidungen aus dem Bauch heraus, lassen uns beeinflussen oder haben einfach einen schlechten Tag.

Niemand managt seine Finanzen komplett fehlerfrei. Das Problem ist nur: Wenn wir in der Kindererziehung oder im Job einen Fehler machen, steht da selten sofort ein Preisschild dran. An der Börse schon. Davor graut es uns: Wir sehen schwarz auf weiß, dass uns dieser eine Klick gerade 500 Euro gekostet hat.

Mein teuerster Fehler (Real Talk)

Ich sage dir das so offen, weil ich selbst Lehrgeld gezahlt habe. Und zwar ordentlich. Einer meiner größten Finanz-Fails ist passiert, als ich gerade 19 Jahre alt war. Ich war volljährig, durfte Verträge unterschreiben, war aber eigentlich viel zu unwissend, um die Tragweite zu verstehen.

Der Bruder einer damaligen Freundin – also jemand, dem ich genau deswegen vertraute – empfahl mir ein Finanzprodukt. Ich weiß noch, wie ich ihn fragte: *„Würdest du das auch deiner Schwester empfehlen?"* Ich wollte sichergehen, dass er mir keinen Quatsch erzählt. Er nickte. Ich unterschrieb.

Das Ergebnis: Es war ein absolut überteuertes Produkt. Ich habe damals allein **5.000 Mark Abschlussgebühr** gezahlt. Ich habe mich unter Druck setzen lassen („Der Bruder meiner Freundin will doch nur mein Bestes"). Ich habe unterschrieben, ohne zu verstehen.

Ist mir das unangenehm? Ja. Aber heute weiß ich: **Dieser Fuck-up gehörte dazu.** Er hat mich vorsichtiger gemacht. Er hat mich gelehrt, niemals wieder etwas zu unterschreiben, das ich nicht verstehe.

Deine Versicherung gegen Fehler

Du wirst Fehler machen. Punkt. Vielleicht verkaufst du mal zu früh. Vielleicht kaufst du eine Trend-Aktie, die abstürzt. Aber du kannst zwei Dinge tun, damit dich diese Fehler nicht ruinieren:

1. Starte klein: Niemand zwingt dich, dein ganzes Erbe am ersten Tag zu investieren. Fang beispielsweise mit 25 Euro im Sparplan an. Steigere die Summen erst, wenn dein finanzielles Selbstbewusstsein wächst.
2. Diversifikation (der Fehler-Puffer): Wie wir gelernt haben: Wenn du breit streust (Welt-ETF), fallen einzelne Fehler nicht so stark ins Gewicht. Der Markt bügelt kleine Patzer langfristig aus.

WORKBOOK: DER „NO BULLSHIT"-FILTER

Bevor du jemals wieder eine Unterschrift unter ein Finanzprodukt setzt (egal ob bei der Bank, beim Versicherungsmakler oder auf Empfehlung eines Freundes), stelle dir diese 3 Fragen. Wenn die Antwort auch nur einmal „Nein" oder „Weiß nicht" ist: Stift weglegen.

1. Verstehe ich das Produkt zu 100 %?
Kann ich einem 10-jährigen Kind erklären, wie hier Geld verdient wird?

○ **Ja**

○ **Nein**

2. Kenne ich die Kosten?
Weiß ich genau, wie viel Gebühren (Abschlusskosten, laufende Kosten) abgehen? (Nicht „ungefähr", sondern exakt.)

○ **Ja**

○ **Nein**

3. Kann ich es mir leisten, dieses Geld zu verlieren?
Bringe ich mich in Existenznot, wenn dieses Investment schiefgeht?

○ **Nein** (Geld ist „Spielgeld" oder langfristig geparkt)

○ **Ja** (Ich brauche das Geld für die Miete) -> Finger weg!

✔ CHECKLISTE: DIE 8 ALARMSIGNALE, DIE DICH VOR FEHLERN BEWAHREN

Damit du sicher durch den Finanzdschungel kommst, habe ich dir hier noch die wichtigsten Warnsignale zusammengestellt. Wenn dir jemand ein Finanzprodukt anbietet und einer dieser Punkte zutrifft: **Lauf weg!**

1. **„Garantierte Traumrendite":** Wer dir 10 % Rendite *ohne* Risiko verspricht, lügt.
2. **Zeitdruck:** „Du musst heute unterschreiben!" (Seriöse Investments laufen nicht weg.)
3. **Du verstehst das Produkt nicht:** Kaufe nichts, was du nicht erklären kannst.
4. **Hohe Gebühren:** Kosten über 1–2 % pro Jahr fressen deinen Gewinn auf.
5. **Steuerspar-Modelle:** Investiere nie nur, um Steuern zu sparen. Das Investment muss sich auch so lohnen.
6. **„Geheimtipps":** Es gibt keine Geheimtipps. Wenn es in der Zeitung steht, wissen es alle.
7. **Unregulierte Plattformen:** Achte auf einen Unternehmenssitz in der EU/Deutschland.
8. **Freunde werben Freunde:** Schneeballsysteme tarnen sich oft als „Network Marketing".

Wichtig ist also, jedes Investment vorher genau zu prüfen. So macht es auch meine liebe Freundin und Unternehmerin Delia Lachance, die mir ihren Money-Tipp für euch geschickt hat.

”

TOP-MONEY-TIPP VON DELIA LACHANCE

„Mein wichtigster Money-Tipp ist, beim Investieren Verantwortung zu übernehmen. Ich entscheide mich ganz gezielt für Investments, mit denen ich mich wirklich intensiv beschäftigt habe und die mich persönlich interessieren – bei mir sind das zum Beispiel Immobilien. Ich würde nie blind Empfehlungen folgen, sondern mir immer selbst ein fundiertes Bild machen."

Delia Lachance ist Gründerin und Chief Creative Officer von Westwing, einem Online-Möbel-Shop. Sie zählt zu den führenden Unternehmerinnen im europäischen E-Commerce.

KAPITEL 9

FINANZIELLE ZIELE: WIE WILL ICH MEIN LEBEN LEBEN?

Ich mache gerne Pläne. Ich liebe es zu wissen, welche Projekte wann stattfinden, wann ich im Urlaub bin und an welchem Wochenende ich Zeit für meine Freundinnen habe. Mein Terminkalender ist mein ausgelagertes Gehirn.

Aber ganz konkrete finanzielle Ziele zu setzen? Das fand ich lange viel schwieriger. Bis zum nächsten Urlaub finanziell zu planen war okay – das war greifbar. Aber abstraktere Ziele wie „Finanzielle Unabhängigkeit", „Immobilie" oder „Rente"? Puh! Als junge Erwachsene habe ich ehrlich gesagt nie gedacht, dass ich dafür überhaupt mal genug Geld verdienen würde. Diese Ziele fühlten sich an wie eine Nummer zu groß für mich.

Warum Träume ein Preisschild brauchen

Durch meine Arbeit habe ich gelernt: **Dinge passieren nicht einfach, man muss sie planen.** Erst wenn ich Träume klar ausspreche, kann ich mir einen Plan machen, um sie zu erreichen. Und das Beste ist: Ich muss das nicht allein schaffen. Im Job hilft mir mein Management, bei meinen Finanzen helfen mir Freunde, mit denen ich meine Pläne durchspreche.

Finanzielle Ziele geben deinem Handeln eine Richtung.

→ Ohne Ziel: Du sparst „irgendwie", gibst es aber auch „irgendwie" wieder aus.
→ Mit Ziel: Du weißt, wofür du heute auf den Coffee to go verzichtest.

WORKBOOK: BUCKETLIST

Jetzt bist du dran. Wir verwandeln deine Wünsche in Zahlen. Nimm dir Zeit für diese Übung. Mach dir Musik an, schenk dir einen Tee ein. Das hier ist dein Fahrplan für die nächsten Jahre.

1. Das Brainstorming
Was willst du erleben, besitzen oder erreichen? Denk groß!

Kurzfristig (1–3 Jahre):
(z. B. Luxushandtasche, große Reise, Notgroschen vollmachen)

Mittelfristig (3–10 Jahre):
(z. B. Sabbatical, Hochzeit, Eigenkapital für Immobilien, Weltreise)

Langfristig (10+ Jahre):
(z. B. Rente, finanzielle Freiheit, Haus am Meer, Studium der Kinder)

2. Der Preisschild-Check
Such dir **ein** Ziel aus jeder Kategorie aus und mach es konkret.

Ziel	Geschätzte Kosten	Wann will ich es? (in Monaten)	Nötige Sparrate pro Monat
Beispiel: Sabbatical	*10.000 €*	*in 24 Monaten*	*416 €*
Kurz:			
______________	______________ €	in ____ Monaten	= __________ €
Mittel:			
______________	______________ €	in ____ Monaten	= __________ €
Lang:			
______________	______________ €	in ____ Monaten	= __________ €

Erkenntnis: Vielleicht merkst du: „Mist, 400 Euro im Monat habe ich nicht übrig." Das ist okay! Jetzt kannst du an den Stellschrauben drehen:

1. Ziel verschieben (in 36 Monaten statt 24).
2. Einnahmen erhöhen/Ausgaben senken.
3. Ziel anpassen. **Hauptsache, du hast einen Plan.**

9.1 MACH ES SMART: WIE AUS TRÄUMEN PLÄNE WERDEN

In Management-Seminaren ist sie ein Klassiker, aber sie funktioniert genauso gut für deine privaten Finanzen. Die **SMART-Methode** hilft uns, finanzielle Ziele nicht nur zu wünschen, sondern zu berechnen und zu erreichen.

Die fünf Buchstaben stehen für:

S: Spezifisch (Nicht „mehr Geld", sondern „10.000 Euro")
M: Messbar (Kann ich den Erfolg auf dem Konto sehen?)
A: Attraktiv/Ausführbar (Will ich das wirklich? Kann ich es tun?)
R: Realistisch (Ist es machbar oder Utopie?)
T: Terminiert (Bis wann?)

Warum „Sicherheit" kein Ziel ist

In Kapitel 2.4 haben wir über deine finanziellen Bedürfnisse gesprochen. Vielleicht kam dabei heraus, dass Geld für dich „Sicherheit", „Luxus" oder „Selbstbestimmung" bedeutet. Das ist wichtig für dein Mindset, aber es sind keine Ziele. Warum? Weil „Sicherheit" unspezifisch und nicht messbar ist.

→ **Schwammig:** „Ich will mich sicher fühlen."
→ **SMART:** „Ich will bis zum 31.12. **(T)** einen Notgroschen von 5.000 Euro **(S/M)** auf dem Tagesgeldkonto haben, damit ich ruhig schlafen kann **(A/R)."**

Realitäts-Check: Priorisierung & Flexibilität

Wenn du gleich deine Ziele aufschreibst, wirst du vielleicht merken: „Ups, ich will alles auf einmal." Hochzeit, Reise, Notgroschen, Immobilie. Hier musst du **priorisieren.**

→ Ich würde immer erst einen **Notgroschen** ansparen (Sicherheit geht vor).
→ Dann kommen die Wünsche (Hochzeit, Reise).
→ Große Ziele wie die **Rente** sollten parallel laufen (durch den Sparplan), weil sie keinen Aufschub dulden.

Und ganz wichtig: Ziele dürfen sich ändern! Meine Scheidung hatte ich definitiv nicht in mein Leben eingeplant. Aber es kam eben so. Ich musste kurzfristig Geld für das Scheidungsverfahren und den Umzug ausgeben, und hatte damit eigentlich anderes vorgehabt. Gleichzeitig sind seitdem so viele neue, tolle Pläne dazugekommen, von denen ich früher nie geträumt hätte. Ein Plan ist kein Gefängnis. Er ist eine Landkarte. Und wenn sich das Gelände ändert, passen wir eben die Route an.

WORKBOOK: SMART

Jetzt wird es konkret. Wir füllen deine Landkarte.

Schritt 1: Die Reflexion

Nimm dir einen Moment Zeit und beantworte diese Fragen stichpunktartig.

Welche größeren Wünsche habe ich? (Reisen, Weiterbildung, Hochzeit?)

Welche Lebensphasen stehen bevor? (Familiengründung, Immobilienkauf, Rente?)

Welche Träume habe ich lange zurückgestellt, weil „das Geld nicht da war"?

Von wem oder was möchte ich finanziell unabhängig werden?

Schritt 2: Deine Ziele-Timeline (SMART gemacht)

Ordne deine Antworten aus Schritt 1 nun den Zeiträumen zu und mach sie konkret (mit Summe und Datum).

A. Kurzfristige Ziele (1–3 Jahre)
Fokus: Notgroschen, Urlaub, Anschaffungen, Schuldenabbau.

Was? (Spezifisch)	Wie viel? (Messbar)	Bis wann? (Terminiert)
Bsp.: USA-Reise	*5.000 €*	*14. November 2027*
________________	____________ €	____________
________________	____________ €	____________

B. Mittelfristige Ziele (3–10 Jahre)
Fokus: Sabbatical, Eigenkapital Immobilie, berufliche Veränderung.

Was?	Geschätzte Summe	Ziel-Datum
________________	____________ €	____________
________________	____________ €	____________

C. Langfristige Ziele (10+ Jahre)
Fokus: Rente, finanzielle Freiheit, Vermögen für Kinder.

Was?	Monatliche Sparrate (Sparplan)
Bsp.: Altersvorsorge (ETF)	*250 € monatlich*
________________	____________ €

9.2 WIE FINANZIERE ICH MEINE ZIELE?

Jetzt wird es ein bisschen mathematisch. Aber keine Sorge, wir machen es nicht zu kompliziert. Wir wissen jetzt, *was* du willst. Jetzt rechnen wir aus, wie du es bezahlst.

Dafür gelten unterschiedliche Faustregeln, je nachdem, wie weit dein Ziel in der Zukunft liegt.

1. Kurzfristige Ziele (1–3 Jahre)

Der Fokus: Sicherheit. Dieser Horizont ist zu kurz für die Börse. Wenn du das Geld in zwei Jahren brauchst und genau dann die Kurse crashen, hast du ein Problem. Deshalb gehören kurzfristige Ziele **aufs Tagesgeldkonto.**

Deine Rechenformel:
Zielsumme ÷ (Jahre x 12) = monatliche Sparrate

Beispiel: Du brauchst in 3 Jahren 5.000 € für die USA-Reise:
5.000 € ÷ 36 Monate = 138,88 € pro Monat.

Mein Tipp: Richte dir für dieses Ziel ein kostenloses Unterkonto (Tagesgeld) ein und benenne es nach deinem Ziel (z. B. „Freiheits-Konto"). Ein Dauerauftrag sorgt dafür, dass das Geld automatisch dort landet.

2. Mittelfristige Ziele (3–10 Jahre)

Der Fokus: Die Balance zwischen Sicherheit und Rendite. Hier wird es etwas komplexer, aber auch spannender. Denn du hast mehr Zeit und damit mehr Optionen. Die Faustregel besagt: Alles unter 3 Jahren gehört aufs Tagesgeld. Aber bei Zielen, die um die 10 Jahre in der Zukunft liegen, wird auch der Aktienmarkt interessant. Nehmen wir den Klassiker: Du möchtest in 10 Jahren eine Immobilie kaufen und brauchst dafür 50.000 Euro Eigenkapital. Das spart sich nicht mal eben so nebenbei zusammen.

Der Vergleich: Sparen vs. Investieren

Wenn du diese Summe einfach nur auf dem Girokonto (0 % Zinsen) ansparst, musst du jeden Monat stolze 416,67 € zurücklegen. Schauen wir uns an, was passiert, wenn wir Zinsen oder Börsenrendite dazu nehmen:

Szenario	Mtl. Sparrate (die du zahlen musst)	Was du nach 10 Jahren hast	Dein „Gewinn" durch Zinsen/Rendite
Girokonto (0 %)	**416 €**	50.000 €	0 €
Tagesgeld (2 %)	**ca. 376 €**	50.000 €	+ 4.826 €
ETF konservativ (4 %)	**ca. 340 €**	50.000 €	+ 9.238 €
ETF optimistisch (6 %)	**ca. 306 €**	50.000 €	**+ 13.260 €**

Was zeigt uns dieses Beispiel?

Ganz plakativ gesagt: Ob du 306 Euro oder 416 Euro pro Monat von deinem Gehalt abknapsen musst, ist ein gewaltiger Unterschied. Wer früh anfängt (Zeit) und investiert (Rendite), lässt das Geld für sich arbeiten.

PRO-TIPP FÜR MITTELFRISTIGE ZIELE:

Wenn du dein Geld an der Börse ansparst, darfst du eines nicht vergessen: Aktien schwanken. Du willst nicht riskieren, dass dein Depot genau in dem Monat um 20 % einbricht, in dem du das Geld für dein großes Ziel brauchst. Deshalb: Schichte das Geld **ca. 2 bis 3 Jahre vor dem Ziel** schrittweise um. Nimm es aus dem ETF und packe es auf das sichere Tages- oder Festgeldkonto. Damit verzichtest du auf die letzte Rendite, sicherst aber deine Summe ab.

99

TOP-MONEY-TIPP VON TIJEN ONARAN

„Mein Nummer 1 Top-Money-Tipp lautet: Bezahle zuerst deine Zukunft, nicht deine Gegenwart: Lege einen festen Teil deines Geldes sofort für langfristige Ziele zurück. Damit investierst du in die allerwichtigste Ressource: Dich!"

Tijen Onaran ist Unternehmerin, Speakerin und Gründerin von Global Digital Women, Europas größtem Netzwerk für Frauen in digitalen Berufen. Und eine echte Inspiration!

9.3 LANGFRISTIGE ZIELE

Der Fokus: Wachstum durch Zinseszins. Wenn wir über langfristige Ziele sprechen (20, 30 oder 40 Jahre), ändern sich die Spielregeln komplett. Hier geht's um Wachstum und darum, die Inflation zu schlagen.

Das klassische langfristige Ziel ist natürlich die Altersvorsorge. Warum das für uns Frauen existenziell ist, erfährst du im noch kommenden Kapitel zur Rentenlücke. Aber lass uns das hier mal rein mathematisch betrachten. Gehen wir einfach davon aus, dass uns allen **100.000 Euro extra** im Alter nicht schaden würden.

Strategie: Aussitzen statt Zittern

Bei einem Horizont von 20+ Jahren würde ich für mein Ziel fast ausschließlich an der Börse investieren (breit gestreute Welt-ETFs). Warum? Weil du Zeit hast. Wenn die Börse mal 5 Jahre schlecht läuft, ist dir das egal. Du sitzt das aus.

Mein Tipp für Vorsichtige: Wenn dir 100 % in Aktien-ETFs Bauchschmerzen bereiten, kannst du auch mischen: Investiere z. B. 70 % oder 80 % an der Börse und lass 20 % bis 30 % auf dem sicheren Festgeldkonto. Das bremst die Rendite etwas, aber du schläfst ruhiger.

Die Rechnung:
Ich habe hier mal ausgerechnet, was du monatlich tun musst, um auf die Summe von 100.000 Euro zu kommen. Wir rechnen wieder sehr konservativ mit **4 % Rendite** (historisch hat der MSCI World eher 7–8 % gemacht, aber wir lassen uns lieber positiv überraschen).

Schau dir an, wie extrem die monatliche Belastung sinkt, je früher du anfängst:

Du hast noch Zeit ...	Deine monatliche Sparrate	Was du selbst einzahlst	Was der Zinseszins dir schenkt
20 Jahre	**ca. 274 €**	65.738 €	+ 34.262 €
30 Jahre	**ca. 145 €**	52.355 €	+ 47.645 €
40 Jahre	**ca. 86 €**	41.203 €	**+ 58.796 €**

PRO-TIPP AUTOMATISIERUNG

Egal ob du 90 Euro oder 300 Euro investierst: Es muss automatisch passieren. Richte den Sparplan so ein, dass er am **Tag nach dem Gehaltseingang** ausgeführt wird. So gewöhnst du dich an den Abgang, planst das Geld gar nicht erst für Coffee to go ein – und dein Vermögen wächst im Hintergrund.

Mein Fazit zur Zielplanung

Ich hoffe, diese Rechenbeispiele haben dir eines klargemacht: **Zeit ist Geld.**

- Bei **kurzfristigen Zielen** musst du die Summe fast komplett selbst erarbeiten (Sparen).
- Bei **langfristigen Zielen** übernimmt der Zinseszins den Löwenanteil der Arbeit für dich.

Meine 3 goldenen Regeln, um meine Ziele zu erreichen:

1. **Trennung der Töpfe:** Mein Notgroschen liegt immer separat auf einem Tagesgeldkonto. Er wird niemals (!) für Reiseziele oder die Altersvorsorge angefasst. Er ist meine Versicherung.
2. **Vorausschauen:** Wenn ich für ein Ziel an der Börse investiere (z. B. Hauskauf in 10 Jahren), schichte ich das Geld **zwei bis drei Jahre vorher** um. Ich nehme es aus dem ETF und parke es auf dem sicheren Tagesgeldkonto. So riskiere ich keinen Crash kurz vor der Auszahlung.
3. **Der jährliche Check-in:** Einmal im Jahr (z. B. zwischen Weihnachten und Neujahr) prüfe ich meine Ziele. Bin ich noch „on track"? Haben sich meine Wünsche verändert? (Vielleicht ist die Weltreise gar nicht mehr wichtig, dafür steckst du aber mitten in der Familienplanung?) Pläne dürfen sich ändern!

KAPITEL 10

RENTENLÜCKE: WIE VIEL GELD BRAUCHE ICH IM ALTER?

Altersvorsorge ist eines dieser Themen, die man gerne weit wegschiebt. Es hört sich unsexy an, es wirkt weit weg. Warum soll ich mir mit 20 oder 30 Jahren Gedanken machen, was in 40 Jahren ist? Ich kann das verstehen. Und trotzdem wäre ich froh gewesen, wenn ich bereits mit 20 einen richtig guten Finanzplan für meine Rentenlücke gehabt hätte. Denn mittlerweile habe ich verstanden, was diese abstrakte Zahl für mein ganz konkretes Leben bedeutet.

Was ist die Rentenlücke eigentlich?

Ganz simpel gesagt: Die Rentenlücke beschreibt die Differenz zwischen dem Betrag, den du im Alter zum Leben brauchst, und dem Betrag, den du voraussichtlich als Rente bekommst.

Ein einfaches Beispiel:

→ Angenommen, du möchtest mit 65 Jahren in Rente gehen
→ Du rechnest aus, dass du **2.000 Euro** im Monat brauchst, um deinen Lebensstandard zu halten
→ Laut Renteninformation bekommst du aber nur **1.000 Euro**
→ **Deine Lücke:** 1.000 Euro pro Monat

Rechnen wir das mal hoch. Wenn du 90 Jahre alt wirst, ist das eine Rentenlücke von insgesamt **300.000 Euro.**

Diese 300.000 Euro fehlen dir. Du musst sie selbst mitbringen – durch Ersparnisse oder Investments.

WORKBOOK: RENTENLÜCKE BERECHNEN

Schritt 1: Deine Schätzung

Was denkst du, wie viel Geld du im Alter monatlich brauchst, wenn du deinen Lebensstandard halten oder sogar noch verbessern möchtest? Beachte dabei deine Fixkosten wie Miete und Versicherungen, aber auch Ausgaben für Gesundheit, Hobbys und zum Beispiel Reisen.

Meine Schätzung (monatlicher Betrag): ____________________ **€**

Schritt 2: Deine Lücke

Zieh davon nun den Betrag ab, der aktuell auf deiner Renteninformation steht (deine zu erwartende Rente). Die Differenz, die übrig bleibt, schreiben wir hier hinein. Das ist die Zahl, um die wir uns kümmern müssen:

Meine geschätzte Rentenlücke: ____________________ **€**

Der Realitäts-Check: Warum die Zahl wahrscheinlich noch höher ist

Als ich meine Rentenlücke das erste Mal ausgerechnet habe, hat mich das auf den Boden der Tatsachen zurückgeholt. Ich hatte mir bis dahin nie vorgestellt, was es eigentlich bedeutet, eine solche Lücke zu haben. Und ohne vorgreifen zu wollen: Ich halte es für sehr wahrscheinlich, dass wir alle diese Rentenlücke haben. Erst recht Frauen, die über längere Zeit Care-Arbeit verrichten.

Die Zahl zu hören kann ganz schön erschrecken. Je nach Lebensstil und Job kann die Lücke riesig wirken. Aber wie ich schon gesagt habe: Diese konkrete Summe ist der erste und wichtigste Schritt. Sie zeigt dir schwarz auf weiß die Dringlichkeit. Sie ist der Weckruf, den du brauchst.

Aber Achtung: Leider war das noch nicht alles. Im vereinfachten Rechenbeispiel oben habe ich wichtige Faktoren weggelassen, um es verständlich zu halten. In der Realität nagen noch weitere Dinge an deiner Rente:

- → **Steuern:** Ja, auch Rentner müssen Steuern zahlen.
- → **Inflation:** 2.000 Euro sind in 30 Jahren viel weniger wert als heute.
- → **Krankenversicherung:** Davon gehen auch im Alter Beiträge ab.
- → **Das Leben:** Krankheit, Scheidung oder Pflege können den Plan durcheinanderbringen.

😠 **Wut ist ein guter Motor**

Falls du gerade wütend bist: **I feel you.** Natürlich wäre die Rentenlücke von uns Frauen kleiner, wenn es keinen Gender-Pay-Gap mehr gäbe. Wenn Care-Arbeit fairer verteilt würde. Wenn das System gerechter wäre. Gegen diese strukturelle Benachteiligung immer und immer wieder ankämpfen zu müssen, kann frustrierend sein.

Aber das ist die harte Wahrheit: **Die Politik wird es nicht für dich regeln.** Wir müssen hier selbst tätig werden. Du solltest deshalb nicht vor Wut resignieren. Nutze sie als Energie, um dich jetzt um dein Depot zu kümmern. Denn diese Zahl (Rentenlücke) ist kein Urteil, sondern ein Werkzeug. Sie zeigt dir die Dringlichkeit.

10.1 DIE GESETZLICHE RENTE (DER BRIEF MIT DEN VIELEN ZAHLEN)

Wir dröseln das Beispiel jetzt Step by Step auf. Wir brauchen Fakten. Nehmen wir als Erstes die Zahl, die ich eben als Rente angesetzt hatte, also die 1.000 Euro.

Wenn du fest angestellt bist und mindestens fünf Jahre lang Beiträge eingezahlt hast, bekommst du einmal jährlich Post: Die **Renteninformation.** Sie sieht furchtbar trocken aus, ist aber wichtig.

Schau dir den Brief genau an. Dort sind verschiedene Summen aufgeführt, wie du im folgenden Beispiel sehen kannst.

Ins Auge stechen die Zahlen rechts, im Beispiel sind das 1.425,97, 1.128,46 und 1.521,03 Euro. Die wichtigste Zahl ist die unterste der drei an der Seite: Hier im Beispiel sind das 1.521,03 Euro. Diese Zahl ist deswegen so wichtig, weil sie dir prognostiziert, wie viel Rente du mal bekommen wirst. Vorausgesetzt, du arbeitest genau so weiter wie bisher. In der Regel kommt es noch zu Rentenerhöhungen. Die Zahl im Fließtext berechnet das mit ein. Verlassen kann man sich auf diese Erhöhungen aber nicht. Seit Frühjahr 2026 wird intensiv über eine Reform der Rente diskutiert. Es kann also gut sein, dass sich das ganze System in ein paar Jahren verändert.

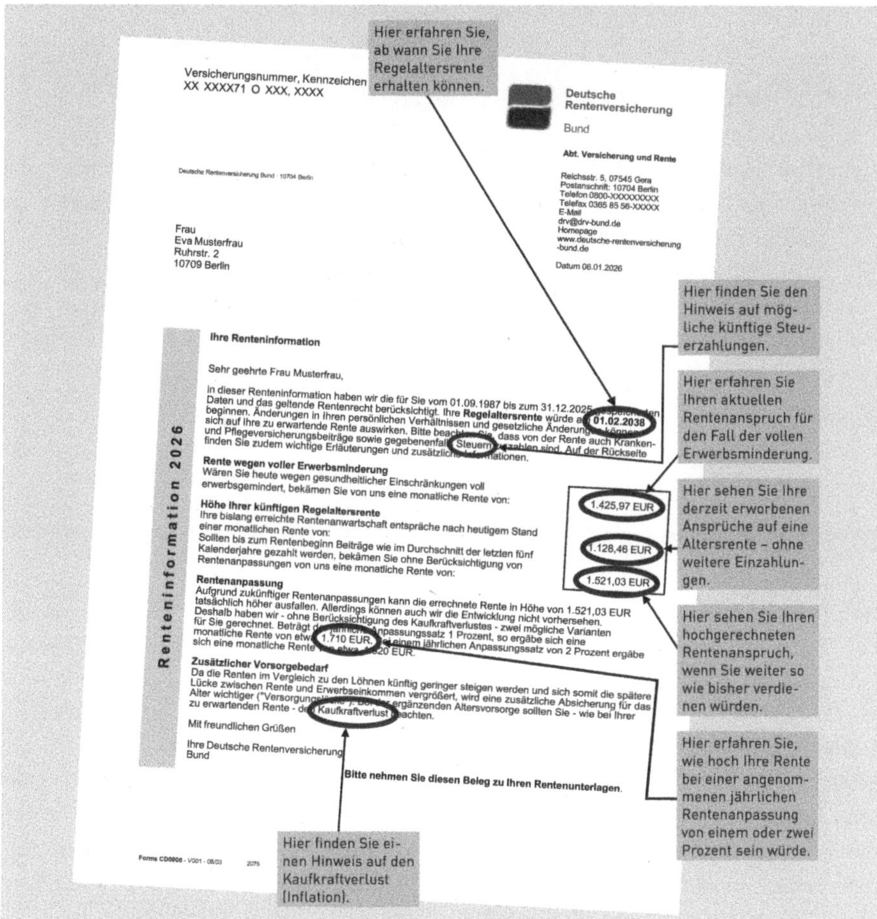

Quelle: Deutsche Rentenversicherung Bund (2026). Die Renteninformation – mehr wissen.
URL: https://www.deutsche-rentenversicherung.de/SharedDocs/Downloads/DE/Broschueren/national/die_renteninformation_mehr_wissen.html (15.04.2026).

Das Kleingedruckte
Genauso wichtig wie die genannte Zahl ist **der letzte Abschnitt** deiner Renteninformation. Diesen Abschnitt kann man leicht übersehen, da er fast beiläufig im Fließtext steht. Doch er hat sehr viel Bedeutung:

Da steht: „[...] **wird eine zusätzliche Absicherung für das Alter wichtiger** [...]" Was das bedeutet? Der Staat sagt: **Kümmer dich selbst darum!**

PRO-TIPP: DEUTSCHE RENTENVERSICHERUNG

Hast du keine Ahnung, wo deine letzte Renteninformation abgeheftet ist? Kein Problem. Du kannst sie ganz einfach online bei der **Deutschen Rentenversicherung** neu beantragen (einfach „Renteninformation anfordern" googeln). Du brauchst dafür nur deine Sozialversicherungsnummer. Der Brief kommt dann ein paar Tage später per Post. Wenn du schon den E-Personalausweis nutzt, kannst du dich darüber auch auf der Website anmelden und das Dokument direkt herunterladen.

10.2 WEITERE RENTENBAUSTEINE (BETRIEBLICH & PRIVAT)

Natürlich besteht unsere Rente nicht nur aus der gesetzlichen Rentenversicherung. Es gibt noch zwei weitere Säulen, die deine Lücke verkleinern können: die betriebliche und die private Vorsorge

1. Die „Einfachen" (Riester, Rürup, bAV)
Vielleicht hast du über deinen Arbeitgeber eine Betriebsrente (bAV) abgeschlossen oder privat vorgesorgt. Das Gute an diesen Produkten ist: Du bekommst meist einmal im Jahr einen Brief. Bei Produkten wie der Riester- oder Rürup-Rente lässt sich in Tabellen meist direkt ablesen, welche monatliche Zahlung dir später garantiert wird. Diesen Wert kannst du einfach übernehmen. Gerade Riester wird ja inzwischen eher kritisch gesehen, deshalb soll diese Form der Zusatzrente 2027 voraussichtlich durch ein vom Staat entwickeltes Altersvorsorgedepot abgelöst werden.

UPDATE: DAS NEUE ALTERSVORSORGEDEPOT (STAND APRIL 2026)

Lange angekündigt, jetzt am Start: Im März 2026 wurde das neue Altersvorsorgedepot im Bundestag beschlossen – es soll die Riester-Rente ablösen. Hier sind die wichtigsten Punkte, die du für deine Planung kennen musst:

Investment statt Versicherung: Statt auf teure Versicherungsprodukte angewiesen zu sein, kannst du nun staatlich gefördert direkt in breit gestreute ETFs, Fonds oder Anleihen investieren. Mit deinem Geld kannst du also an der Börse direkt eine ordentliche Rendite erwirtschaften.

Staatliche Förderung: Der Staat unterstützt deine Geldanlage mit Zulagen. Das hilft vor allem Menschen mit kleinen oder mittleren Einkommen.

Produktauswahl: Das Depot soll es von verschiedenen Anbietern geben. Achte auf die Kosten, die bei einigen Anbietern höher als bei anderen ausfallen können. Zusätzlich ist ein staatlich organisiertes Depot geplant, das eine kostengünstige, leicht verständliche Basislösung sein soll.

Noch nicht alle Details fix: Die gesetzlichen Leitplanken sind da, aber wie genau die einzelnen Produkte aussehen, entscheidet sich erst in den nächsten Monaten. Dann wird sich mit den Angeboten der Banken, Versicherer und des staatlichen Anbieters zeigen, welche ETFs bespart werden können, welche Anlagestrategien angeboten werden und wie nutzerfreundlich die Umsetzung sein wird.

2. Die „Schwierigen" (dein Depot & Lebensversicherungen)

Bei anderen Investments, wie deinem ETF-Depot oder kapitalbildenden Lebensversicherungen, steht oft nur eine Gesamtsumme (z. B. „Auszahlung 50.000 Euro"), aber keine monatliche Rente. Das macht das Rechnen schwerer. Denn wie viel Rente kannst du dir von 50.000 Euro auszahlen?

→ Wenn du nur 10 Jahre in Rente lebst, kannst du jeden Monat viel mehr entnehmen.
→ Wenn du 95 wirst, muss das Geld viel länger reichen und die monatliche Rate sinkt.

Mut zur Schätzung

Da wir nicht wissen, wie alt wir werden und wie die Kurse stehen, ist das hier keine exakte Wissenschaft. Bitte versuche nicht, das auf den Cent genau ausrechnen zu wollen. Es geht hier um einen **groben Richtwert** und darum, dir einen Überblick zu verschaffen.

WORKBOOK: DEINE RENTE

Jetzt setzen wir einmal die einzelnen Zahlen aus den verschiedensten Bausteinen deiner Rente zusammen:

Voraussichtliche monatliche Rente aus gesetzlicher Altersvorsorge:

____________________ €

Voraussichtliche monatliche Rente aus betrieblicher Altersvorsorge:

____________________ €

Voraussichtliche monatliche Rente aus privater Altersvorsorge (Riester, Rürup, ETF etc.):

____________________ €

Gesamtsumme: ____________________ €

Wow, das waren jetzt ganz schön viele Zahlen, und vielleicht schwirrt dir der Kopf ein bisschen. Das ist okay, das Finanzthema ist eben anspruchsvoll. Aber jetzt hast du schwarz auf weiß, wie du finanziell für die Rente aufgestellt bist!

KAPITEL 11

INVESTIEREN IN IMMOBILIEN: BETONGOLD ODER KLOTZ AM BEIN?

Ob eine eigene Immobilie zum Lebensplan gehört, ist in Deutschland oft Familiensache. Sind wir in einem Haus mit Garten aufgewachsen? Haben unsere Eltern uns vorgelebt, dass Miete „rausgeworfenes Geld" ist? Das prägt unsere Sicht auf die Welt. Ich bin ohne all das aufgewachsen. Vielleicht ist es für mich deshalb so wichtig, mein eigenes Zuhause zu besitzen. Eine Immobilie steht für Sicherheit, Unabhängigkeit und ja, auch für Status. Aber sie ist für die meisten von uns auch die größte finanzielle Belastung unseres Lebens.

Die harte Realität: Kaufen ist schwieriger geworden

Wir müssen ehrlich sein: Für unsere Generation ist der Traum vom Eigenheim härter geworden als für unsere Eltern. Deutschland hat im europäischen Vergleich ohnehin eine sehr geringe Wohneigentumsquote, und sie scheint weiter zu sinken. Explodierende Preise in den Metropolen, die Zinsentwicklung und hohe Nebenkosten machen es für viele fast unmöglich, dort zu kaufen, wo sie leben und arbeiten.

Deshalb möchte ich in diesem Kapitel den Blick weiten. Es gibt nämlich zwei völlig unterschiedliche Arten, Immobilien zu nutzen:

1. Das **Eigenheim** (selbst genutzt/Lifestyle-Entscheidung)
2. Die **Kapitalanlage** (fremd genutzt/Investment-Entscheidung)

1. Das Eigenheim: Eine Entscheidung fürs Herz

Wenn wir vom „Hauskauf" träumen, meinen wir meistens das Eigenheim. Wir wollen darin leben. Das ist häufig eher eine **Lifestyle-Entscheidung** als ein reines Investment. Warum? Weil wir beim eigenen Zuhause keine Kompromisse machen wollen. Die Lage muss perfekt sein, der Balkon muss Sonne haben, das Bad muss schön sein. Das treibt den Preis in die Höhe. Zwar sparst du dir die Miete, aber dafür zahlst du Zinsen an die Bank und bist für jede kaputte Heizung selbst verantwortlich. Finanzielle Freiheit sieht oft anders aus, aber der emotionale Wert („Mein Reich") ist unbezahlbar.

2. Die Kapitalanlage: Andere zahlen deinen Kredit

Du kaufst eine Wohnung, nicht um darin zu wohnen, sondern um sie zu vermieten. Hier gelten ganz andere Regeln. Du kannst dir die Immobilie kaufen, die zu deinem Budget passt. Zum Beispiel eine kleine Zweizimmerwohnung in deiner Heimatstadt. Durch die Vermietung bekommst du direkt Cash rein. Das Zauberwort heißt **Fremdkapitalhebel.** Du nimmst einen Kredit auf, aber die monatliche Rate an die Bank bezahlst (im Idealfall) nicht du, sondern dein*e Mieter*in. Außerdem kannst du Reparaturen und andere Ausgaben steuerlich geltend machen.

Auf den nächsten Seiten schauen wir uns beide Wege genau an. Ich erkläre dir die Vor- und Nachteile und die wichtigsten Kennzahlen, damit du entscheiden kannst: **Bin ich Typ Mieterin oder Typ Eigentümerin?**

11.1 DIE FREMDVERMIETETE IMMOBILIE

Vermieter*innen haben in Deutschland oft einen schlechten Ruf. Dabei kenne ich so viele tolle Frauen, die ganz normale Immobilien-Investorinnen sind. Sie haben faire Mietpreise, kümmern sich um ihre Wohnungen und haben wiederum tolle Mieter*innen. Das ist ein Geschäft auf Augenhöhe: Du bietest Wohnraum, sie zahlen dafür.

Der Hebeleffekt (Warum Immobilien reich machen können)

Der größte Vorteil von solchen Investments ist der sogenannte **Fremdkapitalhebel.** Das Prinzip: Du kaufst einen Vermögenswert (die Wohnung), aber du bezahlst ihn größtenteils nicht mit deinem eigenen Geld, sondern mit dem Geld der Bank. Und das Beste: Die Rückzahlung des Kredits übernimmst auch nicht du, sondern deine Mieter*innen.

→ **Bei Aktien:** Du kannst nur das Geld investieren, das du selbst verdient und gespart hast (z. B. 10.000 Euro).
→ **Bei Immobilien:** Du nimmst deine 10.000 Euro, gehst damit zur Bank und kaufst eine Wohnung für 100.000 Euro. Den Rest zahlt die Bank. Die monatliche Miete deckt Zinsen und Tilgung (im Idealfall bleibt sogar ein kleiner Überschuss für dich).

Dazu kommen **Steuervorteile:** Anders als beim Eigenheim kannst du bei einer vermieteten Wohnung fast alles absetzen – die Kreditzinsen, Reparaturen, die Verwaltung und die Abnutzung der Immobilie (AfA).

Und wenn du deine Immobilie gut ausgewählt hast, erlebst du in den nächsten Jahren auch eine Wertsteigerung. Sie ist also in fünf, zehn oder 20 Jahren mehr wert als der Preis, den du beim Kauf bezahlt hast. Bei vermieteten Immobilien kommt es also auch auf die Lage an, denn idealerweise steigen in guten Lagen die Miete und der Wert deiner Wohnung.

Die Risiken: Leerstand & Co.

Natürlich ist nicht alles rosarot. Eine Immobilie ist ein „Klumpenrisiko" (alles Geld steckt in einem Objekt). Zu den größten Risiken gehören außerdem: Mietausfall und Leerstand.

Wenn Mieter*innen ihre Miete nicht bezahlen können, ersetzt dir das niemand. Wenn du deine Wohnung nach einem Auszug nicht gleich wieder vermieten kannst, springt auch niemand für dich ein. Für solche Fälle sollte man als Vermieter*in immer Rücklagen haben, genauso wie für Instandhaltungen. Ob es ein neues Dach, ein neuer Boden oder energetische Sanierungen sind, solche Ausgaben zahlen meistens die Vermieter*innen. Auch Mietpreisbremsen könnten einen Einfluss auf deine Finanzen haben. Hier gilt aber: Mit Weitsicht und gut geplanten Rücklagen lassen sich solche Kosten oft gut decken.

Der Eintrittspreis: Was du mitbringen musst

Kann also wirklich jede von uns Immobilien-Investorin werden? Wie viel Eigenkapital du brauchst, variiert je nach Expert*in: Einige raten zu 10 bis 15 %, andere empfehlen, 20 bis 30 % des Kaufpreises als Eigenkapital mitzubringen. Mehr Eigenkapital ist immer gut. Warum? Weil dann der Kredit kleiner ausfällt und die Zinsbelastung sinkt. Zusätzlich brauchst du weiteres Geld, weil bei einem Immobilienkauf nicht nur der Preis für die Wohnung anfällt, sondern die sogenannten **Kaufnebenkosten.**

Die Rechnung: Würde deine Wunschimmobilie **100.000 Euro** kosten, solltest du mindestens **10.000 bis 15.000 Euro für Nebenkosten** auf dem Konto haben. Weitere 10.000 Euro als Eigenkapital für die Finanzierung wären sinnvoll.

Wofür geht das Geld drauf?

- **Grunderwerbsteuer:** Je nach Bundesland 3,5 % bis 6,5 % des Kaufpreises (das ist der größte Brocken).
- **Notar*in & Grundbuch:** Ca. 1,5 % bis 2 %.
- **Makler*in:** Oft 3,57 % (fällt nicht immer an, aber oft. Seit 2020 meist zwischen Käufer und Verkäufer geteilt).
- **Sonstiges:** Gutachter*innen oder Energieberatung. Kein Muss, aber oft klug investiertes Geld, um teure Fehlkäufe zu vermeiden.

Die zweite Hürde – deine Bonität:
Zusätzlich zum Ersparten brauchst du ein **stabiles Einkommen.** Die Bank möchte sehen, dass du die Raten auch dann bezahlen kannst, wenn die Wohnung mal zwei Monate leer steht. Als Selbstständige oder in der Probezeit ist es oft schwieriger, einen Kredit zu bekommen, als im festen Angestelltenverhältnis.

Für wen ist die Vermieterrolle das Richtige?

Antwort: Für alle, die eine hohe Rentenlücke haben und viel durch private Altersvorsorge abdecken müssen. Da kann es hilfreich sein, wenn dir eine abbezahlte Immobilie jeden Monat eine Rentenaufbesserung durch die Miete ermöglicht. Wenn du dein Geld besser diversifizieren und nicht alles an der Börse investieren möchtest, sind Immobilien ebenfalls eine gute Ergänzung. Du kannst dich aber natürlich auch mit Blick auf Vermögensaufbau und Altersvorsorge ganz auf Immobilien konzentrieren, besonders wenn du merkst, dass die Börse nicht zu dir passt.

Dein Weg zur Immobilie

Vielleicht hast du beim Lesen gerade gemerkt: *„Ja, genau das will ich."* Dann könnte das Eigenkapital für deine erste Immobilie jetzt dein neues, konkretes finanzielles Ziel sein.

Mach dir einen Plan, wie du für dieses Ziel Geld sparen oder investieren kannst. Aber warte nicht erst, bis das Geld auf dem Konto liegt, um dich mit dem Markt zu beschäftigen. Entwickle ein Gefühl für Preise:

→ Stöbere regelmäßig auf den gängigen Immobilienplattformen.
→ Was kostet eine kleine Wohnung in deiner Heimatstadt?
→ Was kriegt man in der Kleinstadt nebenan für 100.000 Euro?

Trau dich zum Bankgespräch
Und hier ist mein Geheimtipp für dein finanzielles Selbstbewusstsein: Mach einfach mal einen Termin bei deiner Bank oder einem Finanzierungsvermittler aus. Lass dir unverbindlich durchrechnen:

→ *„Wie viel Haus könnte ich mir mit meinem aktuellen Gehalt leisten?"*
→ *„Wie hoch wäre die monatliche Rate bei den aktuellen Zinsen?"*

Du musst bei solchen Gesprächen nichts unterschreiben. Du verpflichtest dich zu nichts. Aber du gehst aus diesem Raum mit einem völlig neuen Gefühl für Summen und Machbarkeit. Aus dem abstrakten Traum wird ein greifbarer Plan.

11.2 DIE SELBST GENUTZTE IMMOBILIE

Ein Eigenheim fühlt sich sicher an., Es ist ein Investment zum Anfassen. Es gibt emotionale Stabilität („Hier wirft mich niemand raus“) und ist in Deutschland definitiv auch ein Statussymbol.

Als ich anfing, mich nach einer eigenen Immobilie umzuschauen, habe ich mich aber auch selbst kritisch hinterfragt: Will ich wirklich eine eigene Wohnung – oder gefällt mir nur die Vorstellung davon?
Und die zweite Frage lautete ganz klar: Wie viel Eigentum kann ich mir eigentlich leisten, ohne mich im Alltag massiv einzuschränken?

Lifestyle vs. Investment

Die Lage und der Preis sind bei einer selbst genutzten Immobilie die offensichtlichsten Kriterien: Welche Immobilie kann ich mir leisten? Denn selbst wenn viele Singles oder Familien schon sehr hohe Mieten zahlen, kann die monatliche Kreditrate für eine gekaufte Immobilie noch höher sein. Um hierfür ein Gefühl zu bekommen, helfen dir Onlinerechner dabei, zu kalkulieren, was für dich finanziell passt.

Die Eigenkapital-Falle: Wer kann sich das leisten?

Meistens „lohnt“ sich der Kauf eines Eigenheims nur dann, wenn ausreichend **Eigenkapital** vorhanden ist. Und zwar weit mehr als bei einer fremd vermieteten Immobilie. Je höher dein Eigenkapital, desto niedriger die Summe, die du finanzieren musst und auf die du Zinsen zahlst. Ob du der Bank für 500.000 Euro Zinsen zahlen musst oder nur für 200.000 Euro, macht im Monat schnell einen großen finanziellen Unterschied. Das entscheidet darüber, ob du noch in den Urlaub fahren kannst oder jeden Cent umdrehen musst.

Real Talk: Die Erbenfrage Ganz ehrlich: Wer kann heute noch Hunderttausende Euro Eigenkapital selbst ansparen? Das sind die wenigsten in unserer Gesellschaft. Wenn wir uns umschauen und sehen, wer sich das Eigenheim leisten kann, lautet die unromantische Antwort in der Realität oft: Erbe oder Schenkung. Es hilft ungemein, wenn die Eltern oder Großeltern etwas dazugeben. Falls du diesen Startvorteil nicht hast, fühl dich bitte nicht schlecht, wenn das Eigenheim aktuell unerreichbar wirkt. Es liegt schlicht und ergreifend an den Preisen.

Strategien für die Hürde

Diese hohen Anfangskosten (Eigenkapital + Kaufnebenkosten) sind bei selbst genutzten Immobilien die größte finanzielle Hürde. Deshalb mein Rat: Warte nicht, bis du das Traumhaus gefunden hast. Nutze schon früh das Angebot einer Finanzierungsberatung, um genau zu wissen, welche Summe du dir leisten kannst. Nur so kannst du realistisch suchen und verliebst dich nicht in Objekte, die unerreichbar sind.

Das Tabu brechen: Sprich mit der Familie

Und wenn du weißt – oder ahnst –, dass du aus deiner Familie Geld erben wirst, lohnt es sich, auch hier früh das Gespräch zu suchen. Das ist emotional oft schwierig, weil niemand gern über den Tod der Eltern spricht. Für deine Planung ist es essenziell.

Trau dich, folgende Fragen zu klären:

1. **Die Summe:** Um welche Größenordnung handelt es sich genau?
2. **Der Zeitpunkt:** Wann wird das Erbe ausgezahlt?
3. **Das vorzeitige Erbe (Schenkung):** Ist es möglich, das Erbe vorzuziehen? Oder jemanden auszuzahlen?

11.3 DER MYTHOS VOM KOSTENFREIEN WOHNEN IM ALTER

Ich höre oft das Argument: *„Mit einem Eigenheim spare ich mir im Alter die Miete!“* Natürlich stimmt das. Aber „mietfrei“ heißt nicht „kostenfrei“. Eine eigene Immobilie bedeutet auch lebenslange Verantwortung:

1. **Instandhaltung:** Wenn das Dach leckt oder die Heizung kaputtgeht, rufst du keinen Vermieter an. Du zückst dein eigenes Scheckbuch. Du musst also auch als Rentner*in Rücklagen bilden.
2. **Die „Empty Nest“-Kosten:** Oft kaufen Familien große Häuser. Wenn die Kinder ausziehen, sitzt du zu zweit (oder allein) auf 150 Quadratmetern. Die müssen beheizt und gepflegt werden. Die Nebenkosten bleiben hoch, obwohl du den Platz gar nicht mehr brauchst.
3. **Die Treppenfalle:** Ein Altbau ist charmant, aber ist er auch mit 80 Jahren noch bewohnbar? Ein barrierefreier Umbau kann teuer sein und ist baulich nicht immer möglich.

Immobilienpreise schwanken auch: In den letzten Jahrzehnten ist der Wert von Immobilien kontinuierlich gestiegen. Wenn wir vor 40 Jahren ein Eigenheim gekauft hätten, würde es jetzt sehr viel mehr wert sein. Zwischenzeitlich sind die Preise allerdings auch einmal für 1 oder 2 Jahre gesunken. Wer zu diesem Zeitpunkt eine Immobilie gekauft hat, konnte gut verhandeln, wer dagegen verkaufen wollte oder *musste,* bekam vermutlich eine niedrigere Summe als erhofft.

Das Zins-Roulette: Die Gefahr der Anschlussfinanzierung

Das größte Risiko bei einem Immobilienkauf besteht darin, dass du deine Kreditrate plötzlich nicht mehr zahlen kannst. Das kann passieren, weil du den Job verlierst oder zu knapp kalkuliert hast. Aber oft liegt der Grund woanders: beim **Anschlusskredit.**

Meistens schließt du einen Kredit für eine gewisse Laufzeit ab, bei dem der Zinssatz für eine gewisse Zeit festgeschrieben ist – die„Zinsbindung" (z. B. 10, 15 oder 20 Jahre). Da eine Immobilie sehr teuer ist, hast du sie in dieser Zeit meistens noch nicht komplett abbezahlt. Es bleibt eine **Restschuld** übrig. Für diese Restschuld musst du dann einen neuen Kredit aufnehmen – zu den Zinsen, die *dann* gerade gelten.

Das Problem: Niemand von uns hat eine Glaskugel. Wir wissen nicht, wo die Zinsen in 15 Jahren stehen.

In der Vergangenheit gab es eine lange Niedrigzinsphase, als aber nach der Coronapandemie und zu Beginn des Ukrainekrieges viele Familien ihre Kredite verlängern mussten, waren die Zinsen auf einmal um 3 oder 4 % gestiegen. Und das konnten sich nicht alle Familien leisten – und mussten teilweise sogar ihre Häuser wieder verkaufen.

Das klingt nach wenig Unterschied? Rechnen wir mal nach.

Rechenbeispiel: Der Zinsschock

Stell dir vor, du hast nach 10 Jahren noch eine Restschuld von 200.000 Euro offen.

→ **Szenario A (Niedrigzins 1 %):** Die reinen Zinskosten betragen 2.000 € pro Jahr. Monatliche Zinsbelastung: **ca. 166 €.**

→ **Szenario B (Zinsanstieg auf 4 %):** Die Zinskosten steigen auf 8.000 € pro Jahr. Monatliche Zinsbelastung: **ca. 667 €.**

Ergebnis: Deine monatliche Rate steigt schlagartig um **500 Euro** – nur für Zinsen, ohne dass du auch nur einen Cent mehr vom Haus abbezahlst.

Fazit: Wann lohnt sich das Eigenheim trotzdem?
Nach all den Warnungen fragst du dich vielleicht: „Soll ich es also ganz lassen?" Nein, auf keinen Fall. Wir haben nur die rosarote Brille abgenommen. Jetzt, wo wir klar sehen, können wir sagen: Eine eigene Immobilie lohnt sich für dich, wenn ...

... es *dein* großer Traum ist, dein eigenes Haus zu bauen oder zu kaufen. Dann findest du hoffentlich Wege, es zu finanzieren.

... du in einer Gegend eher auf dem Land oder in einer Kleinstadt wohnst und die Kaufpreise dort nicht so hoch sind. Dann kann sich Eigentum für dich sehr gut rechnen.

... du geerbt hast oder viel eigenes Geld besitzt. Dann ist es vielleicht sogar sinnvoll, dieses Geld zu investieren. Idealerweise ist aber eine Immobilie nicht deine einzige Altersvorsorge, weil du ein großes Klumpenrisiko hättest. Du kannst beispielsweise parallel an der Börse investieren und besitzt so ein breiteres Portfolio.

Mein Rat: Wissen ist Macht (und Geld)

Eigentum zu kaufen ist das größte Investment, das die meisten von uns jemals tätigen werden. Es ist keine Entscheidung, die man an einem verregneten Sonntagnachmittag trifft. Es braucht Zeit, Geduld und vor allem: **Wissen.**

Wenn du beim Lesen gemerkt hast, dass dieser Traum von der eigenen Wohnung für dich wichtig ist – wichtiger als Flexibilität oder günstige Mieten –, dann mein Rat: **Warte nicht. Arbeite darauf hin.**

KAPITEL 12

ZUSAMMENFASSUNG: „DIE“ EINE PERFEKTE STRATEGIE?!

In den letzten Kapiteln habe ich dir wahnsinnig viele Informationen vermittelt. Vielleicht raucht dir der Kopf. Vielleicht stehst du jetzt vor der Herausforderung: *„Okay, und wie fange ich jetzt konkret an?“*

Das kann dir niemand abnehmen. Am Ende musst du deine Entscheidungen für dich treffen. Und das ist auch gut so! Niemand kennt deine Situation, deine Ängste und deine Träume so gut wie du selbst.

Ich möchte dir aber den Druck nehmen: Es gibt nicht die perfekte Anlagestrategie. Weder grundsätzlich noch für dich. Du wirst nie den absolut perfekten Zeitpunkt erwischen und nie die eine Aktie finden, die nur steigt und nie fällt. Am Ende geht es darum, dass der Rendite-Risiko-Mix zu dir passt: Du darfst dein Budget nicht überstrapazieren, musst dich aber trotzdem für die Zukunft absichern.

Das magische Dreieck der Geldanlage

Warum ist das so schwer? Weil jede Geldanlage ein Kompromiss ist. In der Finanzwelt nennen wir das das **„magische Dreieck“.** Es besteht aus drei Ecken, die gegeneinander arbeiten:

1. **Verfügbarkeit (Liquidität):** Wie schnell komme ich an mein Geld?
2. **Sicherheit:** Wie hoch ist das Risiko, Geld zu verlieren?
3. **Rendite:** Wie viel Gewinn springt dabei raus?

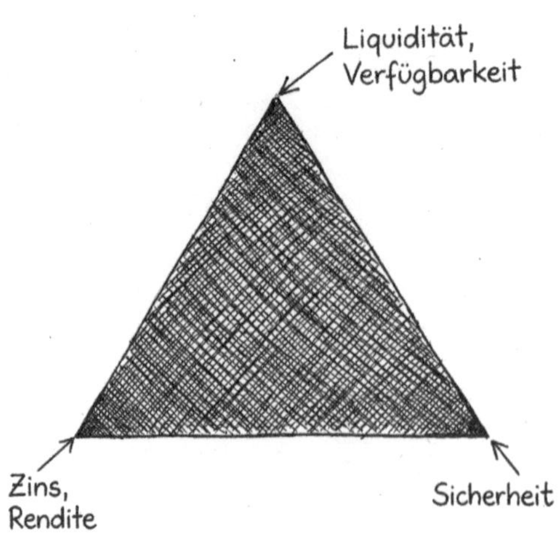

Die harte Wahrheit: Es gibt keine Geldanlage, die alle drei Punkte perfekt erfüllt.

→ Willst du **hohe Rendite** (z. B. Aktien), musst du Abstriche bei der Sicherheit machen.
→ Willst du **maximale Sicherheit** (z. B. Cashkonto), bekommst du nur eine geringe Rendite (und die Inflation frisst dein Geld).
→ Soll dein Geld **immer verfügbar** sein, kannst du dich nicht langfristig festlegen (Festgeld).

Deshalb bestehen gut diversifizierte Portfolios nie aus einer einzigen Anlageklasse, sondern aus einem Mix. Du kombinierst Sicherheit (Tagesgeld) mit Rendite (Aktien).

Die vierte Dimension Nachhaltigkeit: Für viele von uns kommt noch ein vierter Punkt dazu. Wenn dir wichtig ist, *wo* dein Geld arbeitet, wird aus dem Dreieck ein Viereck. Das macht es komplexer, aber oft auch befriedigender.

Mut zur Lücke

Auch wenn das jetzt komplex wirkt: Lass dich nicht abschrecken. Statt ewig an der perfekten Strategie herumzudoktern, ist es viel wichtiger, einfach **anzufangen.** Lieber eine „gute" Strategie, die heute startet, als eine „perfekte" Strategie, die du nie umsetzt, weil du Angst hast.

Damit du ein Gefühl dafür bekommst, wie so ein Mix in der Praxis aussehen kann, fasse ich dir im letzten Kapitel noch mal die Basics zusammen.

MONEY CHALLENGE

Wir Frauen warten oft so lange, bis wir zu 100 % sicher sind, dass wir alles verstanden haben. Aber an der Börse gibt es keine 100 %. Diese Woche üben wir, mit „gut genug“ loszulegen, statt auf „perfekt“ zu warten.

1. Dein magisches Profil
Schau dir das „magische Dreieck“ noch mal an.

→ Deine Aufgabe: Entscheide dich innerhalb von 60 Sekunden, welche zwei Ecken dir am allerwichtigsten sind. Nicht lange grübeln, hör auf dein Bauchgefühl.

- ◯ Sicherheit & Verfügbarkeit (der vorsichtige Typ)
- ◯ Rendite & Nachhaltigkeit (der visionäre Typ)
- ◯ Sicherheit & Rendite (der strategische Typ – Achtung, hier musst du bei der Verfügbarkeit Abstriche machen!)

2. Der „Angst-Check“
Was ist das Schlimmste, was passieren kann, wenn deine Strategie nicht zu 100 % perfekt ist?

→ **Schreib es auf:** „Wenn ich heute einen Fehler mache, dann ...“

→ **Realitäts-Check:** Die Antwort könnte auch sein: „... dann korrigiere ich es eben in einem halben Jahr.“ Das ist erlaubt! Dein Depot ist nicht in Stein gemeißelt.

3. Die „Einfach machen"-Aktion

Such dir heute eine Sache aus, die du bisher vor dir hergeschoben hast, weil du noch „recherchieren" wolltest (z. B. Depot eröffnen, Sparplan einrichten, Notgroschen aufs Tagesgeld schieben).

→ **Die Tat:** Setz dir einen 15-Minuten-Timer und erledige genau diesen einen Schritt. Jetzt.

→ **Das Motto: „Lieber unperfekt gestartet als perfekt darauf gewartet."**

Dein Erfolgsgefühl: Wie fühlt es sich an, den ersten Schritt gemacht zu haben, auch wenn noch nicht alle Fragen geklärt sind?

12.1 JANINS „6 GOLDEN RULES" FÜR DEINE FINANZSTRATEGIE

Bevor ich dich in die finanzielle Freiheit entlasse, fasse ich dir hier meine persönlichen „Golden Rules" zusammen. Wenn du dich an diese Punkte hältst, bist du besser aufgestellt als 90 % der Menschen.

1. Teile deine Ziele auf (die Fristen-Regel)

Je genauer dein Ziel ist, desto klarer ist das Produkt. Erinnerst du dich an die Faustregeln aus dem Rechen-Kapitel?

- → Kurzfristig (1–3 Jahre): Kein Risiko. Das Geld sollte als Tages- oder Festgeld angelegt werden.
- → Mittelfristig (3–10 Jahre): Eine ausgewogene Mischung. Je näher das Ziel rückt, desto mehr Sicherheit brauchst du.
- → Langfristig (10+ Jahre): Hier regiert die Börse. Überwiegend Aktien/ETFs für maximales Wachstum.

2. Finde deinen Wohlfühl-Mix

Für die meisten von uns fühlt es sich am besten an, nicht „Alles oder Nichts" zu spielen. Ein guter Anlagemix besteht aus Sicherheitsbausteinen (Tagesgeld, Festgeld) und Risikobausteinen (ETFs, Aktien). Wie hoch der Anteil ist (50/50 oder 80/20), hängt nur davon ab, wie gut du nachts schlafen kannst. Es bringt nichts, vermögend zu werden, wenn du vor Sorge kein Auge zumachst.

3. Diversifikation ist deine Lebensversicherung

Je breiter du aufgestellt bist, desto weniger können dir Krisen anhaben.

- → Asset-Klassen: Setze nicht nur auf Aktien, sondern besitze auch Cash (Notgroschen) oder vielleicht eine Immobilie.
- → Innerhalb der Börse: Investiere nicht in einzelne Firmen (Klumpenrisiko!), sondern über Welt-ETFs in Tausende Unternehmen aus verschiedenen Ländern und Branchen. Wenn eine Branche (z. B. Tech) abstürzt, fängt eine andere (z. B. Gesundheit) das vielleicht auf. Diversifikation ist das Einzige, was an der Börse „gratis" ist – sie senkt das Risiko, ohne zwingend die Rendite zu senken.

4. Automatisiere deinen Erfolg

Wir alle sind faul (ich auch!). Und wir geben Geld aus, wenn es auf dem Girokonto liegt. Deshalb sind Sparpläne so mächtig:

- Sie zwingen dich zum Sparen, bevor du das Geld ausgeben kannst („Pay yourself first").
- Du profitierst vom Cost-Average-Effekt: Wenn die Kurse fallen, kaufst du für deine 50 Euro automatisch mehr Anteile. Wenn sie steigen, freust du dich über den Wertzuwachs. Du nimmst die Emotionen raus.

5. Das jährliche Date mit deinem Geld (Rebalancing)

Wie oft solltest du ins Depot gucken? Ehrlich gesagt: Weniger ist mehr. Wer täglich guckt, macht sich nur verrückt. Aber einmal im Jahr ist Pflicht. Dann prüfst du: Passt meine Strategie noch?

Hier kommt das Rebalancing ins Spiel: Stell dir vor, du wolltest ursprünglich 50 % Aktien und 50 % Tagesgeld haben. Nach einem super Börsenjahr sind deine Aktien aber so stark gestiegen, dass sie nun 70 % deines Vermögens ausmachen. Damit ist dein Risiko höher, als du eigentlich wolltest! Beim Rebalancing verkaufst du nun einen Teil der gut gelaufenen Aktien (Gewinne mitnehmen!) und steckst das Geld in den sicheren Teil, um wieder deine ursprüngliche 50/50-Verteilung herzustellen. So verkaufst du automatisch teuer und kaufst billig nach. Genial, oder?

6. Zeit und Zinseszins nutzen

Zeit ist einfach der wichtigste Faktor bei der Geldanlage – fast noch wichtiger als die Summe, die du sparst. Vielleicht willst du sogar noch mal zu der Seite zurückblättern, auf der ich den Zinseszins erklärt habe. Er ist der Grund, warum du nicht vermögend sein musst, um ein Vermögen aufzubauen. Du musst nur früh dran sein.

Fange rechtzeitig an, auch mit ganz kleinen Beträgen. Warte nicht auf die große Gehaltserhöhung oder den perfekten Moment. Nutze den Effekt, dass dein Geld wirklich selbst für sich arbeiten kann.

12.2 KI & DEINE FINANZEN: DEIN NEUER DIGITALER SPARRINGSPARTNER

Künstliche Intelligenz kann dir bei deinen Finanzen das Leben deutlich leichter machen. Du kannst KI-Tools wie ChatGPT oder Gemini nutzen, um komplexe Finanzbegriffe zu verstehen oder dir innerhalb von Sekunden Sparpläne erstellen zu lassen.

Stell dir vor, du kopierst einfach einen komplizierten Text von deiner Versicherung in das Tool und sagst: „Erklär mir das, als wäre ich 10 Jahre alt." Zack, hast du Klarheit. Oder du fragst nach Ideen, wie du mit 50 Euro im Monat starten kannst. Die KI liefert dir Inspiration.

Gerade beim Thema Geld bin ich der Meinung: Wir Frauen sollten KI unbedingt für uns nutzen! Warum? Eine Forschergruppe um Christine Laudenbach (Professorin für Household Finance an der Universität Frankfurt) hat in einer Studie nachgewiesen, dass Frauen von Berater*innen häufig teurere Produkte angeboten werden als Männern.[28]

Genau hier wird die KI zum Sparringspartner. Lass sie die Angebote der Berater*innen prüfen oder dich für das nächste Bankgespräch fit machen. Wir können uns auch Schritt-für-Schritt-Anleitungen erstellen lassen und damit unsere Altersvorsorge ganz allein aufstellen – ganz ohne teure Gebühren.

Du fragst dich, was die KI jetzt konkret für dich tun kann? Hier kommt deine Abkürzung:

- → **Ordnung schaffen:** Einnahmen, Ausgaben und Abos strukturieren.
- → **Rechnen lassen:** Budgets, die 50:30:20-Regel oder deine ganz eigenen Modelle kalkulieren.
- → **Übersetzer spielen:** Was heißt eigentlich „Rendite", „ETF" oder „Zinseszins"?
- → **Zukunft simulieren:** Beispielrechnungen erstellen („Was passiert, wenn ich ab heute 200 Euro im Monat anlege?").
- → **Dranbleiben:** Erinnerungen oder Challenges formulieren lassen.

12.3 LET'S PROMPT: DEIN SPICKZETTEL FÜR DIE KI

Klingt alles noch zu theoretisch? Keine Sorge, jetzt wird's praktisch! Ich habe dir hier meine besten Prompts zusammengestellt. Ein Prompt ist quasi die Regieanweisung, die du der KI gibst, damit sie genau das tut, was du willst. Sieh sie als Vorlage: Kopiere sie, pass sie an dein Leben an und leg los!

Prompt 1: Der Durchblick-Macher (Wissen)

Nutze diesen Prompt, wenn du Finanzbegriffe in Klartext übersetzen willst.

Deine Eingabe: „Ich möchte endlich verstehen, wie [THEMA, Z. B. EIN ETF] funktioniert. Bitte erkläre es mir so einfach, als wäre ich 12 Jahre alt. Benutze Vergleiche aus dem Alltag und vermeide Fachbegriffe. Sag mir auch, welche Risiken ich unbedingt kennen muss."

Prompt 2: Der Kassensturz (Budget)

Nutze diesen Prompt, um deine monatlichen Ausgaben zu sortieren.

Deine Eingabe: „Ich habe monatlich [SUMME NETTO] Euro zur Verfügung. Erstelle mir eine Tabelle basierend auf der 50:30:20-Regel. Zeig mir genau, wie viel Euro ich maximal für Fixkosten (Miete, Verträge), wie viel ich für meine Freizeit und wie viel ich zum Sparen/Investieren nutzen sollte."

Prompt 3: Die Verhandlungs-Power (Bank/Gehalt)

Nutze diesen Prompt, bevor du in ein Gespräch gehst, damit du dich sicher fühlst.

Deine Eingabe: „Ich habe nächste Woche einen Termin bei [BANKBERATER/CHEF]. Ich möchte [ZIEL, Z. B. MEINE GEBÜHREN SENKEN/10 % MEHR GEHALT]. Welche Gegenargumente könnten kommen, und wie reagiere ich darauf souverän und sachlich? Liste mir die 3 wahrscheinlichsten Einwände auf und schreib mir die passende Antwort dazu."

Jetzt hast du die ersten drei Prompts an der Hand. Ich liste dir gleich noch ein paar weitere für die verschiedensten Lebensbereiche und -situationen auf. Aber Vorsicht: Eine KI kann „halluzinieren", also Dinge erfinden, die sehr überzeugend klingen, aber falsch sind. Verlass dich niemals blind auf einen Anlagetipp aus der Maschine. Du bist die Chefin, die KI ist nur dein Assistent. Sie nimmt dir die Recherche ab, aber die Entscheidung triffst du. Nutze die Technik, aber schalte deinen **gesunden Menschenverstand** nicht aus.

Prompts, um mit den Finanzen zu starten:

- Hilf mir, meine monatlichen Fix- und variablen Kosten zu strukturieren.
- Ich verdiene XXX Euro netto. Wie könnte ich das nach dem 60:30:10-Modell aufteilen?

→ Ich verdiene XXX Euro netto und lebe allein/in einer Partnerschaft und habe x Kinder. Berechne, wie hoch mein Notgroschen sein sollte. Erstelle mir dann einen konkreten 12-Monate-Sparplan, mit dem ich diesen Notgroschen realistisch aufbauen kann, ohne dass ich das Gefühl habe, mich zu sehr finanziell einschränken zu müssen.

Prompts für Finanzplanung & Ziele:

→ Ich möchte in fünf Jahren 15.000 Euro sparen. Wie kann ich das realistisch schaffen?

→ Ich verdiene aktuell XXX Euro netto und arbeite als XXX. Bald habe ich eine Gehaltsverhandlung, hilf mir, eine Strategie dafür zu entwickeln.

→ Berechne, wie viel ich für meine Altersvorsorge investieren müsste, um 2.000 Euro Rente zusätzlich zu haben.

→ Ich will langfristig Vermögen aufbauen, aber risikoarm starten. Welche Strategien passen dazu?

→ Zeig mir einen 3-Schritte-Plan, wie ich 10.000 Euro Konsumschulden mit 8 % Zinsen in 24 Monaten abbezahlen kann – und wie viel Zinsen ich dadurch spare.

Prompts für Finanzwissen & Verständnis:

→ Erkläre mir den Unterschied zwischen „sparen“ und „investieren“ so, dass ich ihn meiner Freundin erklären kann.

→ Was bedeutet Diversifikation, und warum ist sie wichtig?

→ Was passiert, wenn die Inflation 5 % beträgt und mein Geld auf dem Konto liegt?

Prompts für persönliche Lebensphasen:

→ Ich bin gerade in Elternzeit – wie können mein Partner und ich unsere Finanzen fairer aufteilen bzw. wie kann ich trotzdem finanziell vorsorgen?

→ Ich trenne mich von meinem Partner. Welche finanziellen Schritte sollte ich jetzt prüfen?

→ Erstelle mir eine Übersicht, wie sich Ehevertrag vs. Zugewinngemeinschaft finanziell auswirken würde. Stelle die Vor- und Nachteile in einer Tabelle gegenüber mit Fokus auf Frauen, die weniger verdienen oder Kinder bekommen.

→ Ich will für mein Kind monatlich Geld anlegen. Welche Möglichkeiten habe ich?

Prompts für dein Money Mindset:

→ Formuliere eine Wochenaufgabe, um mein Money Mindset zu stärken.

→ Schreibe mir eine kleine Affirmation, um regelmäßig an meine finanziellen Ziele zu denken.

KAPITEL 13

DREAM BIG

Wir Frauen denken bei Geld oft ans Absichern – an Altersarmut, an Abhängigkeit. Unsere Motivation ist oft die Angst: *„Ich will nicht, dass es mir später schlecht geht."* Das ist ein wichtiger Antrieb. Aber wie wäre es, wenn wir anfangen, *größer* zu denken? Wenn wir uns trauen, richtig große Träume zu haben? Von finanzieller Unabhängigkeit. Von der Freiheit, den Job zu kündigen, wenn er uns nervt. Von unserem eigenen Vermögen!
Ich wünsche mir das von ganzem Herzen für uns. Dass wir Geld nicht mehr als etwas Lästiges oder Bedrohliches sehen, sondern als Werkzeug für ein selbstbestimmtes Leben.

Und wir fangen heute damit an!
Feiere deine ersten finanziellen Erfolge. Denn schon allein dass du dieses Buch bis hierher gelesen hast, wird einen Effekt auf deine Finanzen haben – und auf dein **Selbstbewusstsein** –, weil du hoffentlich ganz viel dazugelernt hast.

Vielleicht hast du beim Lesen sogar schon die ersten Schritte umgesetzt? Die Gehaltsverhandlung geschafft? Den ersten ETF gekauft? Oder einfach beschlossen: *„Ich nehme das jetzt in die Hand."*

Solche finanziellen Erfolge sollten wir viel mehr feiern. :)
Schreibe deine hier auf:

Meine finanziellen Erfolge:

Glückwunsch! Ich freu mich für dich!

Und diese Erfolge sind erst der Anfang. Mit diesem Buch hast du den Grundstein für deine Finanzen gelegt. Vielleicht wirst du noch ein paar Themen vertiefen, dich mit anderen dazu austauschen: Aber eine Sache ist mir wichtig: Für deine „next steps" musst du nicht selbst zur Finanzexpertin werden. **Du weißt jetzt genug.** Du kannst einfach selbst mit dem Investieren anfangen.

Du musst nicht perfekt sein – nur mutig. :)

Meinen Trick habe ich dir ja verraten: **Wenn du vor einer großen Treppe stehst, lass dich nicht von ihr überwältigen, sondern gehe Schritt für Schritt voran.**

Am besten du schreibst dir hier direkt schon mal deine eigene „Step by Step"-Anleitung für deine finanziellen Ziele auf:

Was sind deine „next steps" auf dem Weg zu deinen finanziellen Zielen?

Step by Step:

Wenn du jetzt denkst, dass der Berg ganz schön groß ist: Überleg mal, welche Vorteile auf dich warten, wenn du finanziell unabhängiger bist. Du kannst eine unglückliche Beziehung verlassen. Du kannst deinen Job kündigen und entspannt einen neuen suchen. Du kannst dir berufliche Träume erfüllen. Und du kannst gut schlafen, weil du keine finanziellen Sorgen hast.

Uns Frauen stehen dabei oft die gleichen Herausforderungen im Weg: Wir verdienen weniger als Männer. Wir leisten mehr unbezahlte Care-Arbeit – Zeit, in der wir kein Geld verdienen können. Wir arbeiten häufiger in Teilzeit und trauen uns seltener an die Börse.

Den Gender-Pay-Gap wird keine Frau allein beseitigen. Aber es gibt Hebel, die wir für uns persönlich nutzen können: Wenn wir mehr Care-Arbeit übernehmen als der Partner, wenn wir länger in Elternzeit bleiben oder in Teilzeit arbeiten, dann müssen wir uns das finanziell ausgleichen lassen. Wir können nicht jahrelang hinnehmen, weniger zu verdienen – und damit auch weniger in die Rentenversicherung einzuzahlen.

Und wir können dafür sorgen, dass wir unser Geld investieren. Das nötige Wissen dafür hast du jetzt hoffentlich durch dieses Buch. Und die vielen kleinen Rechenbeispiele haben dir gezeigt, was das ausmachen kann. Egal, ob du 5,50 oder 500 Euro im Monat investierst: Hauptsache, du fängst an!

Lasst uns gemeinsam die Spielregeln ändern!

Um dich noch ein bisschen mehr zu motivieren, habe ich hier ein paar Zitate von Frauen eingefügt, die mir geschrieben haben, als sie den Mut gefasst haben, ihre Finanzen endlich selbst in die Hand zu nehmen:

> Super Artikel, mega wichtiges Thema ... fühle mich sehr dazu ermutigt, mich mal darum zu kümmern, mein Erspartes vernünftig anzulegen. Vielen Dank dafür!

> Liebe Janin, unglaublich, dank dir und deinem Podcast habe ich mich getraut, mein Gehalt zu verhandeln, und war erfolgreich. Halleluja. Hätte ich mich sonst nicht getraut. Danke!

> Du hast mir mit deinem Weg und deiner Stärke den Mut gegeben, meinen eigenen Traum zu leben: Mein eigenes Restaurant zu eröffnen, auch keine Angst mal vorm Scheitern zu haben und trotzdem den Weg in die Selbstständigkeit zu gehen. Du hast mir gezeigt, dass wir Frauen so viel mehr können, als man uns oft zutraut, besonders nach einer Trennung, wenn man neu anfangen und wirklich stark sein muss, vor allem als Mutter.
> Danke, dass du mir (und bestimmt noch so vielen anderen Frauen) zeigst, was alles möglich ist, wenn man an sich glaubt. Ich bin wirklich froh, dass ich dich ansprechen und ein paar Worte mit dir wechseln konnte. Dieser Moment bleibt mir in Erinnerung.

> Liebe Janin, ich wollte mal Danke sagen. Durch deinen Podcast habe ich mich zum ersten Mal getraut, mit meinem Mann über Finanzen zu sprechen. Es ist mir am Anfang nicht leichtgefallen, aber wir haben jetzt ein gutes System für uns gefunden. Ich bin stolz auf mich, weil ich für mich eingestanden bin. Das ist auch dir zu verdanken, liebe Janin, also danke.

Denn genau das ist es, was mein Podcast „Female Finance“ – und hoffentlich auch dieses Buch – bewirken soll: Dass wir endlich öfter und offener über Geld sprechen! Es ist der größte Gamechanger überhaupt, wenn wir voneinander lernen und ehrlich zugeben: „Hey, da fehlt mir noch Wissen“, oder: „Hier bräuchte ich mal Hilfe.“

Mein Wunsch für dich: Tu dich zusammen! Du musst deine Finanzthemen nicht allein im stillen Kämmerlein wälzen. Hol deine Freund*innen, deine Familie oder deinen Partner mit ins Boot. Männer investieren oft anders als Frauen? Super! Dann nutzt doch die Experimentierfreudigkeit deines Partners beim Loslegen – und deine weibliche Weitsicht beim Dranbleiben. Das Gleiche gilt für Freund*innen, die vielleicht risikofreudiger sind, oder Familienmitglieder, die schon Erfahrung mitbringen.

Such dir Verbündete. Mentor*innen braucht man nicht nur im Job, sondern auch beim Geld. Vielleicht hast du einen Freund, eine Tante oder eine Kollegin, die schon länger investiert? Trau dich einfach zu fragen. Trefft euch regelmäßig, bereite Fragen vor und nimm dir für jedes Treffen einen kleinen Schritt vor. Während ich dieses Buch schreibe, mache ich genau das auch: Ich frage meine Freundinnen: „Was wollt ihr eigentlich wissen? Wie würdest du dieses Gehaltsgespräch führen?“ So komme ich auf Ideen, die ich allein nie gehabt hätte.

Und weil es zusammen eben so viel einfacher geht, möchte ich dir hier auch noch ein paar tolle Menschen aus meinem Netzwerk vorstellen. Ihre Bücher, Social-Media-Accounts und Podcasts finde ich sehr inspirierend und lehrreich:

- Verena Pausder: Vorstandsvorsitzende des @startupverband und Host des Podcasts @fastandcurious.pod
- Carolin Kebekus: lustigste Frau Deutschlands, setzt sich für Frauenrechte ein und ist Autorin, u. a. des Buches *„8000 Arten, als Mutter zu versagen“*. Auf Instagram als @carokebelin
- Ann-Katrin Schmitz: Unternehmerin, Host des Podcasts @Babygotbusiness und auf Instagram als @himbeersahnetorte unterwegs
- Maria von Scheel-Plessen: Director bei Gucci und Gründerin von „The Dual Shift“
- Tijen Onaran: Autorin des Spiegel-Bestsellers *„Nur wer's richtig sagt, kommt ans Ziel“* und Host des Podcasts „Mut – Der Deutschlandtalk“
- Carmushka: Gründerin @ohapril @thehouseofcarmushka
- Delia Lachance: Gründerin und CCO von @westwing
- Mrs. Bella: Unternehmerin und bei Instagram als @MrsBella
- Margarethe Honisch: Gründerin von @fortunalista

→ Indra Schormann: als @ProjectTreehouse auf Instagram zum Thema Immobilien
→ Hava Misimi: ihr Buch *„Better Safe than Sorry"* über Versicherungen oder auf ihrem Instagram-Kanal @femance_finanzen
→ Doro Metasch: hat ein Buch über Immobilien geschrieben und ist mit @26Homes auf Instagram zu finden

Von Herzen bedanken möchte ich mich bei:
Meinem Management: Ohne euch hätte ich dieses Buch wahrscheinlich nie geschrieben. Danke, besonders an Claudia und Orhan, für eure wichtige Unterstützung im gesamten Prozess.

Meinem Verlag Grau für euren wertvollen Input und besonders für deine Geduld, liebe Anna (ja die Deadline;))

Tayo Braun: Du hast mich in der Endphase des Buches fast täglich gefragt, wie weit ich bin (danke fürs Antreiben;)) und bist verantwortlich für das wunderschöne Cover und Artwork des Buches. Mehr von dir findet man auf Instagram: @studio_walvys oder walvys.com

Meiner lieben Freundin Shanti Joan Tan für meine Autorinnen-Fotos. Du bist einer der tollsten und talentiertesten Menschen, die ich kenne. Mehr von deinen Bildern gibt es hier: @shotbyshanti

Meinem Podcast-Partner @podstars.omr @financeforward und Philipp Westermeyer, danke für deine wichtigen Gedanken zum Cover.

Meiner Familie und Freundinnen, danke, dass ihr mich immer wieder pusht! Danke, dass ich euch an meiner Seite haben darf! Ich liebe euch sehr!

Und last but not least **meiner wichtigsten Sparringspartnerin der letzten Monate: Anissa Brinkhoff,** ohne dich hätte ich das Buch nie geschafft! Danke für deinen Input, deine Hilfe und deine schlauen Gedanken. Es hat mir großen Spaß gemacht, das Buch mit dir gemeinsam zu schreiben. Jetzt stoßen wir endlich mit dem lang ersehnten eisgekühlten Champagner auf unser Buch an! Yihaaaa!

Danke, und lass uns in Verbindung bleiben!

Eine Sache liegt mir zum Schluss noch sehr am Herzen: Dein Wissen ist wertvoll – teile es! Motiviere andere Frauen, sich ebenfalls mit ihrem Geld zu beschäftigen. Wenn jede von uns nur ein paar anderen Frauen hilft, den Einstieg zu finden, werden wir eine riesige Bewegung. Eine Bewegung von Tausenden Frauen, die keine Angst mehr vor der Altersvorsorge haben, sondern Vermögen aufbauen. Das ist der Weg in eine gerechtere Welt.

Meine aktuellen Projekte und meinen Finanz-Podcast findest du hier:

Ich würde mich riesig freuen, wenn du mir schreibst, wie deine persönliche Reise weitergeht. Hat das Buch etwas in dir bewegt? Hast du den ersten Schritt gemacht? Dein Feedback ist mein größter Ansporn. Schreib mir gerne direkt auf Instagram **(@janinullmann).** Ich bin gespannt auf deine Geschichte!

Alles Liebe,

deine Janin

GLOSSAR

Aktie – Anteil an einem Unternehmen; wird an der Börse gehandelt.

Anlageklasse – z. B. Aktien, Anleihen, Immobilien, Rohstoffe.

Anleihe – ist ein Kredit, den du einem Staat oder Unternehmen gibst. Du bekommst dafür regelmäßig Zinsen.

Börse – ist ein Marktplatz für Wertpapiere, also für Aktien, Anleihen, Fonds und andere Finanzprodukte.

Broker – ist dein Zugang zur Börse; er führt deine Wertpapierkäufe und -verkäufe aus.

Depot – Konto zur Aufbewahrung und Verwaltung von Wertpapieren.

Diversifikation – Streuung deines Kapitals auf verschiedene Anlagen, um Risiko zu minimieren.

ETF (Exchange Traded Fund) – börsengehandelter Fonds, der einen Index abbildet.

Festgeldkonto – ist eine Geldanlage mit fester Laufzeit und festem Zinssatz, bei der dein Geld für einen bestimmten Zeitraum gebunden ist.

Fonds – von Fondsmanager*innen verwalteter Anlagepool.

Index – Kennzahl, die die Entwicklung eines bestimmten Marktsegments abbildet (z. B. DAX, MSCI World).

Inflation – Anstieg des allgemeinen Preisniveaus einer Volkswirtschaft.

Rendite – Gewinn- oder Verlustentwicklung einer Geldanlage über einen bestimmten Zeitraum, meist in Prozent angegeben.

Rohstoffe – grundlegende Naturgüter wie Gold, Öl oder Weizen, deren Preise stark von weltweiten Markt- und Krisenentwicklungen abhängen.

Sparplan – regelmäßiges automatisiertes Investieren eines festen Betrags.

Tagesgeldkonto – ist ein verzinstes Bankkonto, auf das du jederzeit flexibel zugreifen kannst.

Zinsen – Vergütung für Kapital: Man bekommt Zinsen, wenn man Geld spart oder verleiht, und zahlt Zinsen, wenn man Geld leiht (z. B. per Kredit).

Zinseszins – Wenn Zinsen nicht ausgezahlt, sondern wieder mit angelegt werden, dann gibt es im nächsten Jahr Zinsen auf die Zinsen. So vermehrt sich das Geld mit der Zeit immer schneller. Besonderheit: Thesaurierende ETFs reinvestieren ihre Erträge automatisch direkt in den Fonds, statt sie auszuschütten, was automatisch zu einem Zinseszinseffekt führt.

ENDNOTEN

1 Vgl. Statistisches Bundesamt: *Armutsgefährdung sowie materielle und soziale Entbehrung bei älteren Menschen.* URL: https://www.destatis.de/DE/Themen/Querschnitt/Demografischer-Wandel/Aeltere-Menschen/armutsgefaehrdung.html (09.02.2026).

2 Vgl. Finanzpedia: *Geld und Glück.* URL: https://finanzpedia.net/geld-und-glueck/ (20.11.2025)

3 Vgl. ebd.

4 Vgl. Focus: *Olaf Scholz sendet ein fatales Signal an alle Sparer.* URL: https://www.focus.de/finanzen/boerse/sparbuch-romantik-olaf-scholz-sendet-ein-fatales-signal-an-alle-sparer_id_11149190.html (10.01.2026).

5 Vgl. Der Spiegel: *Olaf Scholz rät zum Kauf von Aktien – hat aber selbst keine.* URL: https://www.spiegel.de/wirtschaft/soziales/olaf-scholz-raet-bei-der-altersvorsorge-zum-kauf-von-aktien-hat-aber-selbst-keine-a-1da1baae-d1d7-4044-b078-06ec05cecda6 (30.11.2025).

6 Vgl. Statististisches Bundesamt: *Gender Pay Gap sinkt 2024 im Vergleich zum Vorjahr von 18 % auf 16 %.* URL: https://www.destatis.de/DE/Presse/Pressemitteilungen/2025/02/PD25_056_621.html (10.01.2025).

7 Vgl. Bertelsmann Stiftung: *Die große Kluft: Frauen verdienen im Leben nur halb so viel wie Männer.* URL: https://www.bertelsmann-stiftung.de/de/themen/aktuelle-meldungen/2020/maerz/die-grosse-kluft-frauen-verdienen-im-leben-nur-halb-so-viel-wie-maenner (12.02.2026).

8 Vgl. Statistisches Bundesamt: *Gender Pension Gap.* URL: https://www.destatis.de/DE/Themen/Querschnitt/Gleichstellungsindikatoren/gender-pension-gap-f33.html (12.02.2026).

9 Heute Show (Instagram): *Pech gehabt!* URL: https://www.instagram.com/reel/DQUXy19gIFY/?igsh=MWYza3FkbjFxODJieA%3D%3D (30.11.2025).

10 Vgl. AllBright Stiftung: *Ein ewiger Thomas-Kreislauf? Wie deutsche Börsenunternehmen ihre Vorstände rekrutieren.* URL: https://www.allbright-stiftung.de/s/Allbright-Bericht-2017-Thomas.pdf (15.12.2025).

11 Bucher-Koenen, Tabea et al.: *Fearless Woman: Financial Literacy and Stock Market Participation.* URL: https://www.gsb.stanford.edu/faculty-research/working-papers/fearless-woman-financial-literacy-stock-market-participation (16.12.2025).

12 Vgl. Statistisches Bundesamt: *29 % der Überschuldeten hatten 2024 Schulden bei Onlinehändlern.* URL: https://www.destatis.de/DE/Presse/Pressemitteilungen/2025/11/PD25_N066_63511.html (12.02.2026).

13 Vgl. Tagesschau: *Wie die eigene Arbeitskraft abgesichert werden kann.* URL: https://www.tagesschau.de/wirtschaft/verbraucher/versicherungen-berufsunfaehigkeit-podcast-gold-und-asche-100.html (10.10.2025).

14 Vgl. Laura J. Kray et al.: Now, Women Do Ask: A Call to Update Beliefs about the Gender Pay Gap. URL: https://journals.aom.org/doi/10.5465/amd.2022.0021 (03.03.2026).

15 Vgl. Louise et Hélène: *Geld in der Beziehung.* URL: https://www.louiseethelene.de/geld-in-der-beziehung (10.01.2026).

16 Vgl. RaboDirect Deutschland: *Partnerschaft: Zoff um den Zaster. forsa-Studie zum Streitpunkt Finanzen in Beziehungen.* URL: https://www.presseportal.de/pm/117892/3883554 (12.02.2026).

17 Vgl. Louise et Hélène: *Geld in der Beziehung.* URL: https://www.louiseethelene.de/geld-in-der-beziehung (10.01.2026).

18 Vgl. ebd.

19 Vgl. Statistisches Bundesamt: *Gender Pay Gap sinkt 2024 im Vergleich zum Vorjahr von 18 % auf 16 %.* URL: https://www.destatis.de/DE/Presse/Pressemitteilungen/2025/02/PD25_056_621.html (10.01.2025).

20 Vgl. Bridebook: Was kostet eine Hochzeit? Der deutschlandweite Durchschnitt im Jahr 2025. URL: https://bridebook.com/de/article/was-kostet-eine-hochzeit-der-deutschlandweite-durchschnitt (25.10.2025).

21 Ifo Institut: *Einkommen von Frauen sinken nach Heirat um 20 %.* URL: https://www.ifo.de/pressemitteilung/2025-03-07/einkommen-von-frauen-sinken-nach-heirat (20.10.2025).

22 DGB-Frauen: *Eigenständige Existenzsicherung: Neue Zahlen zur wirtschaftlichen Unabhängigkeit von Frauen in Deutschland.* URL: https://frauen.dgb.de/++co++bf41405a-e55b-11ef-9765-3585419c1970 (10.12.2025).

23 Kaiser, Mareice: *Das Unwohlsein der modernen Mutter.* Rowohlt Verlag, Hamburg, 2021.

24 Vgl. Statistisches Bundesamt: *Eltern, die Teilzeit arbeiten.* URL: https://www.destatis.de/DE/Themen/Arbeit/Arbeitsmarkt/Qualitaet-Arbeit/Dimension-3/eltern-teilzeitarbeit.html (09.02.2026).

25 Vgl. Barišić, Manuela und Valentina Sara Consiglio: *Frauen auf dem deutschen Arbeitsmarkt. Was es sie kostet, Mutter zu sein.* URL: https://www.bertelsmann-stiftung.de/fileadmin/files/user_upload/200616_Kurzexpertise_MotherhoodLifetimePenaltyFINAL.pdf (03.03.2026).

26 Vgl. Statistisches Bundesamt: *Armutsgefährdung (monetäre Armut) nach Haushaltstyp.* URL: https://www.destatis.de/DE/Themen/Gesellschaft-Umwelt/Einkommen-Konsum-Lebensbedingungen/Lebensbedingungen-Armutsgefaehrdung/Tabellen/armutsgef-typ-2-zvgl.html (16.01.2026).

27 Vgl. Smarterunterhalt.de: Statistik: *Unterhaltszahlungen in Deutschland – Höhe, Zahlungsmoral und regionale Unterschiede.* URL: https://www.smartunterhalt.de/ratgeber/statistik-unterhaltszahlungen-deutschland (16.01.2026).

28 Basler Zeitung: *Warum Frauen beim Geldanlegen schlechter wegkommen.* URL: https://www.bazonline.ch/warum-frauen-beim-geldanlegen-schlechter-wegkommen-992972261827 (14.01.2026).

Female Finance

MIX
Papier | Fördert gute Waldnutzung
FSC® C014496
FSC www.fsc.org

2. Auflage

Autorin: Janin Ullmann
Inhaltliche Ausarbeitung: Anissa Brinkhoff
Autorenfotos: Shanti Joan Tan
Layout, Design & Illustrationen: Tayo Yannic Braun
Satz: Joachim Buhmann
Projektleitung: Anna Hamm
Lektorat: Matthias Auer und Christian Wöllecke

Gesetzt aus der Inter von Rasmus Andersson und der Source Serif von Frank Grießhammer

GRAU

Gesamtherstellung: Grau by CE Community Editions GmbH

ISBN 978-3-8189-0021-2

Druck: GGP Media GmbH, Karl-Marx-Str. 24, 07381 Pößneck
Printed in Germany

www.grau-verlag.de